HPP Architekten
Leitbilder

HPP Architekten
Leitbilder

Die Balance von Nachhaltigkeit und Innovation   7
Frank R. Werner

Kontext	Breidenbacher Hof 13	Destination	Shoppingcenter Weiterstadt: Loop 5 105
	Betriebsgebäude Stadtwerke Leipzig 20		BayArena Leverkusen 114
	Parkvillen am Kickerlingsberg 20		Rathaus-Galerie Leverkusen 114
	Cecilien-Palais 21		Grandhotel Intercontinental Königsallee 115
Konstruktion	Arena »AufSchalke« 23	Kontinuität	Tonhalle 117
	HUK-COBURG 34		Phoenix-Haus 124
	Volkswagen Arena Wolfsburg 34		Telekom Potsdam 124
	Hauptverwaltung Allianz Unterföhring 35		Palais Leopold 125
			Quartier am Zeughaus 125
Hülle	Parkhaus am Zoo 37	Poesie	Allianz-Kai 127
	Europa-Center 46		Ordenszentrale Johanniterorden 138
	Allianz München Ludwigstraße 46		Oper Leipzig 138
	LVM 7 47		Neven-DuMont-Haus 139
Funktion	Promenaden Hauptbahnhof Leipzig 49	Identität	Kempinski Grand Hotel Heiligendamm 141
	JVA Billwerder 58		Langer Eugen 150
	Olgahospital und Frauenklinik 58		Hauptbahnhof Münster 150
	Swan Office Park 59		WDR Vierscheibenhaus 151
Flexibilität	Santander Consumer Bank 61	Ökologie	Victoria-Haus 153
	Stadtwerke Lüdenscheid 70		Telekom Hannover 160
	SAP Arena 70		Büro- und Geschäftsgebäude Habsburgerring 160
	Wohn- und Geschäftshaus Wilhelmstraße 71		LVM-Hochhaus 161
	Galileo-Haus 71		
Materialität	EXPO-Village 73	Ökonomie	Mediothek Krefeld 163
	Dillmann-Aula 80		Wohnen für junge Leute 172
	Hermes Versicherung 80		Mensa Ruhr-Universität Bochum 172
	Botschaft von Japan 81		Berufsbildungswerk Sachsen 173
			Wohnbebauung am Seerhein 173
Detail	Justizzentrum Wuppertal 83	Nachhaltigkeit	Henkel Asia-Pacific and China Headquarters 175
	Robert-Koch-Klinik 94		Jugendherberge Xanten 184
	Clifford Chance 94		Generali Hauptverwaltung 184
	Thomasshop am Thomaskirchhof 95		Städtisches Klinikum St. Georg 185
Signifikanz	Europe Tower Sofia 97	Zeit	Rheinhallen Köln 187
	Unilever-Haus 102		Bundesministerium der Finanzen 196
	Mediencampus »Villa Ida« 102		Neuer Stahlhof 196
	Multifunctional Complex Krasnogorie-City 103		Dreischeibenhaus 197
	Office Complex Moscow, Khromova Street 103		

Essays	199			

Fünf neue Sterne im »Kleinkosmos« Düsseldorfer Innenstadt
Gregor Bonin zum Breidenbacher Hof	200	Symbol eines Kulturraums
Hans-Dietrich Genscher über das Kempinski Grand Hotel Heiligendamm	222
Super! Manager, so machen wir das!
Rudi Assauer zur Arena »AufSchalke«	202	Sichtbare Verbindung von Gebäude und Landschaft
Daniel von Borries zum Victoria-Haus	224
Wenn Hülle zum sinnlichen Erlebnis wird
Annette Görtz zum Parkhaus am Zoo	204	Wege in Lesewelten
Willi Fährmann über die Mediothek Krefeld	226
Realisierte Vision eines Hauptbahnhofs für das 21. Jahrhundert
Alexander Otto über die Promenaden Hauptbahnhof Leipzig	206	Nachhaltiges Bauen – ein ökologischer und ökonomischer Imperativ
Peter Hennicke zu den Henkel Asia-Pacific and China Headquarters	228
»Santander New Work«
Peter Kern über die Santander Consumer Bank	208	Zeitdenkmal Rheinhallen
Hans-Werner Zawisla zu den Rheinhallen Köln	230
Der materielle und der geistige Charakter der Architektur
Zheng Shiling über das EXPO-Village	210	Anhang	233
		Bildnachweis	240
Mischa Kuball
zum Justizzentrum Wuppertal	212		
Statement eines Wandels
Fritz Pleitgen zum Europe Tower Sofia	214		
Markenarchitektur wörtlich genommen Oder: Können Ziegelsteine eine Marke machen?
Bernd M. Michael zum
Shoppingcenter Weiterstadt: Loop 5	216		
Die Ewigkeit der Sterne
Wolfram Goertz zur Tonhalle	218		
Allianz am Main
Peter Cachola Schmal zum Allianz-Kai	220		

Die Balance von Nachhaltigkeit und Innovation

Anmerkungen zum Œuvre von HPP
Frank R. Werner

Architekturbüros sind hochkomplexe Gebilde, durchaus vergleichbar mit lebenden Organismen. Architektengemeinschaften werden in aller Regel eher beiläufig in die Welt gesetzt, sind nicht selten über Jahrzehnte hinweg baukünstlerisch tätig, bis sie nach dem Tod ihrer Begründer meist sang- und klanglos wieder untergehen. Nur wenigen Architekturbüros war oder ist es – baugeschichtlich betrachtet – vergönnt, die Lebensspanne ihrer Gründerväter produktiv zu überdauern. Im Barock waren generationsübergreifend tätige Baumeisterdynastien – man denke etwa an die oberbayrischen Dientzenhofers – durchaus keine Seltenheit. Es gibt sie vereinzelt sogar heute noch, wie an einer prominenten Kölner Architektenfamilie in dritter und vierter Generation unschwer abzulesen ist. Anders verhält es sich hingegen mit den einflussreichen, partnerschaftlich geführten Zweckgemeinschaften, die seit dem 19. Jahrhundert in Erscheinung getreten sind. Denn hier kann man sie wahrhaftig an zwei Händen abzählen, jene großen Büronamen, die Jahrzehnte, wenn nicht fast schon ein ganzes Jahrhundert an Architekturgeschichte vital überdauert haben.

Wem fielen dabei nicht auf Anhieb prominente Bürokonstellationen des ausgehenden 19. und beginnenden 20. Jahrhunderts in Amerika ein? Namen wie Adler & Sullivan, Burnham & Root oder McKim, Mead and White? Ganz zu schweigen von dem 1936 gegründeten und bis heute höchst aktiven Großbüro Skidmore, Owings & Merrill, weltweit bekannt unter dem Kürzel SOM. In Deutschland existiert eigentlich nur eine vergleichbare Institution, nämlich das im Jahr 1933, also bereits drei Jahre vor SOM von Helmut Hentrich in Düsseldorf begründete Architekturbüro gleichen Namens. Unter dem Kürzel HPP haben Geschäftsführung und Mitarbeiter der heutigen Hentrich-Petschnigg & Partner GmbH + Co. KG die Zahl aller seit 1933 errichteten Bauwerke weltweit auf über 1 000 ansteigen lassen. Doch Zahlen sagen naturgemäß wenig über architektonische Qualitäten aus. So stellt sich fast zwangsläufig die Frage, wie es eines der großen Büros der Welt, den wechselnden personellen Konstellationen und allen Generationswechseln trotzend, fertiggebracht hat, den seit der Gründung erklärtermaßen hohen Qualitätsstandard seiner Bauten auf gleichem Niveau zu halten, ja sogar von Generation zu Generation noch einmal zu steigern? Dies ist zweifellos unter den von Grund auf veränderten Bedingungen des globalen Baugeschehens von heute als regelrechtes Kunststück zu betrachten.

Lässt man 75 Jahre HPP-Bauten Revue passieren, dann gewinnt man den Eindruck, als ob es zwar durchgängige ethische und ästhetische Grundlinien der Architekturauffassung gegeben habe, aber keinen plakativ verbindlichen Gestaltungskanon, kein simples, raum- und zeitübergreifendes Regelwerk hinsichtlich des architektonischen Ausdrucks. Was sich auf den ersten Blick als vermeintliches Defizit zu offenbaren scheint, erweist sich jedoch auf den zweiten als regelrechter Glücksfall: Jede HPP-Generation hat sich offenbar auf höchst eindrückliche Weise ihr eigenes Gestaltungsrepertoire, ihre eigene generationenspezifische Architektursprache, ihr eigenes bautypologisches Repertoire erarbeiten müssen. Und dies ist außerordentlich präzise konturiert geschehen, mit klar erkennbarem Profil und entsprechendem architekturtheoretischen Background, jedoch stets eingebunden in den diskreten unsichtbaren Charme einer seit 75 Jahren überaus erfolgreichen, internen Corporate Identity. So kann man Henry-Russell Hitchcock nur beipflichten, der bereits 1973 festgestellt hatte, dass Vielseitigkeit und Variationsbreite das hohe internationale Niveau dieses Architekturbüros kennzeichneten und für die Errungenschaften der gesamten Nachkriegsarchitektur stünden.

Lässt man die HPP-Bauten gleichsam im Zeitraffer an sich vorüberziehen, dann strahlen die Projekte der Anfangsjahre, überwiegend Wohnbauten aus den 1930er- und 1940er-Jahren, handwerkliche Solidität, Noblesse und Geschichtsbewusstsein aus. Nach dem Ende des Zweiten Weltkrieges wendet sich HPP verstärkt öffentlichen Bauten, sprich Verwaltungsgebäuden und anderen repräsentativen Bauaufgaben, zu. Dabei entstehen Bauwerke, die inzwischen längst Eingang in die Baugeschichte des 20. Jahrhunderts gefunden haben. Dazu gehören etwa das Drahthaus (1952), das Aluminiumhaus (1953) oder das Dreischeibenhaus (1960), allesamt in Düsseldorf erbaut.

Das Dreischeibenhaus bedeutet eine bahnbrechende bautypologische Neuerfindung des Hochhauses für Europa. Vor Ort besser bekannt als »Thyssenhaus«, wird dieses Hochhaus in Sachen Eleganz und Raumqualität schon früh in einem Atemzug mit Mies van der Rohes New Yorker Seagram Building (1958) genannt. Doch HPP entwickelt seine eigenen Hochhaustypologien kontinuierlich weiter. Mit dem Berliner Europa-Center (1964), dem Hamburger Unilever-Hochhaus (1964), dem Standard Bank Center in Johannesburg (1971), dem Highpoint Hillbrow ebenfalls in Johannesburg (1971) und dem De Beers Diamant Sorting Building im südafrikanischen Kimberly (1974) werden stadtbildprägende Hochhäuser realisiert, die allesamt innovative Lösungen für die Konstruktion und für die Verbindungszonen zwischen Turmschaft und Stadtgrundriss bieten. Mit der Ruhr-Universität in Bochum (1970), die erst kürzlich in Teilbereichen durch HPP eine eindrucksvolle Rundumerneuerung erfahren hat, kann sogar eine komplette Universitätsstadt im Grünen ausgeführt werden. Daneben entstehen aber auch ganz stille, kontemplative Bauten, wie die skulpturale Dietrich-Bonhoeffer-Kirche in Düsseldorf-Garath (1965) oder die außerordentlich einfühlsamen Umbauten der expressionistischen Rheinhalle, eines Mehrzweck- oder Planetariumsgebäudes von Wilhelm Kreis aus dem Jahre 1926, zum Konzerthaus Tonhalle am Düsseldorfer Rheinufer (1978).

Die Bauten der 1980er- und 1990er-Jahre sind gekennzeichnet von einem Paradigmenwechsel. Dieser besteht nach Tilmann Buddensiegs Worten darin, dass sich HPP-Projekte immer stärker dem Thema Stadt widmen, ja häufig selbst zu kleinen Städten in der Stadt mutieren. Zur herausragenden Baugruppe aus dieser Zeit zählt zweifelsfrei der Olivandenhof (1988), der im Herzen Kölns zwischen Alt und Neu öffentliche bis halböffentliche Erlebnisräume zurückgewinnt. Die Hauptverwaltung der Kölner Stadtsparkasse (1992) vis-à-vis des mittelalterlichen Hahnentors stärkt durch die Verknüpfung von Bestands- und Neubauten das städtische Gewebe und akzentuiert das neu entstandene Quartier außen- wie binnenräumlich durch eine eindrucksvolle Rotunde. Eine qualitativ ähnlich wirksame Rotunde beherrscht auch das Hauptquartier der Versicherung Hannoversche Leben in Hannover (1993). Große Verwaltungskomplexe in eher peripherer Lage, wie die TÜV-Akademie in Köln (1994) oder der Erweiterungs- und Neubau der LVM-Versicherung in Münster (1994), basieren auf großzügig ausgelegten, klar ablesbaren geometrischen Grundfiguren.

Selbst gänzlich neu angelegte Wohnquartiere wie das Wohnviertel Beethovenpark in Köln, welches 1994 in Zusammenarbeit mit dem Büro dt 8 realisiert wurde, unterstreichen den Wunsch von HPP nach einer Rehabilitation des verdichteten, aber dennoch liebens- und lebenswerten innerstädtischen Wohnens. Die gleiche Haltung wird in einem der bemerkenswertesten Bauten von HPP aus den 1990er-Jahren spürbar, nämlich der Altenwohnanlage in Wesel (1996). Sich nach außen hin städtisch, also streng blockrandartig konfigurierend, öffnet sich dieser Komplex nach innen zu einer heiteren, kleinteiligen und fast dörflich anmutenden Wohnlandschaft. Wie Aussichtsposten orientieren sich verglaste Veranden vor den fast provisorisch wirkenden Hauseinheiten zu den begrünten Höfen. Aber auch erheblich weitläufigere, vielgeschossige Bürolandschaften wie etwa die Hauptverwaltung der Provinzial-Versicherung in Düsseldorf (1995), der Anthropolis-Komplex in Berlin (1997) oder das Verlagszentrum Neven DuMont in Köln (1998) lösen die in den 1960er- und 1970er-Jahren gebräuchliche Großform auf in viele kleinteilige Cluster mit erlebbaren Innenhöfen, begleitet von filigran vergitterten Atrien und Passagen.

Auch Projekte, die sich der »Zukunftsertüchtigung« denkmalgeschützter Bausubstanz widmen, kommen in den 1980er- und 1990er-Jahren wahrhaftig nicht zu kurz. Womit sie an Helmut Hentrichs Faible für die behutsame Erhaltung historischer Bauwerke anknüpfen. Diese hatte in der Eifel die Burg Pyrmont, welche von Petschnigg als Ruine erworben und in den Jahren 1963 bis 1970 zum Tagungsort nebst eigenem Refugium wieder auf- und ausgebaut worden war, ihren programmatischen Ausdruck gefunden. So wirken der 1995 vollendete, behutsame Hightechumbau der 1926 von Wilhelm Kreis erbauten, expressionistischen Düsseldorfer Rheinterrassen sowie die Revitalisierung beziehungsweise Umnutzung der historischen, seinerzeit im maurischen Stil errichteten Tabakfabrik Yenidze in Dresden (1996) oder die spektakuläre Instandsetzung respektive Unterfütterung des Leipziger Hauptbahnhofs (1997) mit mehrgeschossigen Ladenpassagen wie zeitgenössische Referenzen in Richtung des Gründervaters von HPP.

Und das Hochhaus? Selbstredend muss sich auch dieser Bautyp in den 1980er- und 1990er-Jahren einer Neuinterpretation unterziehen. Ganz gleich, ob Hochhäuser als städtebauliche Akzente in weitläufige Komplexe integriert sind, wie etwa beim Kölner Verlagshaus DuMont oder bei der Düsseldorfer Hauptverwaltung der Victoria-Versicherung (1998), oder ob sie so freistehen, wie der Ende der 1990er-Jahre errichtete Büroturm am Berliner Spittelmarkt, stets sind sie in filigrane, reliefartige Stahl-Glas-Strukturen gewandet und an ihrer Basis über räumlich anspruchsvolle Rauminszenierungen mit dem jeweiligen Umfeld verwoben.

Im Dezember 2007 hat HPP ein nachdenkenswertes Buch publiziert. Nachdenkenswert, weil es nicht als herkömmliches Architektenbuch, als konventionelle Monografie daherkommt. Es ist klein, schmal und eher bescheiden aufgemacht, durchsetzt mit wenigen Bildern und sparsam eingestreuten Erklärungen. Was dieses Bändchen so hervorhob aus der inflationären Masse von Druckerzeugnissen mit Architekturbezug, war der Umstand, dass hier wenige exemplarische Arbeiten aus einem mehr als umfänglichen Œuvre ausgewählt und ohne umschweifende Begleittexte anhand einprägsamer Stichworte vorgestellt wurden. Letztere beinhalteten unter anderem Begriffe wie »Flexibilität«, »Signifikanz«, »Poesie«, »Identität«, »Nachhaltigkeit« oder »Zeit«. Mit den stichwortartigen Querverweisen auf die der jeweiligen Bauaufgabe zugrunde liegenden entwerferischen Paradigmen ist dieses kleine Buch dem Dilemma anderer, wortgewaltiger Publikationen entgangen. Es ist stattdessen eine Art Tagebuch geworden, welches die Bauten und ihre Ideen scheinwerferartig beleuchtet, sodass sie sich ohne große Worte wie von selbst erklären.

Greifen wir die in dem Tagebuch genannten inhaltlichen Kategorien noch einmal auf, um die jüngeren und jüngsten Projekte der Architekten von HPP einer stichwortartigen Betrachtung zu unterziehen. So führt der Neubau des Breidenbacher Hofs in Düsseldorf (2008) die Gruppe jener Bauwerke an, die in der vorliegenden Werkübersicht unter der Rubrik »Kontext« aufgeführt sind. HPP liefert dafür eine eingängige Erklärung: »Wir vereinen in unserem Entwurf ein Gebäude, das an die klassische Hotelarchitektur des 19. Jahrhunderts anknüpft, mit den höchsten Ansprüchen eines modernen ›Fünf-Sterne-plus-Hotels‹ […] Der neue Breidenbacher Hof stellt moderne Architektur vor eine gewisse Herausforderung. Wir führten uns daher die Bilder der Grandhotels europäischer Metropolen vor Augen und konnten dem Charme dieser Häuser mit unserem Bauwerk neuen Ausdruck verleihen.« In der Tat bedeutet der neue, äußerlich gezielt »unmodern« konzipierte Breidenbacher Hof im Kontext des Ensembles aus Wilhelm-Marx-Haus, Carsch-Haus und Kaufhof einen würdigen Abschluss.

Vorzeigeprojekt der Baugruppe zum Stichwort »Konstruktion« ist erwartungsgemäß die 2001 vollendete Arena »AufSchalke« in Gelsenkirchen. Ganze Konstruktions- und Gebäudeteile wurden hier unter dem Primat der Multifunktionalität modular entworfen und auf rasche Veränderbarkeit ausgelegt. So ist diese Arena das erste Fußballstadion der Welt, das sich innerhalb weniger Stunden in eine monumentale Halle mit geschlossenem Dach für Rockkonzerte oder anderweitige Großveranstaltungen verwandeln lässt. Selbst der Rasen kann kurzfristig ein- und ausgefahren werden. Die auch nach außen wirkende »ungeschminkte« Konstruktion wurde allein aus den technischen und atmosphärischen Anforderungen des Stadioninnenraums heraus entwickelt.

Die Kategorie »Hülle« wird von einem der vermutlich unprätentiösesten Bauten von HPP, nämlich dem Parkhaus am Leipziger Zoo (2004) angeführt. Fassade und Dach des sanft geschwungenen, im Volksmund »Bamboo-Parkhaus« genannten Gebäudes bestehen aus zehntausend identischen, aneinandergereihten Bambusstangen, die sich aufgrund ihres natürlichen Wachstums nur sehr geringfügig voneinander unterscheiden. Die Vergitterung der profanen Parkhausnutzung durch Baumaterialien aus exotischen Gefilden erleichtert es den Benutzern, das Gebäude eindeutig der Erlebniswelt des Zoos zuzuordnen.

Wer den aus seinem Aschenputtel-Dasein glanzvoll wiederauferstandenen Leipziger Hauptbahnhof (1997) aus eigener Anschauung erlebt hat, wird unschwer nachvollziehen können, dass eine der größten denkmalgeschützten Kathedralen des Eisenbahnzeitalters als Flaggschiff der Baugruppe zum Stichwort »Funktion« geradezu prädestiniert ist. Denn nur durch eine erhebliche funktionale Aufwertung der 17 Meter hohen und 8 600 Quadratmeter großen Querbahnsteighalle, in der täglich mehr als 600 000 Reisende ankommen, konnte das historische Ensemble bewahrt und für die Zukunft ertüchtigt werden. Deshalb wurden unter dem von Einbauten völlig freigestellten Hallenboden auf zwei Ebenen unterirdische Einkaufsflächen installiert und über großzügige Öffnungen beziehungsweise Atrien mit der historischen Halle verbunden. Dort unten können Käufer nun auf einer Gesamtfläche von über 35 000 Quadratmetern ungehindert flanieren. Damit wurde der Leipziger Hauptbahnhof zum viel diskutierten Pilotprojekt einer ganzen Reihe nachfolgender Bahnhofsumbauten.

Die Rubrik »Flexibilität« wird eröffnet von der 2006 fertiggestellten Santander Consumer Bank in Mönchengladbach. HPP merkt dazu an, dass die auf Kommunikation ausgerichteten Abteilungsstrukturen der Bank hier besonders offene, flexible, nichtsdestoweniger komfortabel ausgestattete Büroetagen erforderlich gemacht hätten. »Non-territoriale Arbeitsplätze lassen den Arbeitsplatz zur Station, nicht aber zur Heimat werden.« Ausgeglichen wird dieser Verlust an individueller Arbeitsplatzidentität durch besonders hochwertig gestaltete Orte der Kommunikation. Lichtdurchflutete Atrien und Glaswände vom Boden bis zur Decke befreien die Innenräume des mäandrierenden Baukörpers und verschmelzen sie mit der Umgebung.

Zum Thema »Materialität« wird eines der wohl ambitioniertesten Projekte der vorliegenden Werkauswahl vorgestellt. Gemeint ist das EXPO-Village, welches HPP Architekten zur Weltausstellung des Jahres 2010 in Schanghai errichten werden. So entsteht in der »Boomtown« Schanghai derzeit auf 44 Hektar Grund ein ganz bewusst europäisch-urban geprägtes Quartier mit einer Bruttogeschossfläche von annähernd 700 000 Quadratmetern. Dieses EXPO-Village am Ufer des Huangpu-Flusses verkörpert ein Projekt mit besonders komplexen Anforderungen an Materialität und Nachhaltigkeit. So sind 16 Hektar Parkflächen geplant zur Vernetzung des Geländes mit dem städtebaulichen Umfeld sowie den angrenzenden Landschaftsräumen. Eine zwar versetzte, aber doch strikte Nord-Süd-Ausrichtung der Gebäude soll deren Hitzeeintrag verringern und die Stadt-Land-Fluss-Blicke nicht verstellen. Bereits im Vorfeld der Planungen galt es Vorstellungen hinsichtlich der Nachnutzung des Ensembles zu entwickeln. Die Architekten weisen schließlich auch darauf hin, dass die Gebäudestruktur so ausgelegt sei, dass sie nach der Weltausstellung mit wenig Aufwand umgenutzt und dem privaten Immobiliensektor zugeführt werden könne. Weitsichtige Erschließungsplanungen, flexible Konstruktionssysteme und adaptive Ausbauraster lieferten die nachhaltige Basis für ein Quartier, in dem einmal viele Tausend Menschen leben werden. Dass die Entwicklung dieses Quartiers ein Erfolg wird, ist nach den Worten von HPP »nicht allein ein Verdienst der architektonischen Qualität. Es sind vor allem auch die inneren Werte, die Disposition, die Nutzungsstruktur sowie die technischen und bauphysikalischen Parameter, die zur Nachhaltigkeit beitragen.« Und vor allem auch die Materialien, welche diese Nachhaltigkeit optisch wie haptisch in ein Land translozieren, dessen architektonische Tradition wahrhaftig nicht gerade arm an delikaten Materialeinsätzen ist.

In einer weit weniger spektakulären Situation am Fluss, genauer gesagt auf einer kleinen Insel in der Wupper, ist 2005 im Kontext bestehender Gerichtsgebäude das neue Justizzentrum der Stadt Wuppertal entstanden. Bei diesem um ein zentrales Atrium gruppierten Bauwerk wirken statische Konventionen zumindest optisch wie auf den Kopf gestellt. Ein monolithisch anmutender, mit Naturstein verkleideter Baukörper scheint über einem hohen, durchgängig mit Glas ummantelten Sockelgeschoss schwerelos zu schweben. Dessen gläserne, doppelschalige Haut wurde beidseitig mit einem zarten filigranen Muster bedruckt. Aus der Nähe betrachtet entpuppt sich dieses Muster als Rapport des endlos wiederholten Satzes: »Alle Menschen sind vor dem Gesetz gleich.« Mit der unaufdringlichen, gleichwohl »sprechenden« Botschaft führt das Justizzentrum Wuppertal die Rubrik »Detail« an.

Von ganz anderer Statur ist hingegen der Europe Tower in Sofia, der 2011 fertiggestellt sein wird und ebenso selbstredend wie federführend die Kategorie »Signifikanz« vertritt. Mit dieser kristallinen, vielfach abgefasten, neuen »Stadtkrone« der bulgarischen Hauptstadt haben die HPP-Architekten aber nicht nur repräsentative und immobilienwirtschaftliche Wünsche der Bauherrn erfüllt. Indem der Bau genuin auf die kristalline Berglandschaft des umgebenden Vitoshagebirges reagiert, ist mit ihm auch ein innovativer urbaner Baustein zum Thema »Genius Loci« implantiert worden. Darüber hinaus knüpfen die Urheber dieses markanten Wolkenkratzers ebenso kraftvoll wie selbstbewusst an die bürointerne, raum- und zeitübergreifende Tradition markanter Hochhausbauten an. Dabei werden sie in Sofia einmal mehr einen signifikanten, optimistisch gestimmten metropolitanen »Footprint« hinterlassen.

Größer könnte der Kontrast zwischen zwei Bauaufgaben nicht sein als zwischen den beiden Bauwerken, welche die Rubriken »Destination« und »Kontinuität« anführen. Während das am Rande einer mehrspurigen Fahrbahn gelegene, lang gestreckte Shoppingcenter in Weiterstadt (2009) über die Farbkaskaden seiner vertikal lamellierten Fassaden und das hohe, abschließende Band einer umlaufenden Medienfassade eine »Destination« im peripheren »Niemandsland« generiert, steht die erneute Beschäftigung von HPP mit der Tonhalle unter ganz anderen Vorzeichen. In Weiterstadt mussten, analog zu Paul Virilios Thesen von der verengten »dromologischen« Wahrnehmung, Orts- und Zweckbestimmung aus der flüchtigen Bewegungsperspektive von Pkw-Insassen heraus entwickelt und akzentuiert werden. Bei der Düsseldorfer Tonhalle hingegen, jenem expressionistischen Bau von Wilhelm Kreis, den HPP bereits in den Jahren 1975 bis 1978 erstmals umgebaut hatten, ging es in erster Linie um Ertüchtigung eines in die Jahre gekommen Bauwerks, aber auch um den Nachweis bürointerner Kontinuität. Gut 30 Jahre nach dem ersten Umbau durch Helmut Hentrich schien es an der Zeit, die Düsseldorfer Tonhalle modernen Anforderungen in Sachen Haustechnik und Brandschutz anzupassen. Dabei wurden Kassen-, Garderoben- und Foyerbereiche ebenso umgestaltet wie Zugänge und Dachterrassen. Vor allem aber musste die Akustik des Kuppelbaus auf internationales Niveau angehoben werden. Im Zuge hochkomplexer Operationen konnte das komplette Kuppelgewölbe von Grund auf umgestaltet und akustisch optimiert werden. Der sorgfältig inszenierte Einsatz von Licht sorgt zusätzlich dafür, dass sich das Kuppelgewölbe bei Bedarf in einen transparenten Sternenhimmel verwandeln lässt.

Als Resultat eines internationalen Wettbewerbs erhielt HPP den Auftrag, in Frankfurt am Main für 2 400 Mitarbeiter der Allianz-Versicherung eine über 100 000 Quadratmeter große Bürolandschaft zu bauen. Das 2002 fertiggestellte und Allianz-Kai getaufte Gebäude sollte vor allem eines sein: leicht und transparent. Ein vergebliches Unterfangen angesichts eines annähernd 300 Meter langen und 45 Meter breiten Gebäudes? Gelungen ist es trotzdem, dank einer über 150 Meter langen und sieben Geschosse hohen internen Erschließungsstraße, welche die einzelnen Baukörper miteinander verbindet. Gläserne Verbindungsbrücken, gläserne Aufzüge und verglaste Treppenhäuser bewirken, dass diese Magistrale den Gesamtkomplex in eine gläserne Stadt-in-der-Stadt verwandelt. Mit einer Strahlkraft, von der Paul Scheerbart und die Architekten der Gläsernen Kette in den 1920er-Jahren nur geträumt haben. Kein Wunder, dass der Allianz-Kai die Gruppe der Bauten zum Stichwort »Poesie« eröffnet.

Ebenso stimmig ist die Platzierung des Grandhotels in Heiligendamm (2003) in der Gruppe jener Bauten, die für die Rubrik »Identität« stehen. Seit seiner Gründung im Jahr 1793 durch den Mecklenburgischen Großherzog Friedrich Franz I. galt das Ostseebad Heiligendamm als eines der elegantesten Seebäder Europas. Mit Orangerie, Burg Hohenzollern, Kurhaus, Haus Mecklenburg und Grandhotel stand nach der Wende ein ziemlich heruntergekommenes Ensemble aus fünf historischen Gebäuden zur Verfügung, das den hohen Ansprüchen einer Hotel-, Wellness- und Freizeitanlage der Kategorie Luxusresort anzupassen war. Nach dem Umbau ist Heiligendamm als die »Weiße Stadt« an der Ostsee wiederauferstanden; als die Stadt der Schönen, Reichen und Mächtigen, die sie eigentlich immer schon war. Der identitätsstiftenden Wirkung des Ensembles ist es wohl zu verdanken gewesen, dass HPP im Jahre 2004 auf der internationalen Immobilienmesse in Cannes für dieses Projekt mit dem Mipim-Award in der Kategorie »Hotel & Tourism Resorts« ausgezeichnet wurde.

Aber auch zum Stichwort »Ökologie« kann HPP eine ganze Reihe großer Bauvorhaben vorweisen, angeführt von den verschiedenen, teilweise noch in der Ausführung befindlichen Bauabschnitten für den Hauptsitz der Victoria-Versicherung in Düsseldorf. Hier wurde eine Vielzahl innovativer Fassaden- und Fotovoltaiksysteme, Anlagen zur Kraft-Wärme-Kopplung sowie zur Licht- und Sonnenschutzsteuerung eingesetzt. Die hier und in anderen Projekten erzielte Energieoptimierung durch die Kombination von passiven Energieeinsparsystemen mit innovativ nutzbar gemachten regenerativen Energien unterstreicht die Wertigkeit der einzelnen Bauabschnitte. Ähnliches gilt, wenn auch unter anderen Voraussetzungen für die Mediothek am Theaterplatz in Krefeld (2008), die man zu gleichen Teilen als gelungenes Beispiel einer Platzrevitalisierung und innovativen Impuls zum Thema »Ökonomie« interpretieren kann.

Schließlich bringt dieser Bau das Kunststück zustande, hohe, extern wie intern wirksame Raum- und Gestaltqualitäten zu erzeugen, ohne auf Wirtschaftlichkeit zu verzichten. Kerngedanke ist hier eine außergewöhnliche Typologie, nämlich ein um das Foyer und den zentralen Ausstellungsbereich herum gelegtes Rampensystem, welches die terrassenförmig ansteigenden Ausleihebenen kontinuierlich fließend miteinander verbindet. Besucher wandern durch den Bau wie auf einer Promenade, stets neue Raumeindrücke genießend. Natürliche und mechanische Be- und Entlüftungssysteme machen eine zusätzliche Kühlung beziehungsweise Klimatisierung überflüssig. Der energieeffiziente Betrieb und die niedrigen Baukosten demonstrieren einmal mehr, das HPP selbst unkonventionelle, anspruchsvolle Raumkonzepte ökonomisch innovativ umzusetzen vermag.

Ein Verwaltungskomplex der ganz anderen Art steht stellvertretend für Bauten, die exemplarisch dem Begriff der »Nachhaltigkeit« verpflichtet sind. Es sind die Henkel Asia-Pacific and China Headquarters, welche 2007 von HPP in Schanghai, genauer gesagt in Pudong, Schanghais florierendem Wirtschaftszentrum am Ostufer des Huangpu-Flusses, fertiggestellt worden sind. Planungsmaximen dieser repräsentativen Anlage für ein führendes Hightechunternehmen waren neben der Bereitstellung modernster westlicher Gebäudestandards vor allem Umweltfreundlichkeit und Nachhaltigkeit. Dennoch sind chinesische Einflüsse unübersehbar. So wurde die Magnolienblüte als offizielles Symbol der Stadt Schanghai zum Ausgangspunkt aller planerischen Überlegungen. Darüber hinaus wurde ein Feng-Shui-Berater hinzugezogen, der alle Parameter des Gebäudes wesentlich mitkonfigurierte. Daraus entstand eine sanft geschwungene, verglaste Stahlbeton-Skelettkonstruktion ohne rechte Winkel. Durch den Einsatz einer Wärmeschutzverglasung, thermisch entkoppelter Fassadenprofile und den Einsatz eines ortsunüblichen, außen liegenden Sonnenschutzes konnte der Energieverbrauch gegenüber den regionalen Durchschnittswerten um 40 Prozent gesenkt werden.

Gleichwohl unterstreichen die konvex-konkav gewölbte Glashaut sowie die organisch geschwungen Formen, Flächen, Bodenbeläge und Materialien im Eingangsatrium, Restaurant sowie im Innenhof die Verwurzelung des Neubaus in der chinesischen Tradition. Fernöstliche Traditionen und westliche Gebäudestandards haben sich hier harmonisch zu einer Symbiose der Nachhaltigkeit vereint.

Die letzte Gruppe jüngerer Bauten ist einem Faktor verpflichtet, der eigentlich über allen Projekten steht. Vor allem dann, wenn ein Büro wie HPP auf die eigene 75-jährige Tradition zurückblickt. Gemeint ist der Faktor »Zeit«. Eines der exemplarischen Beispiele für den Umgang von HPP mit dem Faktor Zeit sind die Rheinhallen in Köln, welche 2009 fertiggestellt werden. Nach dem Auszug der Kölner Messe aus ihren angestammten expressionistischen Backsteinhallen in Köln-Deutz stand das weitläufige Areal zur Disposition. Nach weitgehender Entkernung der alten Hallen wurden hier unter Beibehaltung der denkmalgeschützten Ziegelfassaden auf einer Bruttogrundrissfläche von circa 160 000 Quadratmetern von Grund auf neue Verwaltungs- und Redaktionsräume sowie Fernsehstudios für den Sender RTL und seine etwa 2 000 Mitarbeiter installiert. Daraus resultiert eine weite, lichtdurchflutete, mit Höfen beziehungsweise einer zentralen, überdachten Halle durchsetzte Büro- und Studiolandschaft, an deren Rändern Altes und Neues miteinander verschmelzen. Altes vergegenwärtigt sich hier im Neuen und schlägt damit ein neues Kapitel im ungeschriebenen Buch der Zeiten auf.

Damit schließt sich der Kreis einer Betrachtung, welche bei Helmut Hentrichs meisterlichen Wohnhäusern aus den 1930er-Jahren begann, um bei den raumgreifenden Städten-in-der-Stadt, sprich den großen Bürolandschaften und Wolkenstürmern des frühen 21. Jahrhunderts vorläufig zu enden. »Kontext«, »Konstruktion«, »Hülle«, »Funktion«, »Flexibilität«, »Materialität«, »Detail«, »Signifikanz«, »Destination«, »Kontinuität«, »Poesie«, »Identität«, »Ökologie«, »Ökonomie«, »Nachhaltigkeit« und »Zeit«, das waren einprägsame Stichworte, anhand derer wir die HPP-Bauten wie die Glieder einer schillernden Perlenkette an uns vorüberziehen ließen. Ein Begriff fehlte freilich, nämlich jener, der die Sinnlichkeit thematisiert hätte. Denn trotz der Größe vieler Projekte ist eines in allen stets vorhanden: das sichere Gespür für Poesie und Sinnlichkeit. Beides wird selbst alltäglichen Nutzungen als unbezahlbarer Mehrwert mit auf den Weg gegeben.

Denn das alltägliche Geschäft des stadträumlichen und architektonischen Entwerfens und seine Umsetzung in die Realität sind weit mehr als nur ein »jeu magnifique«, ein schönes Spiel, wie es Le Corbusier einmal provokativ ausgedrückt hat. Architektonisches Denken und Handeln verkörpern vielmehr jeden Tag aufs Neue die harte Auseinandersetzung mit den Konventionen der Banalität. In einem Zeitraum von 75 Jahren haben die Gründerväter und ihre Nachfolger Generation für Generation ihren eindrucksvollen Kosmos an realisierten Denkgebäuden erweitert: Denkgebäude, die das Banale außer Kraft zu setzen scheinen. Die zahllosen Ideen, die dabei nolens volens auf der Strecke geblieben sind, bleiben mussten, werden allenfalls Spuren zwischen zwei Buchdeckeln hinterlassen. Vermutlich ist es nur einem ausgeprägten ethischen Verantwortungsbewusstsein zu verdanken, dass sich Kontinuität und Kongruenz so erstaunlich ungebrochen im Œuvre von HPP artikulieren, bis in das 21. Jahrhundert hinein. Die in diesem Band vorgestellte Architektur kann sich wahrhaftig sehen lassen. Aber nicht weil sie auf Effekthascherei aus ist, sondern weil sie Projekt für Projekt im besten Sinne des Wortes Neugierde und Offenheit spüren lässt: Neugierde und Offenheit für ein humaneres Leben und Arbeiten von Menschen im Gleichgewicht mit neuen nachhaltigen Konstruktionen und Gebäudetechnologien. Und begibt man sich zu sehr ins Reich der Spekulationen, wenn man in den letzten Jahrzehnten verstärkt Spuren sinnlicher Provenienz zu entdecken scheint? Wie dem auch sei, eines der größten alten Architekturbüros in Europa produziert nicht leichtfüßige, sondern verantwortungsbewusste Architektur. Damit scheint es bestens gerüstet für die Zukunft. Bis zum 100. Gründungstag sind es ja auch nur noch 25 Jahre!

Schauplatz der Geschichte zweier außergewöhnlicher Bauwerke, die Düsseldorf über Jahrzehnte hinweg ein Gesicht gaben, ist die Königsallee im Herzen der Stadt. Sie ist wohl eine der bekanntesten und eindrucksvollsten Flaniermeilen Deutschlands. An diesem städtebaulich exponierten Ort entstand 1909 ein bauliches Ensemble aus dem Warenhaus Tietz, dem heutigen Kaufhof, und dem Breidenbacher Hof, das für lange Zeit einen Dialog über das Dauerhafte eingehen wollte. Und wo, wenn nicht an diesem Ort zwischen Heinrich-Heine-Allee und Königsallee, zugleich der Übergang von der »Kö« zur Altstadt, könnten wir sonst heute den städtischen Mittelpunkt Düsseldorfs definieren?

    Die Prachtstraße, an der die beiden Häuser liegen, hat eine bewegte Geschichte. Anfang des 19. Jahrhunderts, nach dem Abzug der französischen Besatzer und dem Schleifen der Festungsmauern, entstand östlich der Altstadt die »Kö«. Geprägt wird der prächtige Boulevard von dem mittig verlaufenden Stadtgraben, üppigem Baumbewuchs und den grünen Böschungen, die das Wasser säumen – hier ziehen inmitten der Stadt Schwäne und Enten beschaulich ihre Runden.

    Getrennt durch das Wasser des Stadtgrabens, aber verbunden durch mehrere Brücken, haben sich Ost- und Westseite der Königsallee unterschiedlich entwickelt. Auf der Westseite sind vor allem große Privatbanken ansässig, auf der Ostseite dominiert der erlesene Einzelhandel. Die mondäne Allee prägt die Stadt seit über 200 Jahren. Und fast ebenso alt ist der 1812 eröffnete Breidenbacher Hof, ein Wahrzeichen des exklusiven Logierens in Düsseldorf.

    Bereits im 19. Jahrhundert befand sich das Hotel im städtischen Schnittpunkt zwischen dem neuen Bahnhof an der Königsallee und den Posthaltereien in der Altstadt. So passierten Reisende, die das Verkehrsmittel wechselten, unweigerlich das Luxushotel. Das Gästebuch des Hotels zu jener Zeit liest sich daher wie das »Who is Who« deutscher und internationaler Prominenz. Auch nach der Zerstörung im Zweiten Weltkrieg und dem Wiederaufbau blieb der Breidenbacher Hof ein exklusiver Ort für die gehobene Gesellschaft. Mit der Schließung und dem Abriss des Luxushotels im Jahr 1999 wurde das vorerst letzte Kapitel des langen Dialogs der beiden Häuser eingeleitet.

    Ebenso wie die Stadt hat auch der Kaufhof, das Wahrzeichen der Warenhauskultur des Jugendstils, auf die Fertigstellung des Breidenbacher Hofs gewartet. Nun sieht es so aus, als hätte er schon immer da gestanden – und genau dies war die Gestaltungsabsicht. Die Fassade orientiert sich traditionsbewusst an ihrem Vorbild, das Innere wurde völlig neu gestaltet und auf die Anforderungen und Bedürfnisse des modernen Gastes abgestimmt. Klassisch zeitlos und mit den Häusern großer Metropolen vergleichbar, zeigt sich das Hotel steinern, solide und dezent elegant. Es entbehrt jeglicher modischer Design-Attitüde und führt nahezu selbstverständlich die über Jahrhunderte gewachsenen Strukturen in gewohnter Weise fort. Mit seinem Verweis auf den historischen Kontext ist es zugleich Orientierungspunkt, Wahrzeichen und städtebauliche Konstante.

    Enden wir mit den Worten Heinrich Heines: »Die Stadt Düsseldorf ist sehr schön [...]. Und hat man dort kein festes Domizil, so steigt man vorzugsweise im Breidenbacher Hof ab, diesem Wahrzeichen der hohen Gastlichkeit im Herzen der Landeshauptstadt am Rhein.«

Kontext Breidenbacher Hof

Bauherr: **Pearl of Kuwait Real Estate Co.** | Hotelbetreiber: **Capella Hotels & Resorts**
Standort: **Düsseldorf** | BGF Hotel: **17 520 m²** | BGF Residenzen: **4 875 m²**
BGF Einzelhandel: **4 125 m²** | BGF Büros: **3 995 m²** | Hotelzimmer: **79 Gästezimmer und 16 Suiten** | Fertigstellung: **2008**

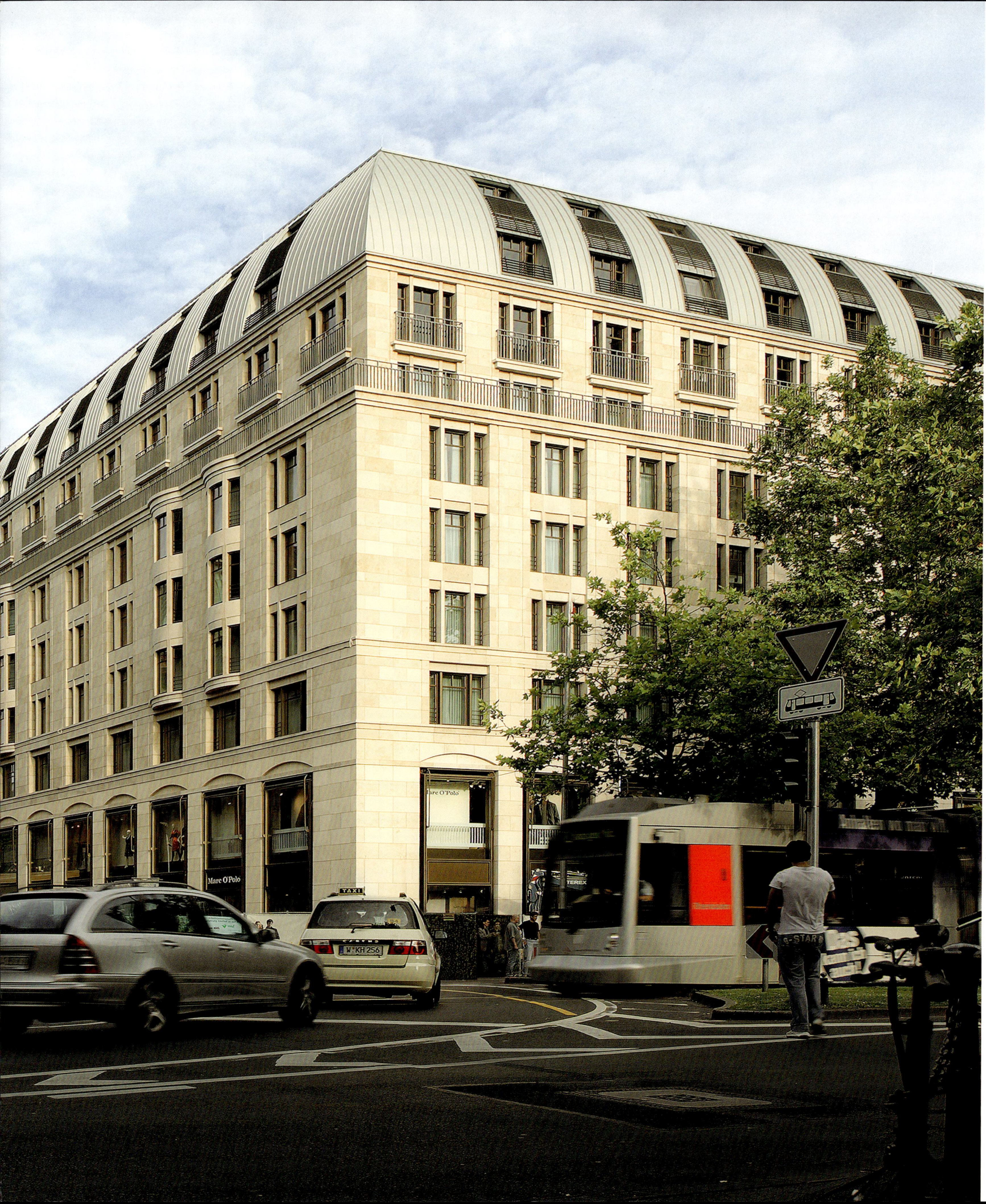
Marc O'Polo
Marc O'Polo
TAXI
W KH 256

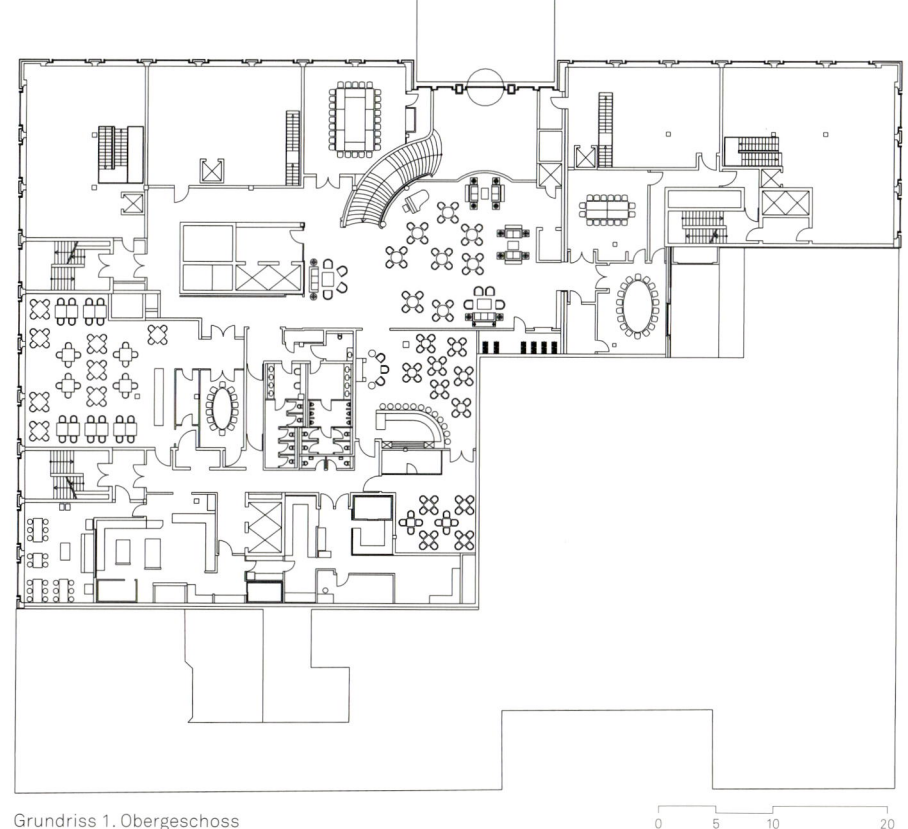

Gebäudeensemble am Heinrich-Heine-Platz

← Ansicht Königsallee
⇐ Breidenbacher Hof und Kaufhof, Ansicht Heinrich-Heine-Allee

Grundriss 1. Obergeschoss

Breidenbacher Hof 175 Jahre lang war der Name Breidenbacher Hof Inbegriff für höchsten Hotelkomfort, bis das Gebäude 1999 wegen Baufälligkeit geschlossen und schließlich abgerissen werden musste. Wie sein historischer Vorgänger präsentiert sich der neue Breidenbacher Hof an der Westseite der Düsseldorfer Königsallee im Kontext des städtebaulich bedeutenden Ensembles, bestehend aus Wilhelm-Marx-Haus, Carsch-Haus und Kaufhof.

Der 2008 fertiggestellte Neubau ist auch heute wieder eine der ersten Hoteladressen der Landeshauptstadt Düsseldorf. Darüber hinaus beinhaltet das 9-geschossige Bauwerk Flächen für den hochwertigen Einzelhandel sowie Büros und in den oberen drei Etagen insgesamt 18 Luxusresidenzen in einer Größe von 110 bis 330 Quadratmetern.

Unter Würdigung des Ortes und der bis ins Jahr 1806 zurückreichenden Geschichte des Hotels weist der neue Breidenbacher Hof eine klassische Gliederung auf: Fünf Geschosse bilden den Sockel des Gebäudes, auf den zwei zurückgesetzte Staffelgeschosse sowie zwei Dachgeschosse als gewölbtes Mansardendach folgen. Das bewusst gewählte, klassische Gestaltungsvokabular wird durch die Profilierung und Gliederung der Fassade aus großformatigen Natursteinplatten unterstrichen. Während die horizontalen Linien der Gebäudehülle durch Gesimse in den jeweiligen Geschossebenen ausgebildet werden, zeichnen ausgeprägte senkrechte Fugen und tief in den Laibungen sitzende dreigeteilte Fenster die innere Gliederung des Gebäudes nach. Gestaltungselemente wie Korbbögen, Erker und Markisen im Fußgängerbereich verleihen dem »steinstädtischen« Haus zusätzlich eine besondere Plastizität sowie haptische Qualität.

Der Zugang zum Hotel erfolgt über den Haupteingang an der Theodor-Körner-Straße und ist durch die überdachte, lichtinszenierte Vorfahrt weithin sichtbar. Im Erdgeschoss befindet sich die 2-geschossige Hotellobby mit Rezeption und angrenzender Club-Lounge. Über eine großzügige, geschwungene Marmortreppe erreicht der Gast das 1. Obergeschoss, wo sich das Restaurant, die Bar und Zigarrenlounge sowie weitere Konferenz- und Veranstaltungsräume befinden.

Das Hotel bietet Raum für 79 Gästezimmer und 16 Suiten. Die Zimmer in einer Größe zwischen 41 und 83 Quadratmetern verfügen über eine Raumbreite von circa 4,50 Metern sowie eine Höhe von 2,70 Metern. Die zwischen 96 und 222 Quadratmeter großen Suiten liegen mit Blick auf den Heinrich-Heine-Platz sowie auf die Altstadt an den attraktiven Gebäudeecken. Die zentrale Lage der Aufzugsanlagen ermöglicht kurze Wege zu den Zimmern für die Gäste und das Servicepersonal.

Die Bereiche für den exklusiven Einzelhandel sind im Erdgeschoss, im 1. Ober- und 1. Untergeschoss entlang der angrenzenden Straßen Königsallee, Theodor-Körner-Straße und Heinrich-Heine-Allee angeordnet und flexibel teilbar. Die ebenfalls flexibel teilbaren Büroflächen befinden sich in den Obergeschossen 2 bis 6 und werden über einen separaten Eingang von der Königsallee aus erschlossen. Mit dieser Nutzungsvielfalt trägt das Gebäude wesentlich zur Aktivierung des Stadtraums bei und antwortet bereits heute auf die zukünftigen innerstädtischen Bedürfnisse: die hochattraktive Kombination aus erstklassigen Residenzen mit Dienstleistungs- und Freizeitangeboten.

Die zeitlos klassische Erscheinung des neuen Breidenbacher Hofs weckt bewusst Assoziationen zu den europäischen Grandhotels des 19. Jahrhunderts. In seiner Gestaltsprache und Maßstäblichkeit führt das Gebäude einen Dialog mit den umgebenden Baudenkmälern und fügt sich als prägnanter Bestandteil in das Gebäudeensemble am Heinrich-Heine-Platz ein. So entsteht eine neue Urbanität.

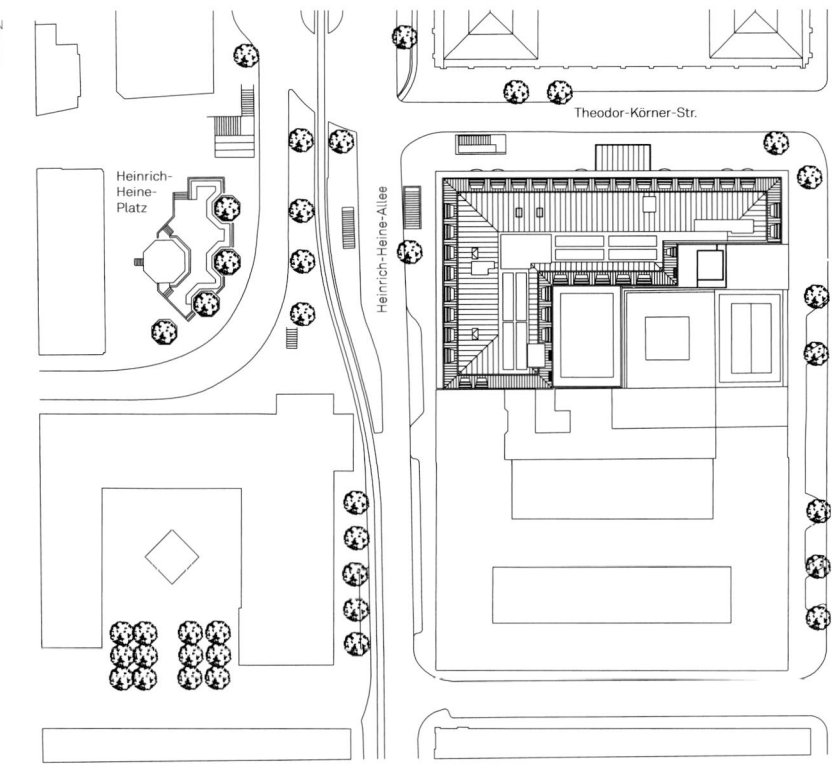

→ Ansicht Theodor-Körner-Straße

Lageplan

Betriebsgebäude Stadtwerke Leipzig

Das neue Gebäudeensemble orientiert sich an den Volumen der umliegenden Landmarken, des stillgelegten Gasometers sowie des Schornsteins des Heizwerkes Süd und spiegelt in seiner Materialität und Farbigkeit den Charakter der umgebenden Bebauung wider.

Bauherr: Stadtwerke Leipzig
Standort: Leipzig
BGF: 7 908 m²
Arbeitsplätze: 300
Fertigstellung: 2000
Wettbewerb: 1. Preis 1998
Auszeichnung: Architekturpreis der Stadt Leipzig 2001

Kontext

Parkvillen am Kickerlingsberg

Das städtebauliche Umfeld der Parkvillen am Kickerlingsberg wird von revitalisierten Jugendstilhäusern sowie von ausgedehnten Grünanlagen bestimmt. Dieser Kontext sowie der einzigartige Baumbestand verleihen auch dem Grundstück, auf dem die sieben Neubauten errichtet wurden, seinen besonderen Charakter. Durch die aufgelockerte Anordnung der Parkvillen entstehen innerhalb der Anlage weiträumige Grünbereiche, die über die großzügigen Fensterflächen der Villen auch aus den Wohnbereichen erlebbar werden.

Bauherr: City Projektbau Leipzig GmbH
Standort: Leipzig-Gohlis
BGF: 9 498 m²
Wohneinheiten: 71
Fertigstellung: 1. BA 2007

Cecilien-Palais 21

Der repräsentative Büroneubau entsteht an der Cecilienallee, mit direkter Sichtbeziehung zum gegenüberliegenden Rheinpark. Das Gebäude präsentiert sich auf rechteckigem Grundriss mit drei Vollgeschossen und einem geöffneten Staffelgeschoss sowie einem Untergeschoss. Die großzügig gegliederten Natursteinfassaden unterstreichen den repräsentativen Anspruch des Neubaus und integrieren ihn in seiner Maßstäblichkeit harmonisch in den städtebaulichen Kontext.

Bauherr: BEMA Unternehmensgruppe
Standort: Düsseldorf
BGF: 5 340 m²
Fertigstellung: 2009

Konstruktion Arena »AufSchalke«

Bauherr: **FC Schalke 04 Stadion-Beteiligungs-GmbH & Co. Immobilienverwaltungs-KG**
Standort: **Gelsenkirchen** | BGF: **40 816 m²** | Zuschauerplätze: **max. 61 482**
Fertigstellung: **2001** | Auszeichnung: **IOC / IAKS AWARD 2005, Special Distinction**

Konstruktionen haben die Entwicklung der Menschheit entscheidend beeinflusst. Die großen Kathedralen der Gotik, atemberaubende Brückenbauwerke oder die Wolkenkratzer der Megacities geben dem Denken und der Vorstellung von Architektur eine neue Dimension. Die Entdeckung konstruktiver Gesetzmäßigkeiten beginnt bei vielen schon als Kind. Spielerisch wird Raum besetzt, ein Gefühl für Material entwickelt, und es entstehen Fähigkeiten, Teile miteinander zu komplexen Gegenständen – »Bauwerken« – zu fügen. Auf diese Weise haben Baumeister über viele Jahrhunderte ihre Konstruktionen ausgeführt. Durch Ausprobieren und die Weitergabe des Wissens um das Material, seine Eigenschaften und seine Festigkeit. Erfahrungswerte beim Bau waren seit jeher entscheidend.

Am Anfang eines Baus steht der Entwurf mit der Absicht, einer Idee, einer funktionalen Anforderung räumlich durch eine Konstruktion gerecht zu werden. Das zeichnet die Arbeit des Architekten und seine besondere Fähigkeit aus. Es gibt kein Rezept, keine genaue Vorgabe. Jedes Gebäude muss aufs Neue durchdacht, berechnet und detailliert werden. Die besonderen Anforderungen an den Architekten bestehen in dem Sichtbarmachen der Konstruktion oder des Lastabtrags und wie dieser formal klar in die Gebäudekonfiguration einzubeziehen ist. Prinzip, Berechnung und Verfahren sind die wesentlichen Schritte, durch die sich das Erscheinungsbild einer Architektur erklärt.

Kaum ein Gebäudetypus kann visuell einen stärkeren konstruktiven Ausdruck entfalten als ein Stadion, in dem sich alles um das Spiel dreht. Daher war Konstruktion auch eines der zentralen Themen bei der Planung und Umsetzung der Arena »AufSchalke«. Zwei Ränge, massiv ausgebildet und als Elemente vorgefertigt, prägen das Bild des Stadions. Sie sind präzise um das Grün angeordnet, das jedes zweite Wochenende zum wichtigsten Ort der Region wird. Immer wieder punktgenau um 15:30 Uhr beginnt die Schüssel zu kochen und eine Welle rollt bei jedem Tor der Schalker Knappen durch das Stadion. Es ist eine unvergleichbare Atmosphäre, die sich dann ausbreitet.

Über die Arena erstreckt sich eine 220 Meter freitragende Stahlträgerkonstruktion, deren Außenflächen von Teflonfolien überspannt sind. Die Stimmung im Stadion wird bei gutem Wetter von der Sonne zusätzlich aufgeheizt. Dann nämlich öffnet sich das Dach über dem Spielfeld automatisch wie bei einem Cabrio und gibt den Blick auf den Himmel frei. Um das Gras der Spielfläche vor dem Austrocknen zu schützen, wird es unter der Woche auf Gleitlagern aus der Arena herausgefahren. Die südliche Unterrangtribüne wird hochgefahren und wie von Geisterhand gleitet das Spielfeld in seine Parkposition im Außenbereich des Stadions.

Konstruktion ist ein Prozess, der den Architekten jeden Tag aufs Neue begleitet und herausfordert. Auch heute noch, trotz computergesteuerter Prozesse, sind spielerisches Denken, Versuche, Materialkenntnisse und ein großer Teil technischen Wissens die Grundvoraussetzungen des Konstruierens. Der Entwicklungsprozess, der im Kopf des Architekten entsteht, ermöglicht die Umsetzung der räumlichen Ideen sowie die Details am Gebäude. Das kann durch kein technisches Hilfsmittel ersetzt werden.

Kristallines Eingangsgebäude

« Haupteingang Westseite
→ Aufzugsanlage in Verbindung mit
  Stahltreppenkonstruktion

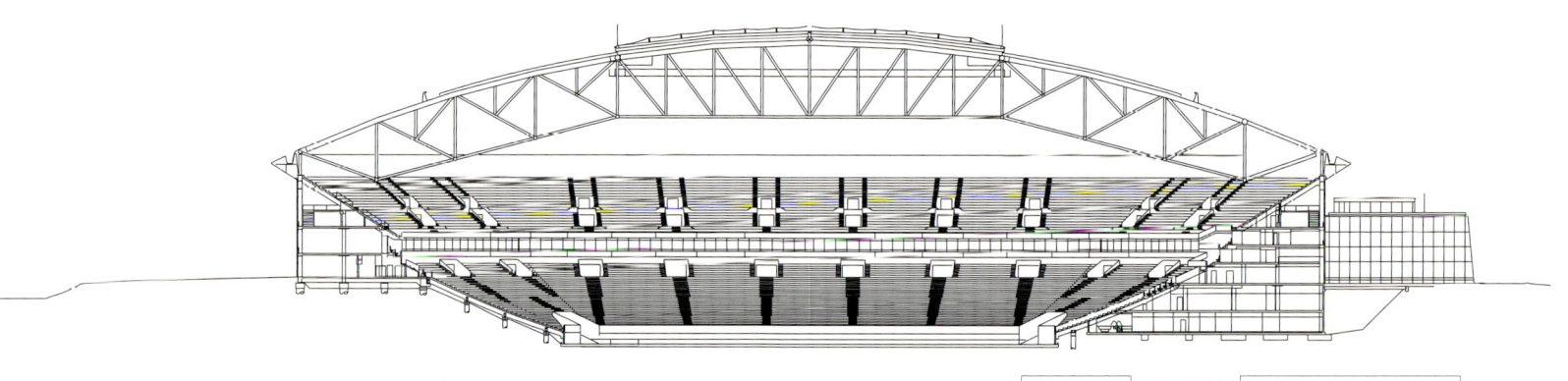

Längsschnitt

0   25   50   100

28

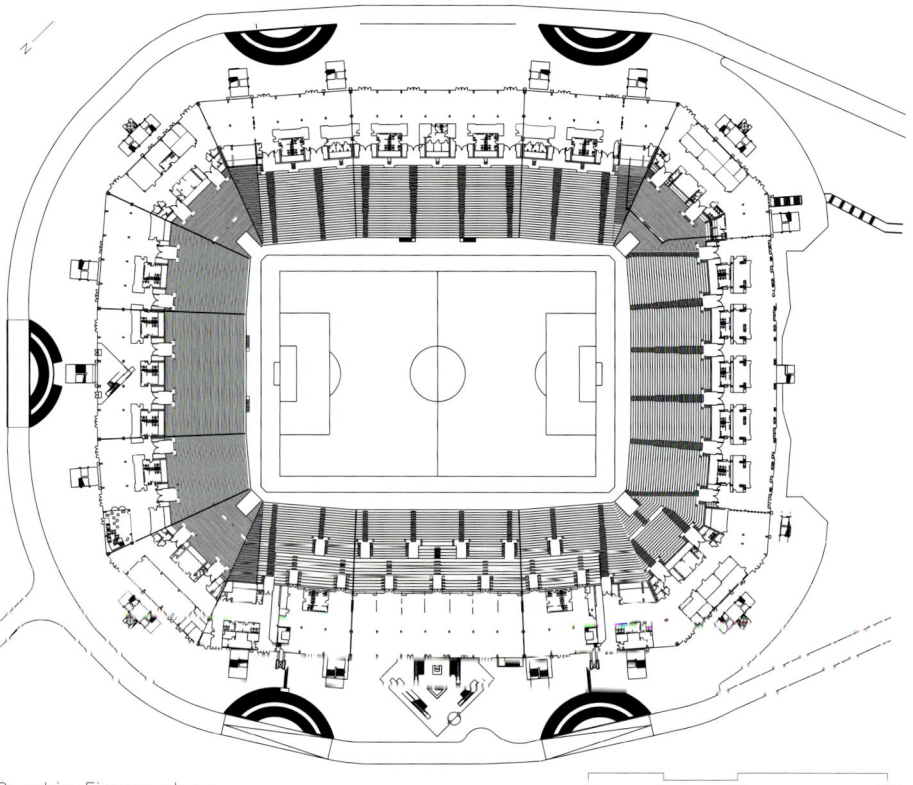

Sekundärboden aus Stahlbeton
→ Antriebsmechanismus Spielfeld

Grundriss Eingangsebene   0 25 50 100

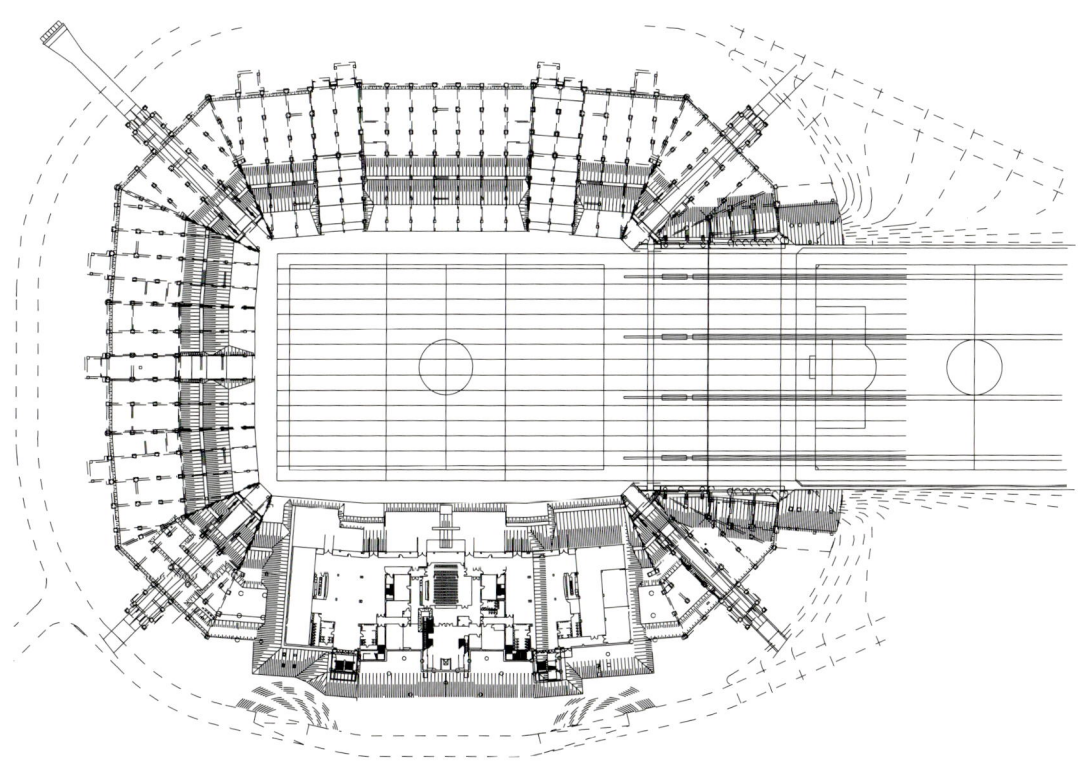

Grundriss Spielfeldebene

Arena »AufSchalke«

Die Arena liegt im Berger Feld, dem geografischen Mittelpunkt von Gelsenkirchen, mit direktem Sichtbezug zum alten Parkstadion. Dieses wurde aufgrund von Bergsenkungsschäden zur Bundesliga-Saison 2001/02 von der neuen Spielstätte abgelöst.

Der Entwurf für das 225 Meter lange, 187 Meter breite und 53,5 Meter hohe Bauwerk resultiert aus dem Anspruch der Multifunktionalität. Neben der Hauptnutzung als Fußballstadion mit 60 000 Zuschauerplätzen kann die Arena »AufSchalke« witterungsunabhängig auch als Versammlungsstätte für Messen, Ausstellungen, Konzerte oder andere Großveranstaltungen genutzt werden. Die Arena in der Grundform eines abgerundeten Rechtecks ist in dieser Dimension das erste Fußballstadion der Welt, das sich innerhalb von dreißig Minuten in eine riesige Halle mit geschlossenem Dach verwandeln lässt. Dabei schiebt sich der bewegliche Teil der zweigeteilten Dachkonstruktion quer über das Raumfachwerk aus Stahlrohren. Damit bei den nicht sportlichen Veranstaltungen der Rasen nicht in Mitleidenschaft gezogen wird, kann das gesamte Spielfeld in seinen Abmessungen von 118 mal 79 Metern per Knopfdruck und innerhalb von sechs Stunden aus der Arena herausfahren. Wie eine Schublade gleitet es auf Teflonschienen durch eine Öffnung unter der Südtribüne aus dem Stadion. Bei herausgefahrenem Spielfeld steht dann ein Sekundärboden aus Stahlbeton für andere Veranstaltungen bereit. Nach abgeschlossenem Schubvorgang fährt der Unterrang der Südtribüne hydraulisch um circa 16 Meter unter den Oberrang und auf der frei werdenden Fläche kann eine Bühne aufgebaut werden. Die Zuschauerkapazität wird dabei nur geringfügig verändert.

Die Tragkonstruktion der Tribünen besteht aus Stahlbeton, mit Ausnahme der Südtribüne. Diese wird von einer 80 Meter überspannenden Stahlbrückenkonstruktion getragen, um die Ein- und Ausfahrt des Spielfeldes zu ermöglichen. Die Tribünen sind an allen vier Seiten dicht am Spielfeld angeordnet und jeweils in zwei Ränge aufgeteilt. Dadurch wirkt der Stadioninnenraum ausgewogen und entwickelt bei Vollbesetzung die berühmte Hexenkessel-Atmosphäre, die man bislang nur aus reinen Fußballstadien kannte.

Im Westgebäude der Arena befinden sich, auf fünf Ebenen verteilt, die VIP-Bereiche mit Logen, der Business-Club sowie Mannschafts- und Medienräume. Diese werden allesamt über das vorgelagerte, dreieckige, kristalline Eingangsgebäude erschlossen. In die anderen Bereiche gelangt der Besucher über 18 offene, außen liegende Treppenhäuser. Im Erdgeschoss sowie im oberen Rang verlaufen unter den Tribünen Promenaden, auf denen 32 Arena-Kioske für das leibliche Wohl der Stadiongäste sorgen.

Die Gebäudehülle besteht aus einer vollverglasten, elementierten Vorhangfassade aus Aluminium, die durch vorgesetzte Stahlpfeiler sowie die außen liegenden Treppenhäuser gegliedert wird. Aus dem Anspruch der Multifunktionalität wurden alle Konstruktionsgruppen – Dächer, Tribünen, Logen und Erschließungen – als modulare Elemente entworfen, ähnlich einem Baukastenprinzip. Die Konstruktion wurde somit aus dem Stadioninneren heraus entwickelt, tritt über das signifikante, folienbespannte Stahlfachwerk im Dachbereich jedoch auch außerhalb des Gebäudes wirkungsvoll in Erscheinung.

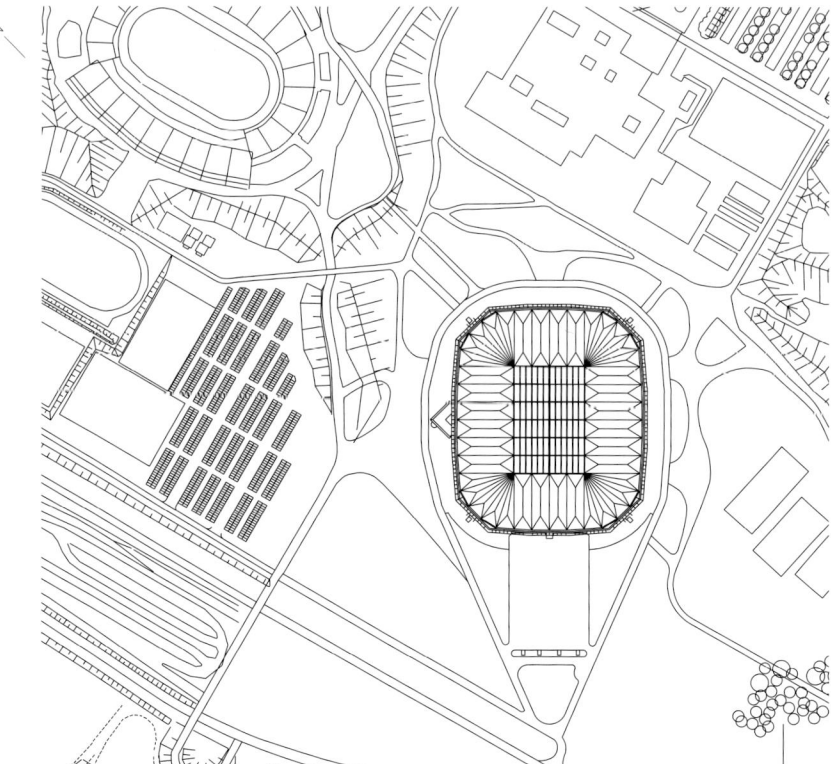

Lageplan

→ Erschließungsfoyer zu den VIP-Bereichen
↠ Der Hexenkessel »AufSchalke«

HUK-COBURG

Der Verwaltungsbau gliedert sich in einen Ostteil mit drei sowie einen Westteil mit fünf Gebäuderiegeln. Eine voll verglaste, in offen ablesbarer Stahlkonstruktion errichtete Eingangshalle verbindet über eingehängte Brücken beide Bauteile. Bei Veranstaltungen lässt sich das Raumvolumen in der Eingangshalle über höhenverstellbare Deckenpaneele an unterschiedliche Akustikanforderungen anpassen.

Bauherr: HUK-COBURG Immobiliengesellschaft Bertelsdorfer Höhe GbR
Standort: Coburg
BGF: 108 580 m²
Arbeitsplätze: 1 840
Fertigstellung: 1998
Wettbewerb: 1. Preis 1993

Konstruktion

Volkswagen Arena Wolfsburg

Aus dem Anspruch der Multifunktionalität wurden die einzelnen Funktionsbausteine der Arena wie Dächer, Tribünen, Logen und Erschließungen als modulare Elemente entworfen. Während in der Außenwirkung eine rechteckige metallische Dachscheibe messerscharf den Wolfsburger Stadtraum um das Stadium durchschneidet, zeigt im Innenraum ein durchscheinendes Membrandach konstruktive Finesse.

Bauherr: Wolfsburg AG
Standort: Wolfsburg
BGF: 25 300 m²
Zuschauerplätze: 30 000
Fertigstellung: 2002

Hauptverwaltung Allianz Unterföhring

Der 6-geschossige Neubau ergänzt zwei bereits bestehende Verwaltungsgebäude der Allianz und bildet in seiner Linearität gleichzeitig das Rückgrat der Gesamtanlage. Die gemeinsame Eingangssituation wird durch einen leicht gedrehten, 2-geschossigen Pavillon akzentuiert, der von einer transparenten Brückenkonstruktion getragen wird.

Bauherr: **Allianz Immobilien GmbH**
Standort: **München-Unterföhring**
BGF: **100 000 m²**
Arbeitsplätze: **2 000**
Fertigstellung: **2004**
Wettbewerb: **1. Preis 2000**

»Kleider machen Leute« – so manch einer hat sich in der Vergangenheit schon an diesen Worten messen müssen, und immer wieder versuchen weniger hochgestellte Persönlichkeiten über das »Aufpolieren« ihrer Erscheinung die eigene Stellung zu heben. Mit Vorsatz oder vielleicht nur unbewusst, wie es etwa dem armen Schneider in Gottfried Kellers 1874 erschienener Novelle widerfahren ist. Der Schneider Wenzel Strapinski wird in Seldwyla wegen seines gepflegten Aussehens für einen Grafen gehalten. Er verliebt sich in eine höhere Tochter der Stadt, die ihm auch nach seiner Entlarvung verbunden bleibt.

»Fassaden machen Häuser« – dies ist kein weiterer Titel einer Novelle von Gottfried Keller. Es handelt sich auch nicht um ein geflügeltes Wort des Volksmundes. Vielleicht aber ist es eine treffende Beschreibung jener Hüllen, die Gebäuden ihren Ausdruck verleihen, ihnen ein unverwechselbares Gesicht geben und den innen liegenden Funktionen Schutz bieten.

Heute wird Architektur zunehmend in der Dualität von Raum und Hülle gedacht. So verhängt die leichte Hülle die tragende Konstruktion und die Masse der inneren Baustruktur. Sie ist aber nicht nur gestalterisches Element, Schutz oder thermische Hülle, sondern kann auch als Bindeglied zwischen Innenraum und Außenwelt dienen. In jüngerer Zeit wird die Hülle in zunehmendem Maß auch als Steuerungselement von Marken gesehen, die auf einer im Stadtraum kommunizierenden Ebene eingesetzt wird. In der Konsequenz bedeutet dies, dass die Fassade zum äußeren, sichtbaren Element von »Brandarchitecture« avanciert.

In diesem Sinn präsentiert sich auch das Zooparkhaus in Leipzig. Erst einmal ist die Bauaufgabe Parkhaus als eine rein funktionale anzusehen, da es primär darum geht, maximalen Raum für parkende Autos zu schaffen. Die Mehrzahl der Parkhäuser sind daher reine Zweckbauten, dunkle horizontale Streifen, aus deren Innerem die Karawane abgestellter Fahrzeuge ein ungeordnetes Bild nach außen vermittelt. Aus der Aufgabe, für den Zoo in Leipzig ein Parkhaus zu entwerfen, erwuchs die Chance etwas Ungewöhnliches zu schaffen, dem Betrachter ein »Mehr« zu bieten.

Dieses »Mehr« zeigt Natur, zeigt Dschungel und versteht sich als abstrakte Facette dessen, was im Zoo erlebt werden kann. Es entsteht ein Dialog zwischen Parkhaus und Zoo. Der Einsatz der naturbelassenen Bambusstäbe baut gestalterisch die Brücke zum Zoo und so wird das Parkhaus zum sichtbaren Markenzeichen mit hohem Wiedererkennungswert. Überdies fällt die Strukturierung durch den Bambus wohltuend aus den sonst oft anonymen Gliederungen der Parkhausfassaden heraus und sorgt über die horizontal auf Abstand angeordneten Stäbe für eine ausreichende Belüftung und natürliche Belichtung der Parkebenen.

So können ein Gesicht und eine Marke kommuniziert werden. Ein Mehrwert, der die Kreativität und Innovationsfähigkeit in der Architektur unterstreicht. Am Ende ist es genau das richtige Kleid für dieses Gebäude. Die Form von außergewöhnlicher Liebe, wie sie sich bei Gottfried Keller zwischen dem Schneiderlein und der Amtratstochter trotz der widrigen Umstände einstellt, ist auch in Leipzig zu bemerken, natürlich auf einer übertragenen Ebene, in einer anderen Beziehung: in der Zuneigung der Stadt Leipzig zu ihrem Zooparkhaus.

Hülle
Parkhaus am Zoo

Bauherr: **Zoo Leipzig GmbH** | Standort: **Leipzig** | BGF: **16 500 m²**
Fertigstellung: **2004** | Parkplätze: **527** | Wettbewerb: **1. Preis 2002**
Auszeichnung: **BDA Preis Sachsen 2004, Anerkennung**

Luftraum Auf- und Abfahrtsspindel

← Thematische Hülle aus zehntausend Bambusstäben
⇐ Hülle als zentrales Entwurfsmotiv

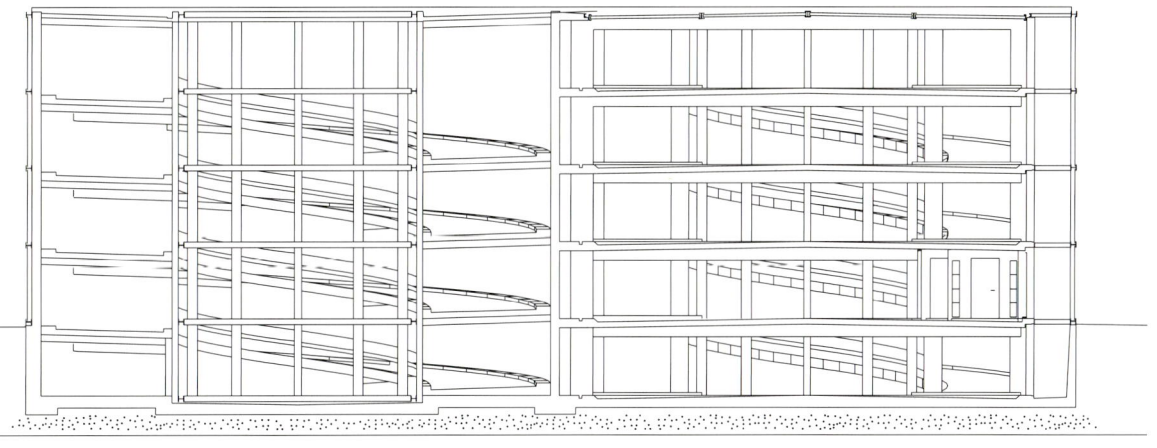

Querschnitt Auf- und Abfahrtsspindel

Parkhaus am Zoo Der Zoo Leipzig ist mit rund 1,3 Millionen Besuchern pro Jahr einer der beliebtesten Tierparks Deutschlands. Damit den Zoogästen ausreichend Parkmöglichkeiten zur Verfügung gestellt werden können, fand im Jahr 2002 ein Wettbewerb für ein sowohl ökonomisches als auch gestalterisch anspruchsvolles Parkhauskonzept statt.

In dem dreitägigen Workshop zum Parkhaus am Zoo Leipzig wurde das Thema »Hülle« als zentrales Entwurfsmotiv gewählt. Das Parkhaus sollte in seinem Ausdruck eine Einheit mit dem benachbarten Zoogelände bilden. So wurde ein Fassadenmaterial gesucht, das zum einen den Bezug zu der exotischen Welt des Erlebniszoos herstellt und zum anderen dem Funktionsbau Parkhaus eine weiche und haptische Anmutung verleiht.

Das Parkhaus liegt gegenüber dem Haupteingang des Zoos und ist damit in unmittelbarer Nähe des Stadtzentrums platziert. Mit seiner außergewöhnlichen Fassade aus Bambusstäben bildet es bereits den Auftakt des Zoobesuchs. Das Gebäude präsentiert sich auf rechteckigem Grundriss mit einer Ausdehnung von circa 100 mal 40 Metern und ist an seiner östlichen Stirnseite durch die Aufnahme der beiden versetzten Spiralrampen organisch ausgeformt. Das in Stahlbeton-Skelettkonstruktion errichtete Parkhaus wurde als offene Großgarage konzipiert und verfügt über fünf Parkebenen mit insgesamt 527 Pkw-Stellplätzen. Die Parkplatzbreite beträgt 2,5 Meter, Behindertenparkplätze befinden sich in jedem Geschoss in der Nähe des großzügigen Aufzugsgebäudes an der westlichen Stirnseite. Das Parkhaus verfügt zudem über zwei einander gegenüberliegende Fluchttreppenhäuser sowie einen offenen Treppenraum mit Anbindung an den Zoohaupteingang.

Das Füllen beziehungsweise Entleeren des Parkhauses erfolgt über zwei getrennte Ein- und Ausfahrtsschranken an der Parthenstraße. Um die Verkehrsströme im Innern zu entflechten, ist die Nutzung nur im Einbahnstraßenverkehr möglich. Die einzelnen Parkdecks sind jeweils über eine Auffahrts- und eine Abfahrtsspindel mit einer Neigung von 9 Prozent verbunden. Aus Sicherheitsgründen wurden die Kreuzungspunkte vor den Auf- und Abfahrten offen gestaltet. Um eine Fahrgeräuschausbreitung in Richtung Wohnbebauung zu verhindern, sind die Spiralrampen von Betonwänden umschlossen.

Der langgestreckte Baukörper wurde mit zehntausend Guadua-Bambusstäben in einer Zwischenraumbreite von 7,5 Zentimetern vollständig umhüllt, mit Ausnahme des Treppen- und Aufzugsgebäudes. Hier öffnet sich das Parkhaus durch seine geschosshoch verglaste Fassade zum Zooeingang hin. Neben ihrer thematischen Bedeutung übernimmt die Bambushülle auch die Funktion einer Absturzsicherung und erlaubt die erforderliche Durchlüftung. In erster Linie verleiht der Einsatz des außergewöhnlichen Fassadenmaterials dem Gebäude jedoch ein Alleinstellungsmerkmal und baut in Konsequenz eine thematische Brücke zwischen dem Funktionsbau Parkhaus und der exotischen Welt des Zoos.

→ Fassadenseitige Erschließungsgänge

43

Vollflächig verglastes Treppen- und Aufzugsgebäude
→ Parkhaus mit Turm der Kongresshalle

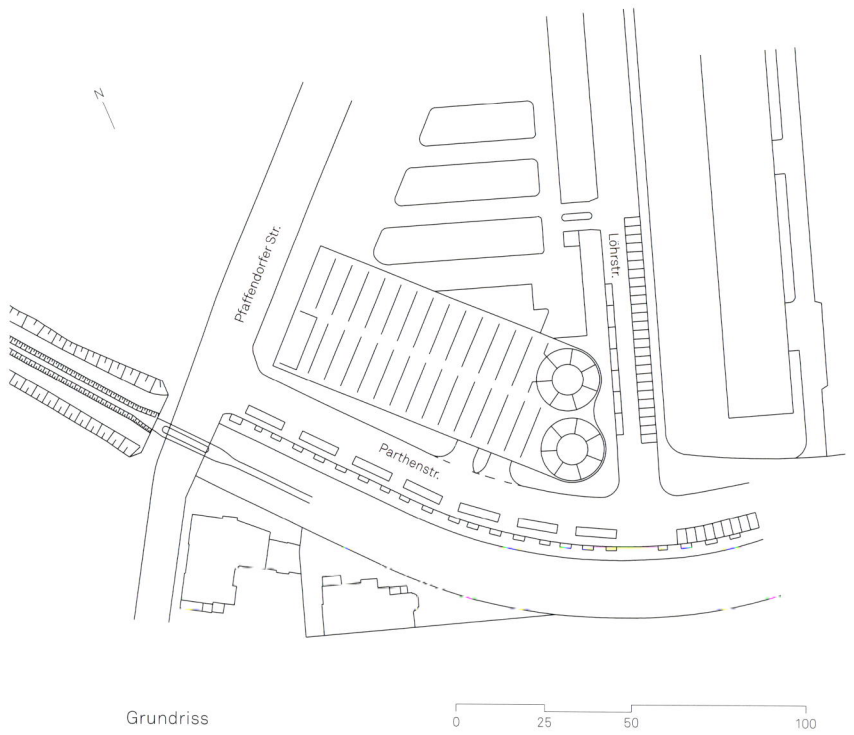

Grundriss

Hülle

Europa-Center

Im Rahmen der Revitalisierung wurde die Fassade des denkmalgeschützten Gebäudes erneuert. Die Ausbildung einer Doppelfassade ermöglichte einen außen liegenden Sonnenschutz sowie öffenbare Fenster. Durch den Einsatz des Original-Aluminium-Profil-Systems für die äußere einfach verglaste Fassadenebene wurde der Gesamteindruck des Bauwerks erhalten und damit den Denkmalschutzauflagen entsprochen.

Bauherr: Europa-Center Europahaus Grundstücksgesellschaft mbH & Co. KG
Standort: Berlin
BGF: 14 500 m²
Höhe: 89,1 m
Baujahr: 1964
Sanierung und Revitalisierung unter denkmalpflegerischen Aspekten: 2001
Wettbewerb: 1. Preis 1960

Allianz München Ludwigstraße

Das Gebäude in der Maxvorstadt, einem von Münchens beliebtesten Stadtteilen, wurde nach dem Auszug des vorherigen Nutzers kernsaniert. Während die denkmalgeschützte klassizistische Fassade erhalten blieb, erfolgte im Inneren eine grundlegende Modernisierung und Neuordnung mit glasüberdachten Innenhöfen, neuer Dachkonstruktion, modernster Haustechnik sowie flexibel ausgelegten, kommunikativen Bürostrukturen.

Bauherr: Allianz Versicherungs AG
Hauptnutzer: The Boston Consulting Group
Standort: München
BGF: 30 000 m²
Arbeitsplätze: 750
Fertigstellung: 2002
Architektur: HPP in Zusammenarbeit mit K + P Architekten
Innenarchitektur: Wiegmann und Trübenbach
Auszeichnung: Fassadenpreis der Landeshauptstadt München 2004

LVM 7

In unmittelbarer Nähe seines Stammsitzes hat der LVM seinen siebten Erweiterungsneubau errichtet. In Form eines wechselständigen Kammsystems wurden filigrane Glaskuben realisiert, die durch eine gläserne Magistrale verbunden sind. Neben seiner prägnanten, farbig gestalteten Hülle zeichnet sich das 3- bis 8-geschossige Gebäude durch sein innovatives Energiekonzept aus, das neben öffenbaren Fenstern ein Erdsondenfeld zur geothermischen Nutzung sowie eine Fotovoltaikanlage beinhaltet.

Bauherr: LVM Landwirtschaftlicher Versicherungsverein Münster a.G.
Standort: Münster
BGF: 23 400 m²
Arbeitsplätze: 460
Fertigstellung: 2008
Wettbewerb: 1. Preis 2004
(Entwurf: Prof. Duk-Kyu Ryang, Mag. Architekt)

Funktion Promenaden Hauptbahnhof Leipzig

Bauherr: ECE Projektmanagement in Vertretung der DB Immobilienfonds 7 Wieland KG | Standort: **Leipzig**
Verkaufsfläche: **30 000 m²** | Baujahr: **1915** | Umbau und Sanierung unter denkmalpflegerischen Aspekten: **1997**
Internationaler Wettbewerb: **1. Preis 1994** | Auszeichnung: **Sächsischer Staatspreis für Architektur 1999**

Die Funktion beschreibt die Aufgabe, die ein Gebäude zu erfüllen hat. Neben der Konstruktion und der Gestaltung entwickelt sich die Funktion durch langwierige inhaltliche Beschäftigung mit dem Bauwerk.

So verhielt es sich auch bei der Entwicklung der Revitalisierungskonzeption für den Hauptbahnhof Leipzig. Bis weit in das 20. Jahrhundert hinein waren die großen Bahnhöfe Stationen der Sehnsucht, sie wurden als »Tore zur Welt« und »Kathedralen des Reisens« bezeichnet. Eine derartige Romantik können – trotz aller Gewöhnung – selbst heutige Reisende noch im Ansatz nachvollziehen.

Bahnhöfe waren eine der großen Bauaufgaben des 19. Jahrhunderts, sie entwickelten sich rasch vom reinen Nutz- zum Repräsentationsbau. Ebendies gilt auch für den Hauptbahnhof Leipzig, der als über 300 Meter langer Kopfbahnhof 1915 eingeweiht wurde. Beinahe so schnell wie die Erfindung der Lokomotive Fortbewegung und Kommunikation revolutionierte, brachte der zunehmende Individualverkehr in den 1960er-Jahren eine Wende für die Bahnhöfe. Sie verkamen, und das ursprünglich lebendige Gesamtkunstwerk Bahnhof wurde zum optischen Rummelplatz sowie zum Treffpunkt für Prostituierte und Obdachlose. Es war nicht länger eine Freude oder ein Erlebnis, am Bahnhof anzukommen oder abzufahren.

Und dann war es wieder eine technische Innovation, welche den Bahnhöfen zu neuem Glanz verhalf: der Hochgeschwindigkeitszug ICE. Die großen Veränderungen, welche die neue Technik mit sich brachte, stellten viele der in die Jahre gekommenen Funktionen der Bahnhofsgebäude infrage. Zeitgemäße Nutzungskonzepte mussten für die Bahnhöfe entwickelt werden, um diese Wahrzeichen unserer Städte zu retten. Was lag da näher als die Bedürfnisse des Reisenden mit Einkaufsmöglichkeiten, Dienstleistung und Aufenthaltsqualität zu verbinden?

Im Hauptbahnhof Leipzig zeigt sich diese neue Welt als linsenförmig gestaltete 3-geschossige Passage, die im Wesentlichen vorhandenes Bauvolumen okkupiert und somit die Nutzungseffizienz des Empfangsgebäudes nachhaltig steigert. Der Einzelhandel nutzt die Ebenen unter dem Querbahnsteig, denn in Leipzig fahren die Züge nicht auf Straßenniveau ab, sondern ein Geschoss darüber. Und so öffnet sich die Welt des Handels durch aneinandergereihte Geschäfte, Verkaufseinheiten und Cafés zur Straße. Der mächtige Querbahnsteig wird in seiner neuen Funktion durch die räumliche Wirkung der horizontalen Addition der Läden bestätigt. Dank der neuen Funktionen füllt die Bahnhofsgalerie den Bahnhof Leipzig mit Menschen und neuem Leben.

Natürlich gab es auch eine Vielzahl pragmatischer Planungsaspekte zu bedenken. Schalter und Informationsangebote der Bahn beispielsweise mussten geschickt in den neuen hybriden Organismus eingebunden werden. Die Bahnfunktionen liegen daher heute da, wo früher das Gepäck aufgegeben wurde – mit zentraler Anbindung an den Bahnhofsvorplatz, den Querbahnsteig und die Galerie.

So hat sich das neue Bild gefügt: Der Bahnhof lädt als städtebaulicher Orientierungspunkt seit seinem Umbau nicht nur zur An- und Abreise, sondern auch zum Bummeln und Verweilen ein. Im Jahr 2010 wird HPP ein weiteres Kapitel in der Geschichte des Leipziger Hauptbahnhofs schreiben. Mit der Eröffnung des Citytunnels Leipzig avanciert dieser Bahnhof, wenn auch nur unter der Erde, zum Durchgangsbahnhof.

Querbahnsteighalle mit neuen Einkaufsebenen

← Eingangshalle West
⇐ Querbahnsteighalle mit neuen Einkaufsebenen

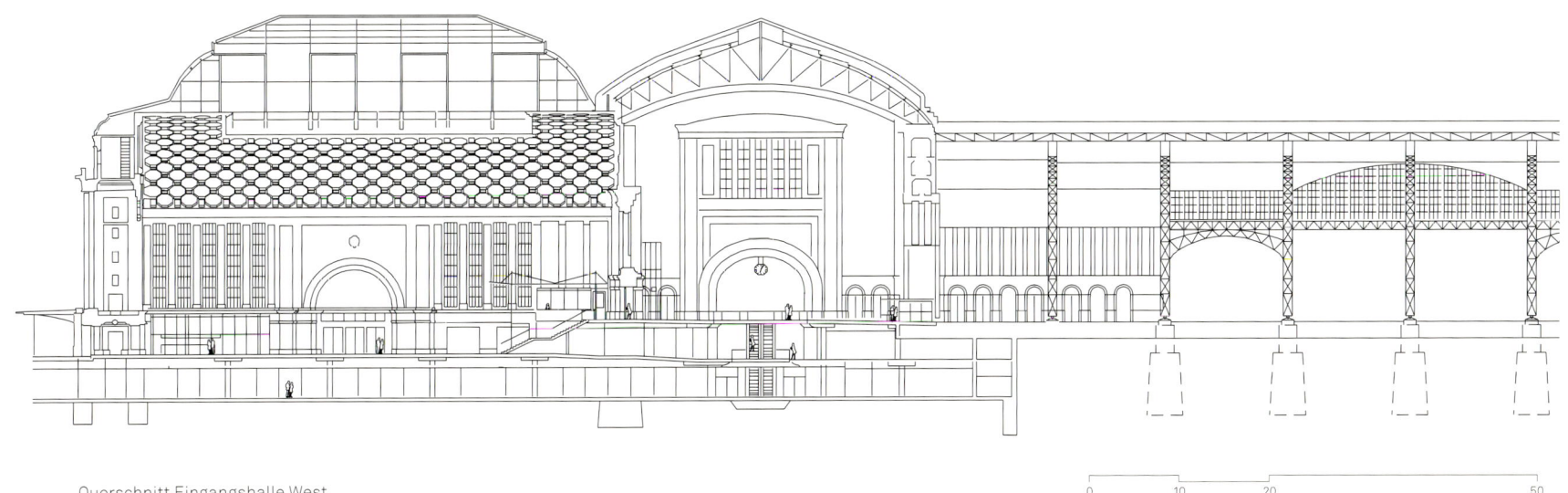

Querschnitt Eingangshalle West

Promenaden Hauptbahnhof Leipzig Der historische Leipziger Hauptbahnhof entstand nach den Plänen der Architekten Lossow und Kühne aus einem 1906 ausgeschriebenen Wettbewerb als »Personenbahnhof mit Kopfstation«. Bei seiner Einweihung 1915 war er der größte Kopfbahnhof Europas. Über die Funktion als Verkehrsknotenpunkt hinaus entwickelte er sich schnell vom reinen Nutz- zum Repräsentationsbau. Nach seiner Zerstörung im Zweiten Weltkrieg und dem Wiederaufbau 1965 verlor er aufgrund des zunehmenden Individualverkehrs jedoch an Bedeutung.

Die Nutzung der Bahn sowie die Anforderungen an Bahnhöfe haben sich im Laufe der Jahre gewandelt. Bahnhofsarchitektur muss sich heute sowohl in Funktion, Vielfalt und Komfort als auch im Design an hochwertigen Fußgängerzonen messen lassen. So entstand die Absicht, den Hauptbahnhof Leipzig wieder zu einem Mittelpunkt des städtischen Lebens zu machen. Bei dem Architekturwettbewerb zur Umgestaltung des Bahnhofs im Jahr 1994 erhielt HPP den 1. Preis und wurde unmittelbar danach mit der Realisierung beauftragt.

Der größte Kopfbahnhof Europas wurde als Pilotprojekt umgebaut, mit der Vorgabe, dass das »Einzelhandels- und Dienstleistungszentrum im Empfangsgebäude« aufzunehmen ist. Dabei musste sichergestellt werden, dass für die neue Nutzung das bedeutende, denkmalgeschützte Bahnhofsgebäude in seiner Struktur nicht verändert wird und trotzdem die funktionellen, konstruktiven und wirtschaftlichen Belange erfüllt werden. So wurde die Faszination der großen Querbahnsteighalle mit 270 Metern Länge erhalten. Der Entwurf beschränkte sich in der Umnutzung des Bahnhofs auf einen Eingriff in den Bestand: eine die historische Substanz respektierende linsenförmige Öffnung in der Querbahnsteighalle, die formal und funktional ein räumliches Verbindungselement schafft.

Diese Öffnung und der dadurch entstehende Raum machen das Forum zur zentralen Drehscheibe des Multifunktionszentrums. Die Zugangsebene des Bahnhofs gerät durch die Zuordnung von Einzelhandel und Dienstleistung zu einem neuen Schwerpunkt. In Ergänzung zur bestehenden Bahnhofsnutzung tritt dieser Aspekt auch im 1. Obergeschoss der Gleisebene sowie im 2. Obergeschoss im direkten räumlichen Zusammenspiel mit der bestehenden Nutzung des Bahnhofes auf. Inhaltlich wird der Abschluss nach oben in den Geschossen 3 und 4 durch die fremd- und bahneigene Büronutzung geschaffen.

Auf den drei Einzelhandelsebenen unter der Querbahnsteighalle, die auch »Promenadendecks« genannt werden, befinden sich insgesamt rund 140 Geschäfte, Cafés und Restaurants mit circa 17 500 Quadratmetern Nutzfläche, die untereinander mit großzügig gestalteten Treppen, Aufzügen, Roll- und Fahrsteigen verbunden werden. Der Querbahnsteig erhält damit den Charakter einer Galleria, die dem Bahnreisenden ein neues Konzept der Bahn anbietet: der Bahnhof als Ort der »Reisepause«. Neben der Umgestaltung des Querbahnsteigs erfahren außerdem die alten Wartesäle durch die Nutzung für Kultur- und Kongressveranstaltungen ihrer historischen Substanz entsprechend neue Funktionen und Inhalte.

Am 12. November 1997 wurde das vollständig überarbeitete Gebäude mit dem neuen Namen »Promenaden Hauptbahnhof Leipzig« seiner Bestimmung übergeben.

Empfangsgebäude, Ansicht Innenstadt
» Linsenförmiger Einschnitt in der Querbahnsteighalle

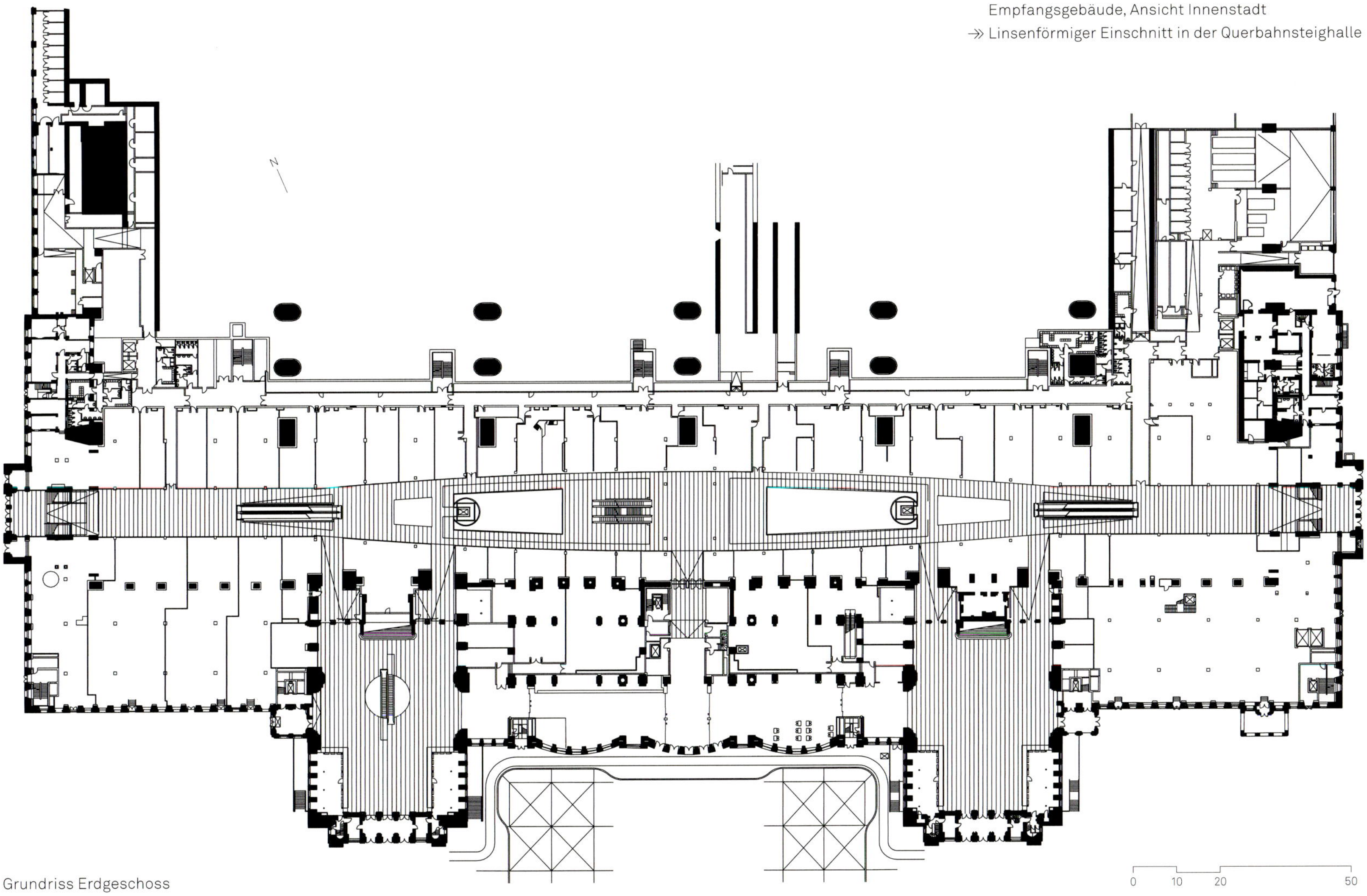

Grundriss Erdgeschoss

JVA Billwerder

Der Entwurf fügt sich als differenzierte Campusanlage mit orthogonaler Gebäudestruktur und moderater Höhenentwicklung in den Landschaftsraum von Billwerder-Allermöhe ein. Eine äußere »Gebäudespur« bestehend aus Empfangsgebäude, Küche, Kantine, Sporthalle sowie Fremd- und Eigenbetrieben definiert das Territorium. Im Inneren bilden insgesamt sieben Hafthäuser zwei unterschiedlich differenzierte Gebäudecluster.

Bauherr: Freie und Hansestadt Hamburg
Standort: Hamburg
BGF: 53 918 m²
Fertigstellung: 2005
Wettbewerb: 1. Preis 1993

Funktion

Olgahospital und Frauenklinik

Die Aufgabenstellung des Wettbewerbs bestand in der Unterbringung der Funktionsbereiche Kinder- und Frauenklinik in jeweils eigenen Gebäudebereichen auf einem räumlich beengten Hanggrundstück. Durch die Ausbildung der Bettenhäuser als quadratische Pavillonbauten gelang es, helle und lichtdurchflutete Stationen effizient über den mehrgeschossigen Behandlungs- und Diagnosebereichen zu platzieren.

Bauherr: Landeshauptstadt Stuttgart
Standort: Stuttgart
BGF: 94 000 m²
Betten: 405
Fertigstellung: 2012
Wettbewerb: 1. Preis 2006
Architektur: HPP in Zusammenarbeit mit Sorg und Frosch

Swan Office Park

Zwischen internationalem Flughafen und der Innenstadt von Bukarest entsteht im Rahmen einer größeren städtebaulichen Entwicklung ein klassischer Büropark. Der Komplex umfasst fünf Module mit insgesamt 55 000 Quadratmetern Bruttogeschossfläche Büro- und Serviceflächen sowie 900 Stellplätzen, die größtenteils in Tiefgaragen untergebracht sind. Alle Baukörper werden räumlich und funktional über eine platzartig gestaltete Achse erschlossen.

Bauherr: **Swan Property S.R.L.**
Standort: **Bukarest**
BGF: **95 000 m²**
Fertigstellung: **2009**

Wie oft strapazieren wir den Begriff der »Flexibilität« als Synonym für Geschmeidigkeit oder Anpassung. Im Ursprung bedeutet Flexibilität »biegen, beugen« und leitet sich vom lateinischen Begriff »flectere« ab. Ein Grashalm, der sich bei Wind leicht beugt und nicht wie ein spröder Ast bricht, ist ein adäquates Bild aus der Natur für eine gelungene Anpassung an sich verändernde Gegebenheiten. Flexibel zu sein, zahlt sich meist durch Erfolg aus. Es hilft dem Grashalm zu überleben.

Jedes Leben erfährt durch prägnante Veränderungen erst seine charakteristische Ausformung. Unweigerlich müssen wir akzeptieren, dass wir Wandlungen unterworfen sind, und uns somit immer wieder von Neuem auf unvorhersehbare Situationen einstellen – flexibel reagieren. Flexibilität besteht in hohem Maße aus einer positiven Einstellung gegenüber diesen Veränderungen. Globalisierung, Individualisierung der Gesellschaft und demografischer Wandel führen zu veränderten Strukturen und fordern Anpassung auf allen gesellschaftlichen Ebenen.

Dieses Denken, das Prinzip der Flexibilität als lebenserhaltende Größe, lässt sich ohne Einschränkung auf die Architektur übertragen. Auch Gebäude und bauliche Strukturen müssen auf unterschiedliche Nutzungen reagieren können. Konkret bedeutet das, dass Raumstrukturen, Konstruktions- und Ausbauraster oder Versorgungssysteme nicht nur in Bezug auf eine einzige mögliche Nutzung geplant werden sollten. Im Gegenteil, sie sollten in ihrer Auslegung flexibel gestaltet werden und Spielraum für unterschiedliche Anforderungen und Nutzungen bieten.

Wie ein roter Faden zieht sich dieser räumliche Spielraum als Angebot unterschiedlicher Nutzungsauslegungen und Kommunikationsstrukturen auch durch das Verwaltungsgebäude der Santander Consumer Bank in Mönchengladbach. Den Auftakt bildet die unkonventionelle Erschließungsstruktur. Sie verläuft geradlinig durch den mäandrierenden Baukörper und schafft Raum für unterschiedliche Szenarien im alltäglichen Betrieb der Bank. So ist die gebaute Struktur nicht allein auf eine effiziente Erschließung und bestmögliche Orientierung ausgerichtet, sie bietet auch Platz für Kommunikation, Ausstellungen und Unternehmensdarstellung.

In ähnlicher Weise setzt sich die Flexibilität als räumliches Angebot in den Obergeschossen fort. Hier unterstützt sie jedoch die Effizienz der internen Arbeitsabläufe. Die Räume sind jederzeit mit wenigen Handgriffen veränderbar. So geschaffene Raumarrangements, Team- und Kommunikationsverknüpfungen können als Reaktion auf veränderte Aufgabenstellungen im administrativen Bereich verstanden werden.

Die innere Gebäudedynamik, die lebendige Arbeitswelt und deren flexible Nutzungsstruktur spiegeln sich im transparenten äußeren Erscheinungsbild der Santander Consumer Bank wider. Die Alleinstellung wird durch die feinsinnige, asymmetrische Anordnung der Öffnungsflügel sowie die Farbigkeit der Profile erreicht. Schwarz, unmissverständlich und außergewöhnlich in ihrer scharfkantigen, flügelartigen Ausformung zeichnen die Sonnenschutzkästen das Gebäude aus und verleihen ihm damit einen hohen Wiedererkennungswert. Am Ende verzahnen sich Inhalt und Erscheinungsbild des Bankgebäudes zu einem dichten baulichen Kontext. Dass dieses Gefüge unter den veränderlichen Anforderungen immer anders erlebbar ist, gleicht dem Grashalm im Wind.

Flexibilität
Santander Consumer Bank

Bauherr: **VR-Leasing ONYX GmbH & Co. Immobilien KG** | Standort: **Mönchengladbach**
BGF: **31 600 m²** | Arbeitsplätze: **1 200** | Fertigstellung: **2006** | Wettbewerb: **1. Preis 2003**

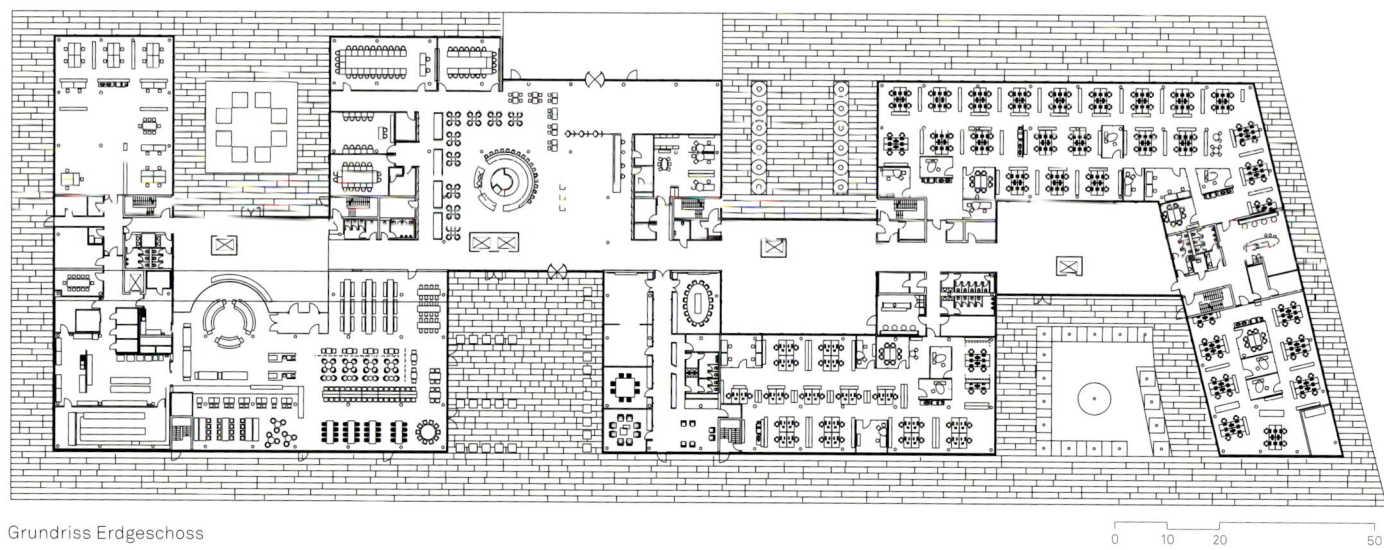

Grundriss Erdgeschoss

→ Verbindungsbrücke im 2. Obergeschoss
   Empfang Eingangsatrium

63

Cafeteria »urban eating«
Cafeteria »Bambuslounge«

→ Non-territoriale Arbeitsplätze im flexiblen Bürolayout

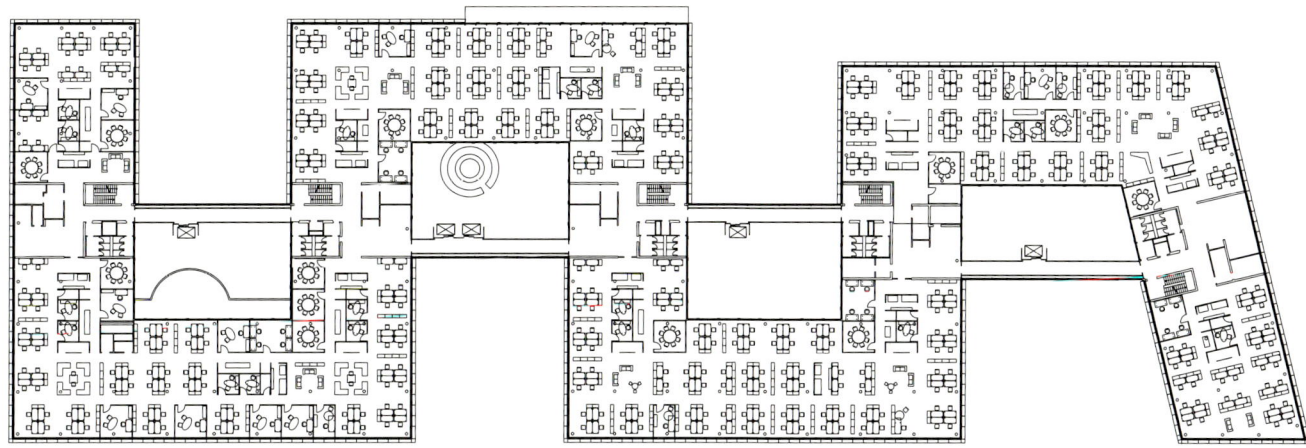

Grundriss 1. Obergeschoss

Santander Consumer Bank In Mönchengladbach, in einem innerstädtischen Mischgebiet am Fuß des Abteibergs, entstand ein transparenter Verwaltungsbau mit außergewöhnlicher Arbeits- und Aufenthaltsqualität. Auf einem ehemaligen Industriegelände errichtete die Banco Santander ihre neue Deutschlandzentrale. Diese bietet seit Frühjahr 2007 einen Arbeitsplatz für 1 200 Mitarbeiter, die aus verschiedenen Standorten in Mönchengladbach zusammengeführt wurden.

Das Wohlbefinden der Mitarbeiter stand von Beginn an im Zentrum der architektonischen Überlegungen. Mit dem Neubau wollte die Bank die Voraussetzungen schaffen, mit denen sich ihr Veränderungsprozess »New Work« umsetzen lässt: ein Arbeitskonzept, das auf den Ergebnissen der Studie »Office 21« des Fraunhofer-Instituts aufbaut. »Office 21« trägt den Erkenntnissen Rechnung, dass in einer zunehmend automatisierten und vernetzten Arbeitswelt Kreativität zum Rohstoff einer Gesellschaft wird. Die Motivation der Mitarbeiter, neue Lösungen zu finden und diese mit anderen zu teilen, wird danach zum Fundament eines erfolgreichen Unternehmens.

Vor diesem Hintergrund lautete die Aufgabe für den Architektenwettbewerb, innovationsfördernde Arbeitsformen sowie flächenwirtschaftliche und flexible Raumkonzepte zu entwickeln, welche den internen Informationsfluss unterstützen. Daher leitete sich die Entwurfsidee aus der inneren Organisation einer teamorientierten, kommunikativen Arbeitswelt ab. Die geografische Nähe zum Rhein beeinflusste den Grundgedanken, ein Gebäude zu entwerfen, das sich wie ein Band fließend in die Stadtlandschaft einfügt. Offenheit, Transparenz und Flexibilität sollten zudem die Arbeitsabläufe bestmöglich unterstützen und den Informationsaustausch fördern.

Zum Ausdruck kommen diese Leitgedanken in einem mäanderförmigen, gläsernen Baukörper, der in seiner Längsachse durch vier Glasatrien gegliedert ist. Städtebaulich arrondiert der Neubau den vormals gewerblich genutzten Baublock und vermittelt in seiner Höhenentwicklung zwischen den unterschiedlichen Niveaus der Umgebungsbebauung sowie des Geländes. Die offenen, durchgrünten Höfe sowie Rücksprünge aus der Bauflucht führen zu einer spannungsreichen Straßengestaltung, der Straßenraum wird aufgelockert und erweitert.

Die neue Santander Consumer Bank präsentiert sich als 3- bis 4-geschossiges Gebäude, dessen oberstes Geschoss an den Baukörperenden zurückgesetzt ist. Die lebendige horizontale Gliederung wird somit auch vertikal fortgesetzt. Räumlich und organisatorisch ist der Verwaltungsbau über eine Magistrale verbunden, die entlang der Mittelachse verläuft. In den oberen Etagen wird dieses Erschließungsprinzip über Verbindungsstege in den Glasatrien weitergeführt. Alle wichtigen Gebäudeabschnitte wie Büroflächen, Konferenz- und Schulungsbereiche, Empfang und Cafeteria können somit schnell und wegeeffizient erreicht werden.

Der Zugang zum Gebäude erfolgt über den zentralen Vorplatz und das Eingangsatrium. Hier befinden sich neben der Kaffeebar eine Mitarbeiterfiliale der Bank sowie Konferenz- und Schulungsräume. Ebenfalls ist im Erdgeschoss das Mitarbeiterrestaurant mit großzügiger »Freeflow«-Zone untergebracht, das bei Bedarf mit den angrenzenden Atrien als Versammlungsraum für 750 Personen genutzt werden kann. Gleichermaßen flexibel können auch die an die Atrien angeschlossenen Konferenzbereiche erweitert werden. Die Atrien wurden mit elementaren Themen wie »Wasser«, »Luft«, »Stein« oder »Holz« unterschiedlich gestaltet, wodurch sie die Orientierung im Inneren erleichtern und Raum für Kommunikation sowie Inspiration bieten.

Die »Layouts« der 16 Meter tiefen Bürozonen sind in allen Geschossen fortlaufend in die mäandrierende Grundrissform integriert und einfach miteinander zu koppeln. Arbeitsgruppen oder Organisationseinheiten lassen sich in einem durchgängigen Ausbauraster von 1,4 Metern fließend organisieren, wodurch Flexibilität und Informationsaustausch bestmöglich gewährleistet sind. Unter Berücksichtigung der unterschiedlichen Arbeitsplatzanforderungen entstand ein Mix aus offenen Büroflächen sowie durch Glastrennwände abgeteilte »Denkerzellen« und Projekträume. An Knotenpunkten wurden »Chill-out«-Zonen eingerichtet, die als Rückzugsinseln dienen.

Die neuartige, flexible Konzeption der Büroräume erforderte eine hochgradige Integration von Architektur und Gebäudetechnik. Eine Kombination aus natürlicher Fensterlüftung sowie mechanischer Lüftung bis hin zu versteckt in den Deckenpaneelen angeordneten Quellluftauslässen sorgen an jedem Arbeitsplatz für angenehme und zugfreie Raumluftverhältnisse bei geringem Energieeinsatz. Absorptionsflächen in den Decken sowie am eigens für das Projekt konzipierten Mobiliar sorgen für die störungsfreie akustische Verhältnisse in den offenen Bürolayouts. Die Fassaden erhielten lichtlenkende, außen liegende Sonnenschutzlamellen, die tageslichtabhängig gesteuert werden und mit der Innenbeleuchtung gekoppelt sind. Bei 3 Metern lichter Raumhöhe entstehen auch in den Mittelzonen der Büroflächen hochwertige Tageslichtverhältnisse.

Der Transparenz des Gebäudes wurde im Inneren bewusst mit unterschiedlichen Raumqualitäten begegnet. Das für die Büroflächen gewählte Farb- und Materialkonzept korrespondiert durch orangerote Fußbodenbeläge mit der Corporate Identity der Bank. Gleichermaßen wurden die hochwertigen Innenausbauten und das lose Mobiliar hinsichtlich Identifikation sowie Repräsentanz ausgewählt und auf das äußere Erscheinungsbild der schwarz gefassten Glasfassade abgestimmt. Materialien wie Holz, Leder oder Naturstein erzeugen Wärme und Behaglichkeit.

Die innovativen Ansätze des »New-Work«-Programms ermöglichten die Umsetzung dieses richtungsweisenden Verwaltungsbaus. Aus dem Anspruch der Anpassungsfähigkeit an wechselnde betriebsorganisatorische Anforderungen entstand ein Gebäude mit hoher Nutzungsflexibilität. Dies führt letztlich zu einer Optimierung des Gebäudelebenszyklus.

→ Haupteingang mit Vorplatz

Terrasse des Mitarbeiterrestaurants, Südseite
→ Haupteingang Nordseite

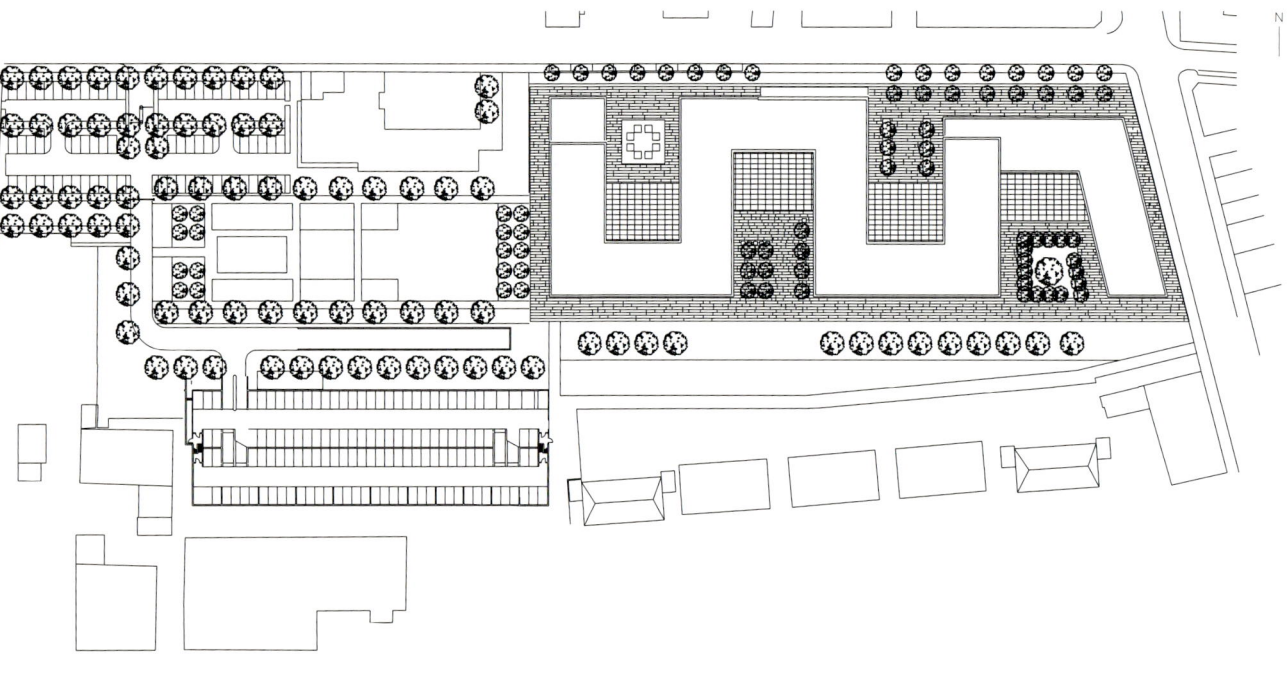

Lageplan

Stadtwerke Lüdenscheid

Das auf fünf Ebenen organisierte Verwaltungsgebäude ermöglicht mit einer Gebäudetiefe von 14 Metern eine variable Büroorganisation für Einzel- und Teambüros und ist somit sehr flexibel und flächenwirtschaftlich hinsichtlich eventueller zukünftiger Funktions- und Nutzungsänderungen in der bestehenden Raumstruktur.

Bauherr: **Stadtwerke Lüdenscheid GmbH**
Standort: **Lüdenscheid**
BGF: **6 000 m²**
Arbeitsplätze: **145**
Fertigstellung: **1999**
Wettbewerb: **1. Preis 1997**

Flexibilität

SAP Arena

Die SAP Arena wurde als Multifunktionsarena geplant und ist flexibel sowohl für Sport- als auch für andere Großveranstaltungen nutzbar. Um die Aktionsfläche je nach Bedarf zu erweitern beziehungsweise zu verkleinern, lassen sich die Tribünenränge teleskopartig untereinander verschieben.

Bauherr: **Arena Mannheim Besitzgesellschaft mbH & Co. KG**
Standort: **Mannheim**
BGF: **36 200 m²**
Zuschauerplätze: **max. 14 000**
Fertigstellung: **2005**

Wohn- und Geschäftshaus Wilhelmstraße

71

Das 7-geschossige Wohn- und Geschäftshaus innerhalb des Berliner Parlaments- und Regierungsviertels gliedert sich in einen kammartigen Gebäudeteil sowie einen Kopfbau mit zwei Staffelgeschossen. Die Erschließung des Gebäudes über eine landschaftsplanerisch gestaltete Hofanlage erlaubt die flexible Aufteilung in zahlreiche Mietbereiche bis zu einer Größe von 150 Quatrametern. Die geschosshoch verglasten Kastenfenster ermöglichen die Lüftung über öffenbare Fenster auch an den durch Schallemission stark belasteten Gebäudeseiten. Dies wiederum erlaubt die flexible Anordnung aller Bürofunktionen im gesamten Gebäude.

Bauherr: ABG Allgemeine Bauträger- und Gewerbeimmobiliengesellschaft mbH Objekt Wilhelmstraße KG
Standort: Berlin
BGF: 38 100 m²
Fertigstellung: 2002

Galileo-Haus

Innerhalb eines engen Kostenrahmens gelang es, dieses städtebaulich markante Gebäude innovativ zu sanieren. Die bestehende Einzelbürostruktur sowie die vorhandenen Vertikalerschließungen standen im Widerspruch zur geforderten Nutzungsflexibilität. Durch die Ergänzung eines zentral angeordneten Treppenhauses wurden im Zusammenspiel mit den bestehenden Treppenhäusern in jedem Geschoss Nutzungseinheiten mit bis zu 400 Quadratmetern Nutzfläche entwickelt. Diese Art der Grundrissstrukturierung ermöglicht die freie und flexible Aufteilung der Nutzungseinheiten vom Zellenbüro über Kombibürostrukturen bis zum Großraumbüro.

Bauherr: Euro-Invest KTS Ltd.
Standort: Düsseldorf
BGF: 13 500 m²
Mieteinheiten: 24 mögliche
Baujahr: 1955
Sanierung: 2002

Materialität EXPO-Village

Bauherr: **EXPO Land** | Standort: **Schanghai** | BGF: **700 000 m²**
Fertigstellung: **2010** | Internationaler Wettbewerb: **1. Preis 2006**

Wie war das noch mit den guten alten Dingen? In historischen Schulgebäuden findet man sie nach wie vor. Zum Beispiel die schweren großen Holztüren mit Messingklinke. Sie prägen bis heute das Bild vieler alter Klassenräume. Aufgrund leerer Kassen wird heute bei neuen Schulgebäuden allerdings auf die leichte, günstige Sperrholzvariante zurückgegriffen. Zeitgemäß und modern gibt sie sich, allerdings sind diese Türen nahezu widerstandslos, seelenlos und damit leicht austauschbar.

Dinge sind durch eine Vielzahl von Eigenschaften erfahrbar, sie haben Gestalt, Masse, Oberflächentextur, Elastizität, Farbe, Geruch und Geschmack. Material ermöglicht sinnlichen Genuss, die Materialität der Dinge sorgt beim Umgang mit ihnen für die spezifische Qualität der Handhabung und der Wahrnehmung.

Material macht Unterschied. Seine Textur, Beschaffenheit und Oberflächenwirkung beeinflussen die Gestaltung und Ausführung eines Gebäudes. Der sichere und durchdachte Umgang mit Materialien und ihr Einsatz sind ein grundlegender Baustein der Architektur. Über Jahrhunderte hinweg haben bestimmte Materialien die Beschaffenheit und das Aussehen unser Städte geprägt. Im Wesentlichen sind das Stein, Putz und Ziegel sowie in gewissem Umfang auch Holz. Glas, Stahl und Beton folgten zeitlich in dieser Reihenfolge erst sehr viel später und revolutionierten die Architektur ungefähr mit dem Ausgang der Industrialisierung. Naturstein ist der Baustoff der ersten Stunde und beeinflusste alle nennenswerten gestalterischen Epochen der Neuzeit bis ins 19. Jahrhundert.

»Die Stadt trägt grau.« Damit meinte Walter Benjamin in erster Linie den Naturstein, der sowohl Straßen als auch die Stadtquartiere der Metropolen des 19. und 20. Jahrhunderts prägte. Diese massive steinerne Ausbildung ist den großen Städten bis heute geblieben. Ihre durch graue Materialität vermittelte Erscheinung ist uns bekannt. Sie gibt uns ein Gefühl der Vertrautheit, der kulturellen Heimat. Baukultur schlägt sich in ihrer formalen Ausprägung und im Besonderen in Materialität nieder.

Die Materialität war auch bei der Konzeptfindung des EXPO-Village in Schanghai einer der leitenden Entwurfsgedanken. Neben der städtebaulichen Einordnung und der Umsetzung der funktionalen und inhaltlichen Anforderungen war die Entwicklung eines besonderen Charakters, einer besonderen Ausstrahlung dieses »Dorfes« von entscheidender Bedeutung. Schnell lag als Leitgedanke die europäische Stadt fest, und mit dieser Festlegung fiel auch die Entscheidung für eine homogene Materialwahl. Das interne Herzstück der Weltausstellung 2010 sollte europäisch, massiv und steinern werden. Ein Fixpunkt in der Megacity Schanghai, der sich von der Beliebigkeit der schnelllebigen, anonymen Entwicklungen absetzt.

Es kommt hier nicht nur eine Sorte Naturstein zum Einsatz, so wie auch nicht nur ein Gebäudetypus das EXPO-Village ausmacht. Jeder der sieben Grundtypen wird von einem spezifischen Naturstein geprägt sein. Es entsteht eine architektonische Gestaltungsfamilie, deren Charakter eindeutig der europäischen Baukultur entliehen ist. Wir erhoffen uns ein Stück Vertrautheit: räumliche und formale Vertrautheit.

EXPO-Village Das EXPO-Village entsteht anlässlich der Weltausstellung in Schanghai auf einem 44 Hektar umfassenden Planungsgebiet im Nordosten des Bezirkes Pudong. Der in einem internationalen Wettbewerb mit dem 1. Preis ausgezeichnete Entwurf des Masterplans wird bis 2010 als einer der wesentlichen Bausteine der EXPO umgesetzt.

Das neue Quartier am Ufer des Huangpu-Flusses ist ein herausragendes Beispiel für eine der großen städtebaulichen Aufgaben unserer Zeit: die nachhaltige Umwandlung bestehender innerstädtischer Industriebrachen in urbane, lebenswerte Stadtviertel. Vor diesem Hintergrund werden in einer vielschichtig angelegten Nutzungsstruktur Hotel- und Wohnbauten sowie Einzelhandels-, Kultur- und Freizeiteinrichtungen realisiert. Modulare Konzepte ermöglichen dabei Wohneinheiten in einer Größe von 30 bis 250 Quadratmetern.

Das offizielle Thema der Weltausstellung »Better City, Better Life« ist zugleich Leitmotiv und Verpflichtung für die architektonischen Überlegungen. Nachhaltiges Planen beginnt bereits bei der ausgewogenen Aufteilung von Freiflächen und bebauten Flächen – dies vor allem in hochverdichteten urbanen Situationen. Neben 700 000 Quadratmetern Bruttogeschossfläche verfügt das EXPO-Village auch über circa 16 Hektar Parkflächen, die sowohl mit dem umgebenden Landschaftsraum, dem Ufer des Huangpu, dem städtischen Umfeld als auch mit der geplanten Bebauungsstruktur vernetzt sind. Die einzelnen Baukörper orientieren sich in Nord-Süd-Richtung, um den Hitzeeintrag in die Gebäude durch die bauliche Disposition so gering wie möglich zu halten. Zudem lässt diese Ausrichtung in Verbindung mit der versetzten, linearen Anordnung der Gebäude auch den optimalen Blick auf den Fluss und die Stadt zu.

Der Anlass für den Masterplan ist die Weltausstellung, in deren Rahmen ein Quartier für die Mitarbeiter und Besucher realisiert wird. Die Verpflichtung zur Nachhaltigkeit verlangte jedoch ein Konzept, das über den Zeitpunkt der EXPO hinaus Bestand hat. Der HPP-Masterplan ermöglicht die Weiterführung des Quartiers nach der Weltausstellung als neues, dynamisches Viertel, das sich harmonisch in die bestehende Stadtstruktur Schanghais einfügt. Die Planung der Einzelgebäude berücksichtigt eine maximale Nutzungsflexibilität in Bezug auf die spätere Vermarktung, denn die Gebäudestruktur ist so ausgelegt, dass sie mit wenigen Maßnahmen umgenutzt und damit dem privaten Immobiliensektor zugeführt werden kann. Dies geschieht vor allem durch ein flexibel angelegtes Konstruktionsraster sowie leicht veränderbare Nutzungsstrukturen. Die modulare Planung, der hohe Vorfertigungsgrad der Fassaden sowie der Einsatz energiesparender technischer Systeme bestimmen den qualitativen Anspruch der Einzelgebäude.

Das architektonische Image des EXPO-Village ist europäisch geprägt. Die Leitidee basiert auf den Bebauungsstrukturen und den körperhaften Gebäuden der großen europäischen Städte. Da das Umfeld Schanghais heterogen und von Solitärentwicklungen geprägt ist, stand der Gedanke an die gewachsenen Gefüge und die steinernen Fassaden der europäischen Quartiere im Vordergrund.

Die steinernen Lochfassaden des EXPO-Village vermitteln im überwiegend gläsernen Stadtbild Schanghais Beständigkeit und Ruhe und leisten darüber hinaus einen nachhaltigen, energetischen Beitrag. Kühlung und Klimatisierung können aufgrund der massiven Bauausführung deutlich reduziert werden. So spiegelt die Materialität des EXPO-Village nicht nur das Image einer europäischen Stadt wider, sie reflektiert vor allem das Verständnis für den adäquaten Umgang mit Ressourcen.

→ Lageplan
← Quartierprägende Lochfassaden

Ein neues Quartier am Huangpu-Fluss

Dillmann-Aula

Der Neubau wurde auf eine Tiefe von 6 Metern abgesenkt und zwischen den Fundamenten des denkmalgeschützten Dillmann-Gymnasiums eingepasst. Aufgrund dieser besonderen Lage wurde die Nutzung des Tageslichts zu einem zentralen Entwurfsthema. Horizontale Lichtbänder versorgen den multifunktionalen Versammlungsraum mit natürlichem Licht. Der entmaterialisierte, gläserne Pavillon lädt zum Betreten ein und inszeniert die vor einer roten Wand platzierte Treppenskulptur.

Bauherr: Dillmann Stiftung
Standort: Stuttgart
BGF: 1 720 m²
Fertigstellung: 2007

Materialität

Hermes Versicherung

Die Hülle des in H-Form ausgebildeten, 5-geschossigen Baukörpers korrespondiert in Material sowie in Form, Anordnung und Teilung der Fenster mit der Industriearchitektur auf dem gegenüberliegenden Gaswerksgelände. Die Entscheidung für eine vorgehängte hinterlüftete Ziegelfassade entspricht dem Wunsch nach einer zeitgemäß interpretierten Backsteinfassade.

Bauherr: Hermes Kreditversicherungs-AG
Standort: Hamburg
BGF: 14 871 m²
Arbeitsplätze: 400
Fertigstellung: 2001
Wettbewerb: 1. Preis 1992

Botschaft von Japan

Nach dem Hauptstadtbeschluss entschied sich auch die Japanische Regierung ihr ehemaliges Botschaftsgebäude, das zwischenzeitlich als Japanisch-Deutsches Zentrum genutzt wurde, wieder seiner Ursprungsnutzung zuzuführen. Die heutigen Anforderungen verlangten jedoch einen Erweiterungsbau für die Kanzlei. Als Ergebnis eines begrenzten Wettbewerbs fiel die Entscheidung auf einen Erweiterungsbau, der einen homogenen Gesamtbaukörper entstehen lässt. Das Material- und Farbkonzept sowie das gestalterische Vokabular entsprechen dem Bestandsgebäude.

Bauherr: Außenministerium von Japan
Standort: Berlin
BGF: 18 300 m²
Fertigstellung: 2001
Architektur: HPP in Zusammenarbeit mit Ryohei Amemiya

Was macht den Unterschied zwischen Gutem und Herausragendem? Was fasziniert uns an einem guten Schuh, am Kölner Dom oder am Airbus A 380?

Den Unterschied machen das Detail, die Handwerkskunst, das Verständnis für Materialien und der ingenieuerhafte Umgang mit deren konstruktiven und gestalterischen Eigenschaften. Der maßstäbliche und proportional ausgewogene Einsatz, sowohl am Objekt als auch in der Reflexion mit seinem Umfeld.

Was fasziniert, ist die Technik. Die rahmengenähte Brandsohle macht den Schuh langlebig, macht den Unterschied zum kurzlebigen Massenprodukt mit Gummisohle. Der Kölner Dom erlangte seine herausragende Stellung in der Baugeschichte nicht allein aufgund seiner Größe. Vielmehr sind es die einzigartige Steinmetzkunst und die enorme Ingenieurleistung, die dieses Bauwerk einzigartig erscheinen lassen. Die atemberaubenden Kreuzbögen, die überschlanken Säulen und das abstützende Strebewerk, das dem Dom ein Korsett verleiht und seine Doppelspitze hoch in den Himmel wachsen lässt.

Mit welch magischer Kraft ziehen dort die stählernen Vögel hoch über unseren Städten ihre Bahnen? Immer schneller, größer und länger werden sie, jedoch nicht ohne höchste Anforderungen an die Sicherheit zu erfüllen. Der unlängst in Serie gegangene, doppelstöckige A 380 stellt die jüngste Sensation auf dem Sektor der Flugzeugtechnik dar. Ein Produkt höchster Ingenieurkunst. Engagierte Planung, höchstes Verständnis für die Aufgabe und unzählige Details machen dies möglich.

In der Architektur verbinden sich in gleichem Maß Tradition und »Engineering«. Beides findet seinen Ausdruck im Detail. So auch am Justizzentrum Wuppertal, einem Neubau, der im historischen Kontext bestehender Gerichtsgebäude auf einer kleinen Insel in der Wupper errichtet wurde. Schwer ruht auf leicht. Naturstein auf einem transparenten Sockel. Großformatige Natursteinplatten, Jura, mit besandeten Fugen versetzt, entwickeln ein monolithisches Erscheinungsbild. Ruhig lagern sie auf dem doppelschalig ausgebildeten Glassockel. Aufzüge fahren in seinem Zwischenraum und verbinden die Sitzungssäle mit dem Haftzellentrakt.

Der Umgang und Einsatz traditioneller Materialien auf der einen und die innovativ funktionale sowie gestalterisch eigenständige Ausprägung des Sockels auf der anderen Seite unterstreichen die Einzigartigkeit, das Neue, die Qualität, das Detail des Justizzentrums. Und auf der äußeren Scheibe des umlaufenden Glassockels indiziert ein Rapport in unverwechselbarer Klarheit das Wesen unserer gesellschaftlichen Grundregeln: »Alle Menschen sind vor dem Gesetz gleich.« Ein kleines Detail hierzu: Siebdruck auf Glas. Typografie: Rotis, Tahoma, Times. Farbe: RAL 7000.

Detail Justizzentrum Wuppertal

Bauherr: **BLB NRW** | Standort: **Wuppertal** | BGF: **25 625 m²**
Fertigstellung: **2005** | Wettbewerb: **1. Preis 2001**
Auszeichnung: **BDA Wuppertal 2007, Anerkennung guter Bauten**

← Übergang zwischen Zugangsgebäude und Neubau
⇐ Vorplatz des Justizzentrums mit Blick auf das neue Zugangsgebäude

Wartebereich im Übergang

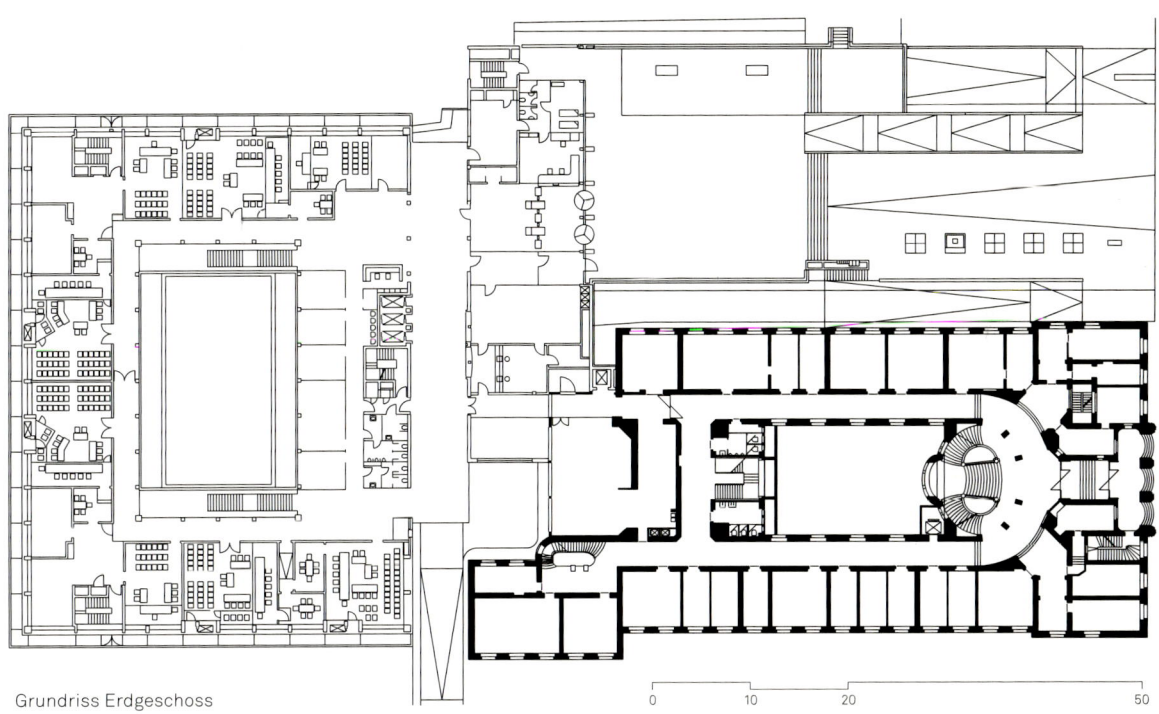

Grundriss Erdgeschoss

Zentraler Servicepunkt
→ Übergangshalle

Ansicht Süd

Justizzentrum Wuppertal Architektur im Spannungsfeld zwischen Historie und Zeitgeist: ein neues Justizzentrum errichtet im Kontext zweier denkmalgeschützter Gerichtsbauten auf der sogenannten Gerichtsinsel in der Wupper. Der Entwurf trägt sowohl dem städtebaulich herausragenden Stellenwert dieses Ortes Rechnung als auch der Entwicklung der Justizbehörde zu einer bürgernahen, transparenten Institution.

Der Abriss der Vorgängerbebauung – ein Aluminiumhochhaus aus den Sechzigerjahren – ermöglichte die Neudefinition des Gebäudeensembles auf der »Gerichtsinsel«. Aufgrund seiner besonderen Lage und in Analogie zu bestehenden Wuppertaler Stadtstrukturen wurde dem neuen Justizzentrum ein Identität stiftender Platz vorgelagert. Dieser wird von drei Seiten durch das historische Landgericht, das Amtsgericht und den Neubau eingefasst. Die vierte Seite wird durch das Hartmannufer, den Fluss sowie die Schwebebahntrasse definiert.

Das Justizzentrum gliedert sich in drei Bereiche, den 6-geschossigen Neubau mit seinem zentralen Zugangsgebäude sowie die beiden Bestandsbauten. Der Neubau führt den Duktus der historischen Gerichtsgebäude als massives Bauwerk mit Lochfassade fort und bildet in seiner Proportionalität und Materialität den Abschluss des Gebäudeensembles auf der »Gerichtsinsel«. Zugleich öffnet er sich durch seinen doppelgeschossig verglasten Sockel in den Stadtraum.

Die Erschließung des gesamten Justizzentrums erfolgt über das 3-geschossige Zugangsgebäude aus Naturstein. Im Erdgeschoss befinden sich der zentrale Servicepunkt als Anlaufstelle für die Öffentlichkeit: die Wachtmeisterei mit Sicherheitsschleuse, die Gerichtskasse sowie im Übergang zum Altbau die neugestaltete Kantine. Aus dem Eingangsbereich werden dann gleichberechtigt Alt- und Neubau erschlossen. In den beiden Obergeschossen des Zugangsgebäudes ist mit Blick auf den Vorplatz das Ausbildungszentrum untergebracht. Eine gläserne Verteilerhalle stellt die räumliche Verbindung zum neuen Gerichtsgebäude her.

Der 6-geschossige Neubau präsentiert sich als monolithischer Solitär. Großformatige Natursteinplatten folgen auf einen gläsernen Sockel. In diesem befinden sich, um das Atrium angeordnet, die Straf- und Sitzungssaalbereiche. Diese Funktionen sind hier klar und übersichtlich ablesbar. Die eindeutige Erschließung und Nutzungsstruktur ermöglichen dem Besucher bestmögliche Orientierung. Zwei Freitreppen entlang den Innenhoffassaden verbinden die beiden Saalebenen. Die Haftabteilung sowie die Nebenräume befinden sich im Untergeschoss. Die Vorführung aus dem Zellentrakt in die Sitzungssäle erfolgt über innovative, in die doppelschalige Glasfassade integrierte Aufzüge. In den vier Obergeschossen des neuen Verwaltungsgebäudes befinden sich die weiteren Abteilungen des Amts- und Landgerichtes. Um das Gebäudeatrium sind an hellen Fluren die klassisch strukturierten Arbeitsräume der Richter und Verwaltungsbeamten angeordnet.

Der gläserne Sockel des neuen Gerichtsgebäudes dokumentiert zum einen die Entwicklung der Justiz zu einer offenen Institution: Prozesse werden transparent. Zum anderen ist er die Basis, die das unverwechselbare Detail und die Botschaft dieses Bauwerks trägt. Auf der äußeren Scheibe des Sockels steht ein im Siebdruckverfahren aufgebrachter Rapport mit Artikel 3 des Grundgesetzes: »Alle Menschen sind vor dem Gesetz gleich«.

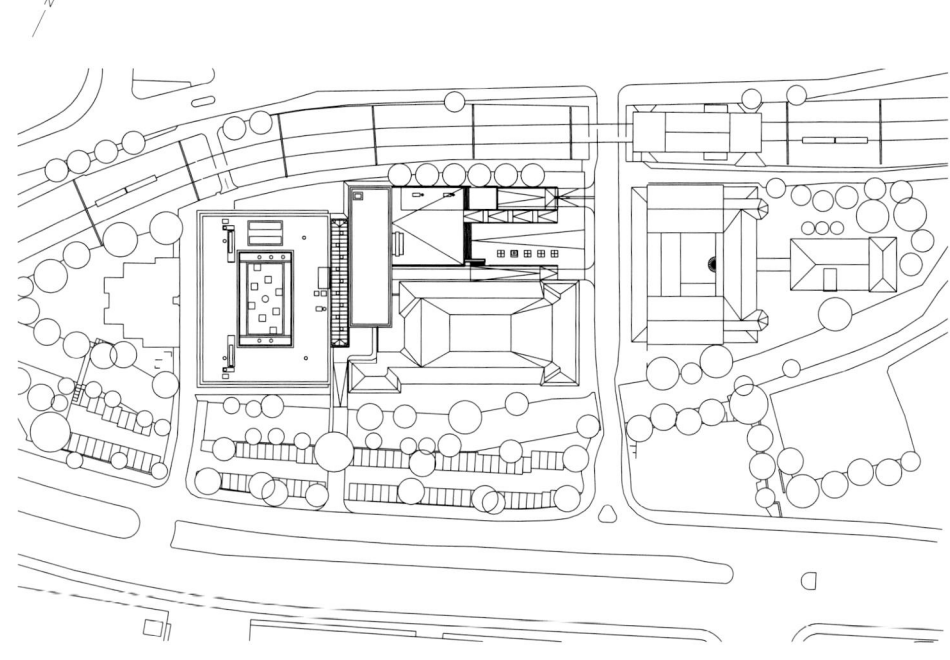

Lageplan

→ Zugangsgebäude mit Amtsgericht
↠ »Gerichtsinsel« in der Wupper

Detail

Robert-Koch-Klinik

Jenseits von vorgegebenen Rastern und definierten Baufeldern konnte der 3-geschossige Erweiterungsbau auf vorhandene Strukturen mit einer freien Form antworten. Ausgehend von der notwendigen Anbindung an das Bestandsgebäude entwickeln sich zwei Gebäudeflügel spielerisch in eine intakte Parkanlage hinein. Die Traufkante der Pultdächer wurde bis aufs Äußerste ausgereizt und zeichnet so eine präzise, jedoch zugleich sanfte Begrenzung der Außenräume. Die Fassaden sind entsprechend der Situation mal offen und extrovertiert, mal geschlossen und introvertiert ausgebildet. Der imposante Baumbestand des Robert-Koch-Parks diente als Ausgangspunkt für diverse Überlegungen zum Farbkonzept. Seine herbstlichen Farben vom hellen Gelb bis zum intensiven Rot wurden spannungsvoll in Linien und Flächen unterschiedlicher Intensität auf die Fassaden und Innenräume übertragen.

Bauherr: Städtisches Klinikum St. Georg
Standort: Leipzig
BGF: 9 737 m²
Betten: 144
Fertigstellung: 2004
Wettbewerb: 1. Preis 2001

Clifford Chance

Dieser städtische Gebäudeblock zwischen Königsallee und Breiter Straße besticht durch seine Kompaktheit. Die Funktionen Büro, Hotel, Schule, Gastronomie und Wellness verbinden sich zu einem spannungsreichen, jedoch über die disziplinierte Detail- und Materialsprache homogenen Gebäudekomplex. Die Büroflächen werden über einen eigenen Eingang von der »Kö« erschlossen. Der 2-geschossige Raum mit seiner Lichtdecke und dem hellen großformatigen Naturstein an Wand und Boden inszeniert die auf das Äußerste reduzierte Treppenanlage. Der Verzicht auf alles Überflüssige lenkt den Blick auf das Wesentliche und schafft die Balance aus Leichtigkeit und Schwere.

Bauherr: DKÖ-Objektgesellschaft Königsallee Dr. Herbert Ebertz KG
Standort: Düsseldorf
BGF: 9 500 m²
Fertigstellung: 2005

Thomasshop am Thomaskirchhof

Viele Jahre verhinderte ein unansehnlicher Souvenierladen den ungestörten Blick auf die weltbekannte Thomaskirche in Leipzig. Doch wohin mit dieser notwendigen Einrichtung? Nach mehreren vergeblichen Versuchen gelang es schließlich einen Vorschlag zu entwickeln, der bei allen Beteiligten Zustimmung fand. Entstanden ist ein nahezu entmaterialisierter Glaskubus, der trotz der begrenzten Raumsituation kein Gefühl von Enge entstehen lässt. Ein Baukörper reduziert auf ein Material und wenige Details.

Bauherr: Ev.-Luth. Kirchengemeinde St. Thomas
Standort: **Leipzig**
BGF: **54 m²**
Fertigstellung: **2003**

Signifikanz Europe Tower Sofia

Bauherr: ECE-Gruppe und Advance Properties | Standort: Sofia | BGF: 69 000 m²
Höhe: 209,5 m | Fertigstellung: 2011 | Internationaler Wettbewerb: 1. Preis 2007

Ein sommerlicher Spaziergang führt vorbei an strohgelb leuchtenden Weizenfeldern. Jede einzelne Pflanze fasziniert beim näheren Betrachten: Getragen vom Halm, der sich aus blassgrünen Blättern schält, vollenden satte Ähren die Garbe. Bezaubernd, dieses Kunstwerk der Natur. Der Wegesrand ist gesäumt von zartroten Mohnblumen. Nur ab und an in kleinen Gruppen am Rande des Feldes angeordnet, sind sie nicht minder faszinierend anzusehen in der vollkommenen Schönheit ihrer Andersartigkeit. Aus der Entfernung hinterlässt das Getreidefeld den Eindruck eines hellgelben Teppichs. Die vielen gleichartigen Ähren verschmelzen bei zunehmender Entfernung zu einem Ganzen. Einzig der rote Klatschmohn lässt sich aus der Weite noch punktuell im gelben Weizenmeer ausmachen.

Sind beide, Weizen und Mohn, aus der Nähe von ihrer Größe her betrachtet durchaus vergleichbar, so entwickelt die Andersartigkeit des Mohns beim Blick aus der Entfernung im Weizenfeld Signifikanz. Dies ist vor allem der signalroten Farbe zuzuschreiben, durch die sich der Mohn aus der Ferne vom gelben Weizen absetzt.

Signifikanz kann sich in unterschiedlichen Ausprägungen zeigen, insbesondere in der Architektur: in Höhe, Ausdehnung, Material, Licht, Transparenz, Massivität oder auch Farbe. Signifikanz äußert sich immer über das äußere Erscheinungsbild. Kubatur, Fassade und Materialwahl schaffen den unverwechselbaren Charakter eines jeden Gebäudes. Signifikanz stellt heraus und kommuniziert. Und über den Grad der Signifikanz besetzt Architektur Raum.

Signifikanz formuliert Eigenständigkeit und diese Identität lässt Rückschlüsse auf den Nutzer, den Ort oder auch ein Unternehmen zu. Jedes Gebäude hat in der Planungsphase die Chance, signifikant zu werden und über diese Einzigartigkeit zugleich einen Mehrwert zu entwickeln. Für die Stadt als »Leuchtturmprojekt«, als Entwicklungsindikator. Für den Bauherren als Vermarktungstool, was sich als Mehrrendite pro Quadratmeter niederschlägt. Und für ein Unternehmen, das über eine entsprechend maßgeschneiderte Architektur seine Haltung kommuniziert. Schließlich unterstreicht Signifikanz in der Architektur zudem noch den Stolz, das andere zu formulieren: eine klare, schöne Ästhetik.

So wie der Klatschmohn am Wegesrand, so wird der Europe Tower in Sofia weithin sichtbar sein. Aufgrund seiner physikalischen Eigenschaften, seiner Höhe von über 200 Metern sowie seiner formale Ausprägung entwickelt er eine imposante Signifikanz. Der Europe Tower wird somit Kraft und Dominanz ausstrahlen. Auf den zweiten Blick erschließen sich uns jedoch noch weitere Attribute, die über den reinen Machtanspruch hinausgehen. Die Gestaltung des Baukörpers, die kristalline Ausprägung der Oberfläche sind eine Hommage an das omnipräsente Vitoshagebirge. Es umschließt die Stadt Sofia nahezu komplett und ist von jedem Ort der Stadt aus sichtbar. Die Berge prägen einen Teil der städtischen Identität. Der Europe Tower trägt diese Identität in die Stadt, kristallin, felsig und kantig ausgebildet. Am Ende spiegelt sich die Bergkette auf der Oberfläche der Fassade und schließt so den entwurflichen Leitgedanken in Bezug auf Signifikanz, Eigenständigkeit und Identität des Hochhauses ab.

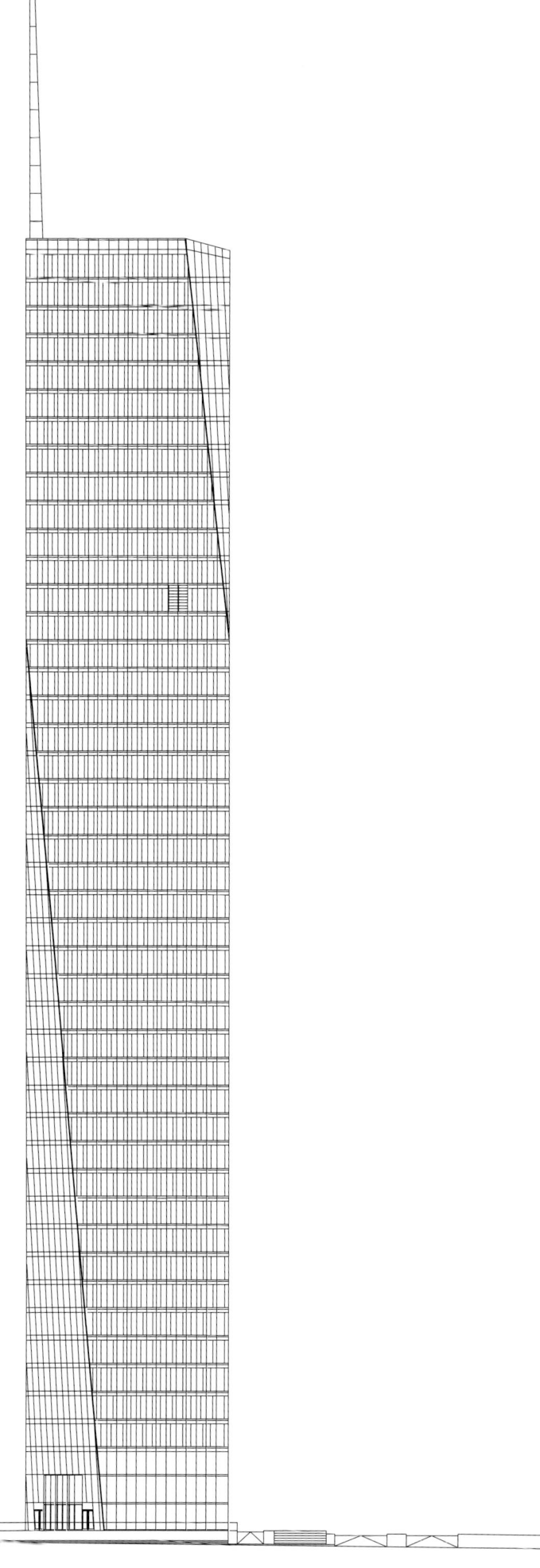

Ansicht Süd-Ost

Appartement Ebene 38

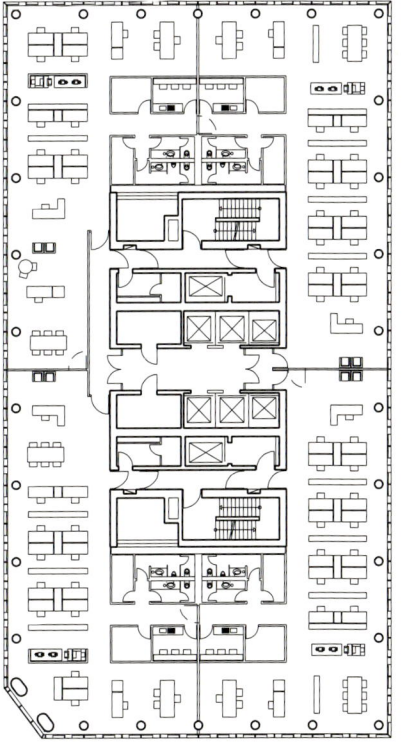
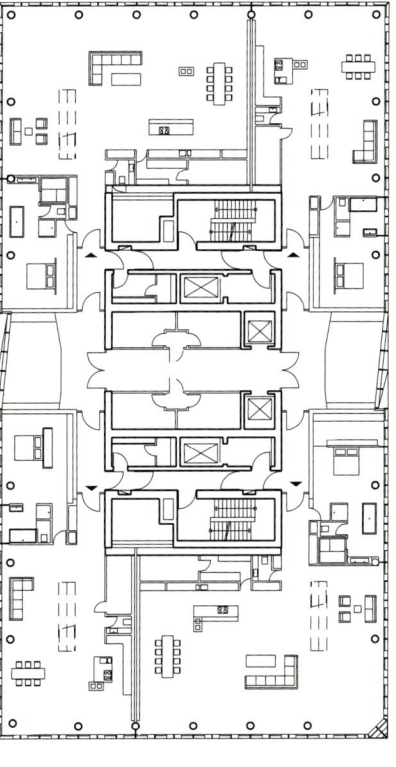

Grundriss Regelgeschoss und Appartementebene

0   5   10   20

Europe Tower Sofia Der Entwurf für Sofias höchstes Gebäude ging 2007 aus einem international geladenen Wettbewerb hervor. Als Initialzündung einer städtebaulichen Entwicklung auf einer ehemaligen Industriebrache im Zentrum der Stadt wird der Europe Tower von 2011 an ein neues urbanes Quartier adressieren. Zugleich wird er mit 210 Metern Höhe das neue signifikante Wahrzeichen der aufstrebenden Metropole sein.

Die Entwurfsidee für das Gebäude leitet sich aus der Reflexion von Natur in Architektur ab. Sofias omnipräsentes Bergmassiv führte zu einem skulpturalen Umgang mit einem einfachen geometrischen Körper, sodass sich der Büroturm in seinem Abschluss als überdimensionales »V« präsentiert – eine Hommage an das Vitoshagebirge. Seine charakteristische Kubatur erhält der in Stahlverbund-Skelettkonstruktion errichtete Baukörper dabei durch ausgeschnittene Keile an der Südwest- und der Südostseite sowie das v-förmige Skyatrium im oberen Drittel des Gebäudes. Auf einer Grundfläche von 53 mal 28 Metern formuliert der Europe Tower eine Platzkante der Europe Plaza, deren zweite bauliche Platzkante durch ein Shoppingcenter definiert wird. Durch seine Höhe und formale Ausprägung nimmt er außerdem Bezug zum drei Kilometer entfernten historischen Stadtzentrum. Auch die äußere Hülle korrespondiert in ihrer Erscheinung mit der Umgebung. In der glatten, doppelschaligen Fassade aus Glas und Aluminium werden je nach Standpunkt und Lichtverhältnissen kaleidoskopartig Fragmente der Stadt reflektiert.

Der Europe Tower wurde als Büroturm mit Luxusresidenzen sowie einer Skylounge konzipiert und verfügt über 46 Geschosse mit insgesamt 69 000 Quadratmetern Bruttogeschossfläche. Die Büroräume befinden sich in den Geschossen 2 bis 29 und werden mit einem Ausbauraster von 1,375 Metern sowie flexiblen Layouts den Anforderungen an zeitgemäße Büro-Organisationsformen gerecht. Die Residenzen in einer Größe zwischen 120 und 400 Quadratmetern liegen in den Geschossen 33 bis 40. Dabei stellt der sich von außen abzeichnende v-förmige Einschnitt im Innern des Gebäudes den großzügigen offenen Eingangsbereich der Wohnungen dar. In den Stockwerken 30 und 31 befindet sich die Skylounge mit Restaurantbetrieb und Aussichtsplattform.

Der Zugang zum Gebäude erfolgt über zwei zentrale Eingänge an der Süd- und an der Nordostseite. Durch den Haupteingang an der Südseite gelangt man in die Grand-Lobby, von der aus die Bürobereiche erschlossen werden. Der Eingang an der Nordostseite ist für die Eigentümer und Besucher der Residenzen vorgesehen. Über zwei Aufzugsgruppen erfolgt die Nah- und Fernerschließung der oberen Geschosse.

Im Europe Tower wird ein innovatives Haustechnikkonzept verwirklicht. Durch die Konstruktion der doppelschaligen Fassade mit hocheffizienter Sonnen-/Wärmeschutzverglasung sowie außen liegendem Sonnenschutz wird der Energieeinsatz für Heizen und Kühlen verringert, was zu einer deutlichen Reduktion der Betriebskosten führt. Auch die durch Klimakonvektoren raumlufttechnisch behandelten Bürobereiche sowie die öffenbaren Fenster in den Residenzen tragen zu einer Verringerung der CO_2-Emission bei.

Der Europe Tower wird das höchste Bauwerk Bulgariens sein und wurde daher als einprägsamer Solitär, als signifikantes Wahrzeichen für Sofia entworfen. Als Musterbeispiel einer neuen hocheffizienten und innovativen Hochhausgeneration wird er die Visitenkarte des neuen Stadtzentrums sein und sowohl ökonomisch als auch ökologisch einen wesentlichen Beitrag zu einer nachhaltigen Stadtentwicklung leisten. Mit dem Bau des Europe Tower soll im April 2009 begonnen werden, die Fertigstellung ist für Mai 2011 geplant.

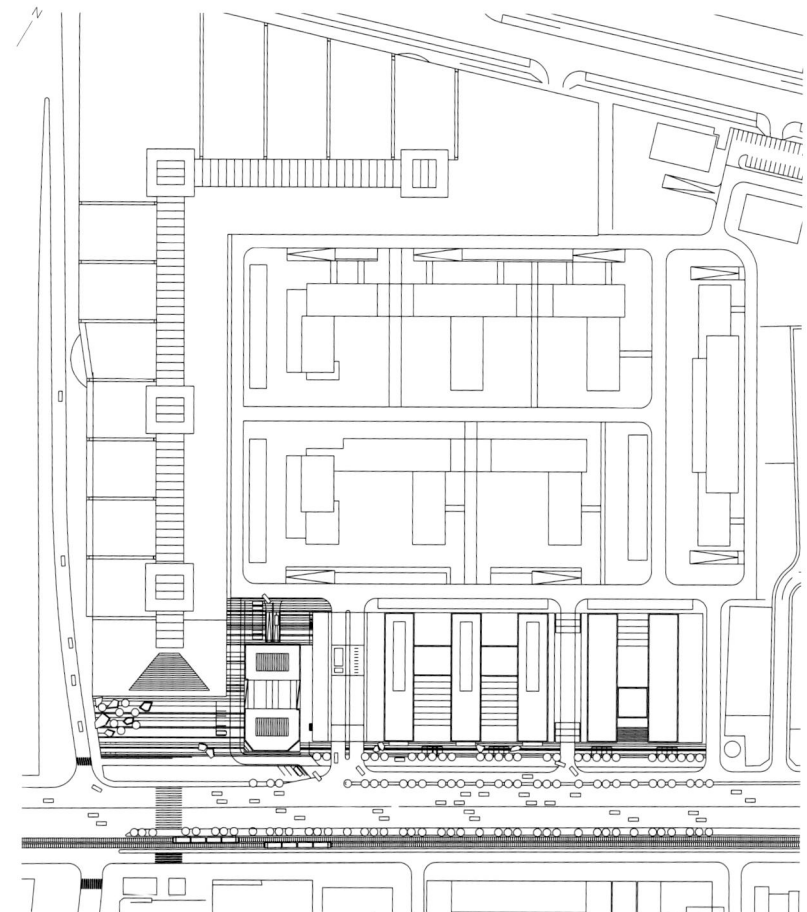

Lageplan

→ Die neue Adresse am Europaplatz

Unilever-Haus

Das unter Denkmalschutz stehende Unilever-Hochhaus ist mehr als 40 Jahre nach seiner Erbauung aus der Stadtsilhouette Hamburgs nicht mehr wegzudenken. Seine Grundrisstypologie ist exemplarischer Ausdruck von Flexibilität und Reversibilität. Auch aus diesem Grund steht es in gravitätischer Leichtigkeit bis heute nahezu unverändert an seinem Platz. Durch die anstehende Kernsanierung behält das Gebäude all seine dauerhaft aktuellen Merkmale und wird gleichzeitig in energetischer, bauphysikalischer, organisatorischer und technischer Hinsicht für ein zweites Leben hergerichtet.

Bauherr: Union Investment Real Estate AG
Standort: Hamburg
BGF: 55 000 m²
Baujahr: 1964
Revitalisierung: 2009/10

Signifikanz

Mediencampus »Villa Ida«

Der Wechsel von offenen und geschlossenen Flächen, von Licht und Schatten durch Vor- und Rücksprünge verleiht dem Ensemble seinen unverwechselbaren Ausdruck. Der Kontext ist geprägt von der offenen Bebauung freistehender Villen und parkartig gestalteter Freibereiche mit zahlreichen Baudenkmälern. Genau diese Elemente werden zeitgemäß interpretiert. Eine signifikante Geste erfährt das Bauwerk zudem durch die Freitreppe zum Garten.

Bauherr: Medienstiftung der Sparkasse Leipzig
Standort: Leipzig
BGF: 3 250 m²
Fertigstellung: 2006
Wettbewerb: 1. Preis 2002
Auszeichnung: BDA Preis Sachsen 2007, Anerkennung

Multifunctional Complex Krasnogorie-City

103

Das Projekt in der Region Moskau soll auf einem exponierten Grundstück direkt an der Moskwa realisiert werden. Die Entwurfsaufgabe bestand in der Schaffung eines Kristallisationspunktes, einer neuen Adresse innerhalb eines von massiven Plattenbauten geprägten Umfeldes. Daher beinhaltet das Konzept eine attraktive Nutzungsmischung aus Hotel-, Wohn- und Bürobauten, Freizeit- und Gastronomieeinrichtungen sowie einen Yachthafen.

Bauherr: SU-155 Group of Companies
Generalplanung: Prosperity Project Management
Standort: Pavshinskaya Poima, Region Moskau
BGF: 326 500 m²

Office Complex Moscow, Khromova Street

Der Entwurf für den Verwaltungskomplex basiert auf einer rechteckigen Basis mit innen liegendem Atrium, auf der sich die Struktur des Gebäudes vertikal in unterschiedlichen Höhenabstufungen entwickelt. Über seine signifikante Kubatur kommuniziert das Gebäude mit der heterogenen Umgebungsbebauung und schafft durch seinen 80 Meter hohen Büroturm gleichzeitig einen neuen Orientierungspunkt innerhalb des Quartiers.

Bauherr: Asata Construction Ltd.
Standort: Moskau
BGF: 60 000 m²
Arbeitsplätze: ca. 2 500
Fertigstellung: 2012
Internationaler Wettbewerb: 1. Preis 2008

»Destination« wird im Sprachgebrauch unterschiedlich verwendet: Destination kann Bestimmung, Schicksalsgröße oder Ziel einer Reise sowie einen anvisierten Ort meinen. Die Destination vermittelt immer das Verständnis über den Endpunkt einer Handlung, eines Vorganges oder einer Reise. Beim Betreten eines Flughafens sticht eine weitere Bedeutung des Wortes besonders ins Auge. Die Destination als ein Zielort verweist auf die Entdeckung des Fremden sowie Erholung und Vergnügen.

Die ersten Gebäude, die nicht rein funktional ausgerichtet waren, also nicht nur die existenziellen Grundbedürfnisse abdecken sollten, sondern sich an einer übergeordneten Bestimmung orientierten, waren Sakralbauten. Mit der Individualisierung der Gesellschaft entstanden neben den sakralen »Destinationen« auch solche des Vergnügens und des Handels: die Jahrmärkte und Messen. Es bildeten sich mit einsetzendem technischem Fortschritt und der Entwicklung der Eisenbahn Verkehrsknotenpunkte als Destination der An- und Abreise. Gebaute Destinationen prägen. Sie kennzeichnen Orte und verleihen Bewegungen ein Gesicht.

Als Folge der zunehmenden Urbanisierung, dem Wachsen der Städte und den einhergehenden Veränderungen des Konsumverhaltens etablierten sich weitere Destinationen: die des Einzelhandels. Auch wenn die meisten Waren dort für den Großteil der Bevölkerung zu teuer waren, so bildeten die Passagen und Kaufhäuser dennoch Anziehungspunkte für alle gesellschaftlichen Schichten. »Destination Shopping«, damals hätte es so niemand gesagt, aber im übertragenen Sinn trifft diese Bezeichnung auch auf die altehrwürdigen Handels- und Warenhäuser Europas zu.

Heute ist aus dem reinen Einkaufen von Waren ein gesellschaftliches Ereignis mit Unterhaltungswert geworden. Große Einkaufszentren bieten neben dem Einzelhandel auch Cafés, Bars, Restaurants und Kinos. Die kommerziellen Destinationen sind dabei, den sakralen und kulturellen den Rang abzulaufen. Der Konsum nimmt in unserem Leben einen zunehmend größeren Stellenwert ein. Dafür braucht es wieder einen Tempel, den des Kommerzes. Hier wird dem Einkauf der richtige Rahmen verliehen und der Konsum zelebriert.

»Next Destination: Weiterstadt« wird es von nun an für Shoppingreisende heißen. Loop 5 ist hier ein wahrer Tempel des Kommerzes, eine Erlebniswelt des Einkaufens. Das Leitthema »Luftfahrt« prägt die Malls, Plazas und Skylights in unterschiedlicher Interpretation und Gestaltung. Nahe dem Frankfurter Flughafen und dem ESA-Standort in Darmstadt wird Loop 5 zum Ziel(flug)hafen für Konsumreisende. Das Shoppingcenter und ein angeschlossenes Parkhaus leiten ihr Erscheinungsbild gestalterisch von den Themen »Geschwindigkeit« und »Schmuckschatulle« ab. Das Leitmotiv »Geschwindigkeit« ist eine Referenz an den Standort an der Bundesautobahn, das der »Schmuckschatulle« ein Verweis auf die Nutzung des Gebäudes.

Die exponierte Lage an der Autobahn, die immense Größe des Centers – 100 000 Quadratmeter Bruttogeschossfläche und zusätzlich 3 000 Stellplätze sprechen für das Entstehen einer wahren Einkaufspilgerstädte. Über die Destination Weiterstadt wird zudem der gleichnamige angrenzende Ort an Popularität gewinnen und allein dadurch hat das neue Shoppingcenter bereits einen wesentlichen Teil seines Ziels erreicht.

Destination Shoppingcenter Weiterstadt: Loop 5

Bauherr: **Sonae Sierra** | Standort: **Weiterstadt** | BGF: **100 000 m²**
Verkaufsfläche: **58 300 m²** | Mieteinheiten: **152** | Fertigstellung: **2009**

Parkhaus Ansicht A5

→ Gestaltungsthema »Luftfahrt« in der Sidemall
← Parkhaus Ansicht A5

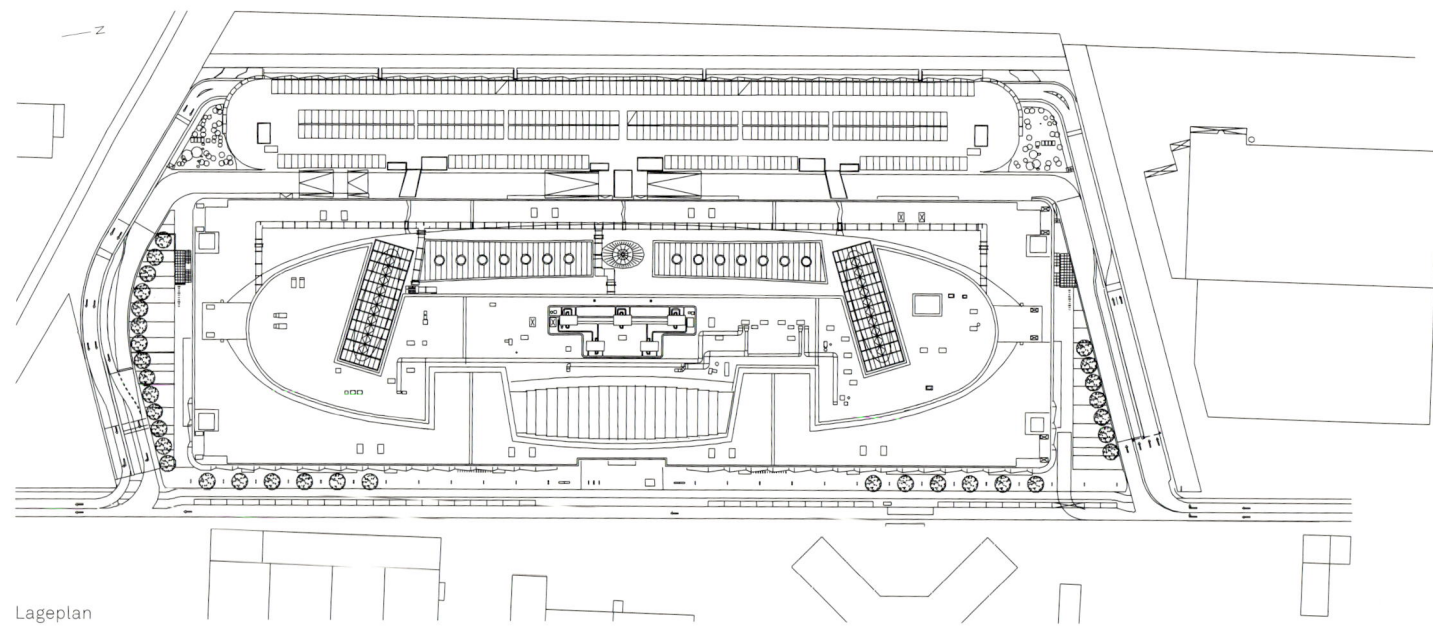

Lageplan

Shoppingcenter Weiterstadt: Loop 5

Wahrnehmbarkeit, Erreichbarkeit und Unverwechselbarkeit waren die Leitbegriffe der Planungsaufgabe für das neue Shoppingcenter in Weiterstadt. Loop 5, mit 100 000 Quadratmetern Bruttogeschossfläche eines der größten Einkaufszentren Deutschlands, entsteht derzeit an der Bundesautobahn A5 zwischen Frankfurt und Darmstadt, Ausfahrt Weiterstadt. Das Einkaufszentrum mit angegliedertem Parkhaus wird über 58 300 Quadratmeter vermietbare Fläche, ein der Innenstadt ähnliches Konsum- und Freizeitangebot sowie eine einzigartige Erlebniswelt unter dem Motto »Luftfahrt« verfügen und von 2009 an eine neue Destination für 700 000 Einwohner des umliegenden Einzugsgebiets sein.

Der Gebäudekomplex mit einer Ausdehnung von 320 mal 150 Metern besteht aus dem Shoppingcenter mit zwei Vollgeschossen, einem Kellergeschoss sowie einem um 8 Meter zurückgesetzten Staffelgeschoss und einem Parkhaus mit neun Parkebenen für 3 000 Pkw-Stellplätze. Beide Bauteile sind über Brücken sowie im Untergeschoss über eine Versorgungsstraße verbunden und werden durch die abgerundeten Gebäudeecken sowie die kontinuierlich umlaufende Fassade zu einer architektonischen Gesamtfigur gefasst. Konstruktiv zeichnen sich beide Gebäude durch einen hohen Vorfertigungsgrad aus: das Shoppingcenter durch die Erstellung aus Betonfertigteilen, das Parkhaus aufgrund seiner Stahlsystemkonstruktion.

Das äußere Erscheinungsbild des Einkaufszentrums leitet sich von den Themen »Geschwindigkeit« und »Schmuckschatulle« ab. Rhythmisiert vorgelagerte, sandfarbene Fassadenplatten geben den Blick auf die sich permanent verändernde, zurückversetzte farbige Ebene der Gebäudehülle frei. Der dynamische Verlauf der äußeren Fassadenebene suggeriert durch unterschiedlich breite, vertikal angeordnete Fassadenplatten Geschwindigkeit, die farbigen Fugen stellen sinnbildlich einen Bezug zu Edelsteinen in einer Schmuckschatulle her. Dieses Gestaltungsmittel erfährt seinen Abschluss in der Gebäudekrone aus perforiertem Metall, in der sich sowohl tagsüber als auch nachts ein funkelndes Licht- und Schattenspiel zeigt.

Der Großteil der Besucher erreicht das Shoppingcenter mit dem Auto über die A5 sowie die Robert-Koch- und Friedrich-Schäfer-Straße, die Zufahrt erfolgt im nördlichen Teil des Grundstücks. Über eine doppelspurige Einfahrt auf Straßenniveau gelangen Kunden und Mitarbeiter in die Parkebene 02 des 9-geschossigen Parkhauses. Während drei der neun Parkebenen über die Versorgungsstraße beziehungsweise Brücken direkt an das Hauptgebäude angebunden sind, gelangen die Besucher aus den anderen Parkebenen über eine der sechs Aufzugsgruppen in die gewünschte Verbindungsebene zum Shoppingcenter. Für Fußgänger erfolgt der Zugang zu Loop 5 über den großzügigen, durch ein weit auskragendes Vordach inszenierten Haupteingang an der Gutenbergstraße.

Typologisch ist das vollklimatisierte Shoppingcenter in Form einer Ringmall ausgebildet – mit Ausnahme des Untergeschosses, das eine T-Form aufweist. Dort befinden sich neben Verkaufsflächen für Lebensmittel und Elektronik auch die Haustechnik sowie die zentralen Ver- und Entsorgungseinheiten. Drei Rolltreppenanlagen verbinden das Untergeschoss mit den darüberliegenden Ladenstraßen, die aufgrund ihrer geschlossenen Form einen kompletten Rundgang der Besucher ermöglichen. Mit dieser Anordnung bietet das Shoppingcenter 150 Einzelhandelsflächen in der Größe von 25 bis 3 420 Quadratmeter, 1 430 Quadratmeter Gastronomiefläche für 16 Restaurants sowie auf 1 200 Quadratmeter ein außergewöhnliches Freizeitangebot. Der Foodcourt, als ein zentraler Erlebnisraum, befindet sich im 1. Obergeschoss, über dem Eingangsatrium. Von dort gelangt der Besucher ebenfalls über Rolltreppen in das zurückgesetzte Staffelgeschoss. Zusätzlich sind alle Ebenen über Personenaufzüge verbunden, die der innenliegenden Kernfläche zugeordnet sind.

Aufgrund der Nähe zum Frankfurter Flughafen stand das Thema »Luftfahrt« Pate für die aufwendige Gestaltung des Innenraums. Das Fliegen von den Anfängen über die goldene Ära bis zum Düsenzeitalter prägt den innenarchitektonischen Ausdruck. Formale Analogien findet der Besucher dabei in Propellern, Tragflächen, Rudern und Rotoren oder auch im Grafikdesign der Umwehrungen, Bodenbeläge und Decken. Deren Layout ist von Leitsystemen auf Start- und Landebahnen motiviert. Sogar die Skylights über der Hauptmall sowie dem Boulevard stellen den Bezug zu Flugzeugen her. An überdimensionale Triebwerke erinnernde Leuchtkörper versorgen den Innenraum großzügig mit Kunst- und Tageslicht und leiten die Blicke der Besucher gen Himmel.

Die Fertigstellung des Shoppingcenters ist für September 2009 geplant. Mit seiner Eröffnung erhält Weiterstadt einen Anziehungspunkt, eine neue Destination. Von Loop 5 wird in Deutschland ein neuer Impuls für themenbezogene Shoppingcenter-Architektur ausgehen.

← Boulevard
→ Inszenierte Parkhausfassade

Längsschnitt

0 50 100 200

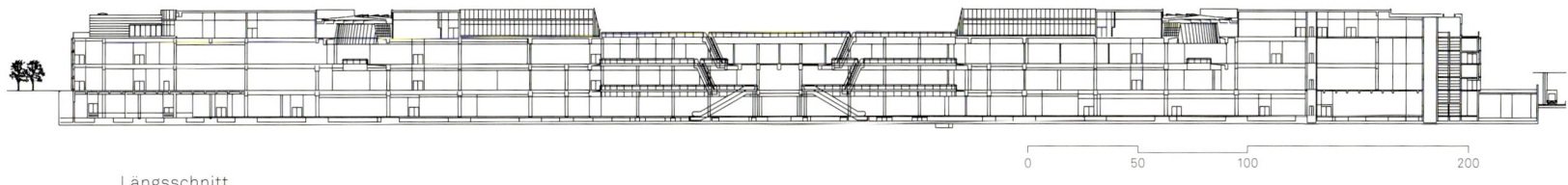

BayArena Leverkusen

Die »Pilgerstätte« wird im Zuge ihrer Modernisierung für über 30 000 Fußballfans ausgebaut. Ermöglicht wird dies durch die Aufstockung der Zuschauertribüne mit einem zusätzlichen Oberrang. Damit verbunden sind die Neugestaltung eines zeichenhaften Stadiondaches sowie der Neubau des Westgebäudes mit vier Geschossen. Im Untergeschoss des Westgebäudes entsteht ein neuer Mannschaftsbereich mit modernster Infrastruktur, in den anderen Etagen befinden sich zukünftig weitere VIP-, Gastronomie- und Pressebereiche sowie zusätzliche Veranstaltungsflächen.

Bauherr: **Bayer 04 Leverkusen**
Standort: **Leverkusen**
BGF: 17 560 m²
Zuschauerplätze: 30 000
Fertigstellung: 2009

Destination

Rathaus-Galerie Leverkusen

Die Rathaus-Galerie ist Teil der neu belebten Stadtmitte Leverkusens und entsteht als bürgernahes Stadtzentrum. Mit einer Nutzungsmischung aus städtischem Platz, Einzelhandel, Bürgerzentrum, Gastronomie und Entertainment-Center wird die Galerie zum neuen Anziehungspunkt innerhalb bestehender urbaner Strukturen.

Bauherr: **ECE Projektmanagement**
Standort: **Leverkusen**
Verkaufsfläche: 22 600 m²
Fertigstellung: 2009/10
Wettbewerb: 1. Preis 2005

Grandhotel Intercontinental Königsallee

Das Fünfsternehotel am Südende der Düsseldorfer Königsallee empfängt seine Gäste in einem großzügigen, glasüberdachten Atrium, in dem alle öffentlichen Funktionsbereiche deutlich wahrnehmbar angeordnet sind. Dieser typologisch bedingte Raum wird zur Mitte des Gesamtensembles und erfüllt alle wesentlichen Aspekte des Reisens: das Erlebnis des Ankommens und des Abreisens, des Verweilens, des Treffens sowie des Sehens und Gesehen-Werdens.

Bauherr: DKÖ-Objektgesellschaft Königsallee Dr. Herbert Ebertz KG
Standort: Düsseldorf
BGF: 50 000 m^2
Hotelzimmer: 287 Gästezimmer und Suiten
Fertigstellung: 2005

Kontinuität Tonhalle

Bauherr: **Landeshauptstadt Düsseldorf** | Standort: **Düsseldorf** | BGF: **9 682 m²**
Sitzplätze: **1 854** | Baujahr: **1926** | Umbau: **1978** | Revitalisierung: **2005 und 2008**
Auszeichnung: **Europa-Nostra-Preis 1979, Vorbildliches Bauwerk in NRW 1979**

Philosophen aller Epochen, angefangen bei der griechischen Antike, haben sich mit dem Begriff der Kontinuität beschäftigt. Doch was bedeutet Kontinuität? Synonyme sind »Stetigkeit«, »lückenloser Zusammenhang« oder »Beständigkeit«. Abläufe und Prozesse, die stetig verlaufen und sich dabei gleichmäßig in eine Richtung verändern können, besitzen Kontinuität. Kontinuität meint damit auch, dass Ordnung und Ruhe in Abläufe Einzug hält und in der Konsequenz die Möglichkeit besteht, sich auf die wesentlichen Dinge zu konzentrieren.

Der Begriff der Kontinuität ist vielseitig und in unterschiedlichen Zusammenhängen anwendbar. So benötigen menschliche Beziehungen Kontinuität, und kontinuierlich ist auch der Lauf der Sonne von Osten nach Westen. Eine Welt, die sich jeden Tag verändert darstellen würde, ließe keine Orientierung zu, und Menschen und Tiere müssten einen Großteil ihrer Energie auf das Erlernen und Verstehen sich stetig erneuernder Konditionen aufwenden.

Kontinuität im räumlichen Sinne, im architektonischen, bezieht sich im Wesentlichen auf zwei Parameter: zum einen auf bauliche Strukturen, die uns eine Orientierung in unserem Umfeld ermöglichen. Eckpfeiler dieser Strukturen bilden herausragende Gebäude und städtebauliche Dominanten, die bauliche Landmarken bilden. Zum anderen wirken sich gestaltungstypologische Aspekte auf die erfahrbare Kontinuität aus. Kontinuität in Bezug auf Architektur hat in erster Linie etwas mit der Gestaltung der Umwelt zu tun, mit ihrer Wahrnehmung und Erfahrung.

Die Geschichte Düsseldorfs wird seit dem Jahr 1926 kontinuierlich von einem bemerkenswerten Gebäude am Rheinufer begleitet, der Rheinhalle und heutigen Tonhalle. Ursprünglich wurde sie als Planetarium für die Ausstellung *Gesolei (Große Ausstellung für Gesundheitspflege, soziale Fürsorge und Leibesübungen)* geplant. Bei einem Bombenangriff im Jahr 1942 wurde die Rheinhalle schwer beschädigt, später dann notdürftig repariert als Mehrzweckhalle genutzt. Es geht auf die Verdienste von Helmut Hentrich zurück, dass das alte Planetarium in den 1970er-Jahren zur Düsseldorfer Tonhalle umgebaut wurde.

2005 erfuhr die Tonhalle eine notwendige Überarbeitung. Dies nicht nur aus baulicher, sondern auch aus akustischer Sicht. Heute ist die hölzerne Innenraumverkleidung der Saalkuppel durch eine Metallgewebeverspannung ersetzt. Das formale Erscheinungsbild ist dabei dem des Planetariums treu geblieben. Das innenarchitektonische Erlebnis präsentiert sich zeitgemäß, und die Lichtplanung hinter dem Metallgewebe zaubert Beleuchtungskonstellationen, die an strahlende Himmelskörper in dunkler Nacht erinnern. Eine weitere Hommage an die ursprüngliche Funktion des Bauwerks.

Die Tonhalle blieb infolge dieser wechselvollen Umstrukturierungen der Stadt Düsseldorf erhalten. Sie prägt das gesellschaftliche Leben und die Skyline von Düsseldorf, und das kontinuierlich seit fast 90 Jahren.

Blick in die entmaterialisierte Kuppelkonstruktion

→ Ansicht Ehrenhof
⇐ Rheinseite der Tonhalle

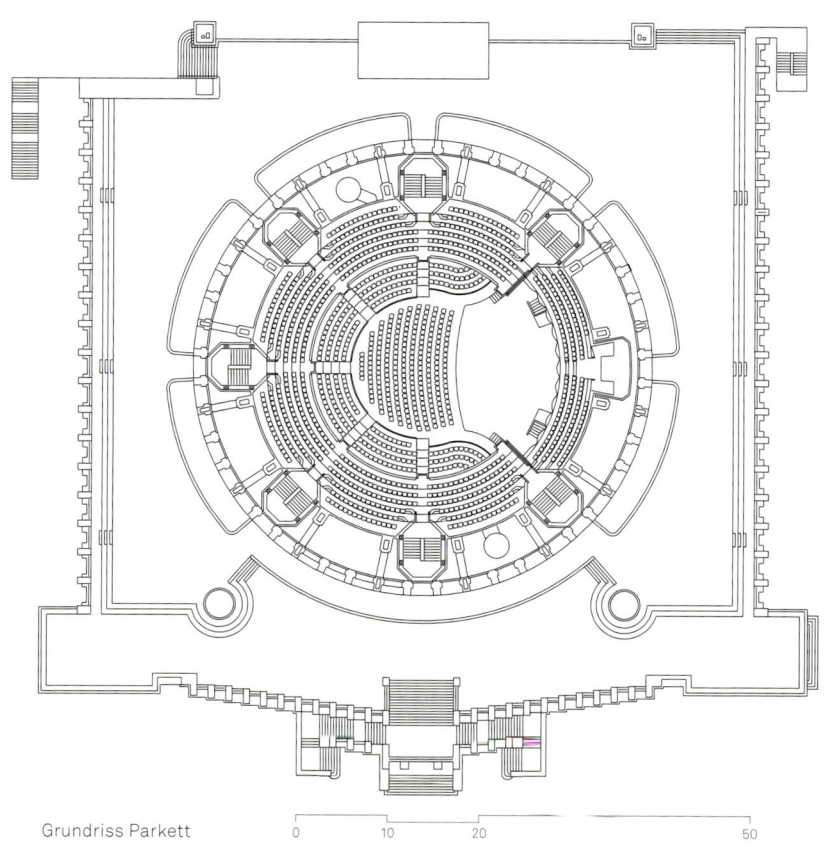

Grundriss Parkett

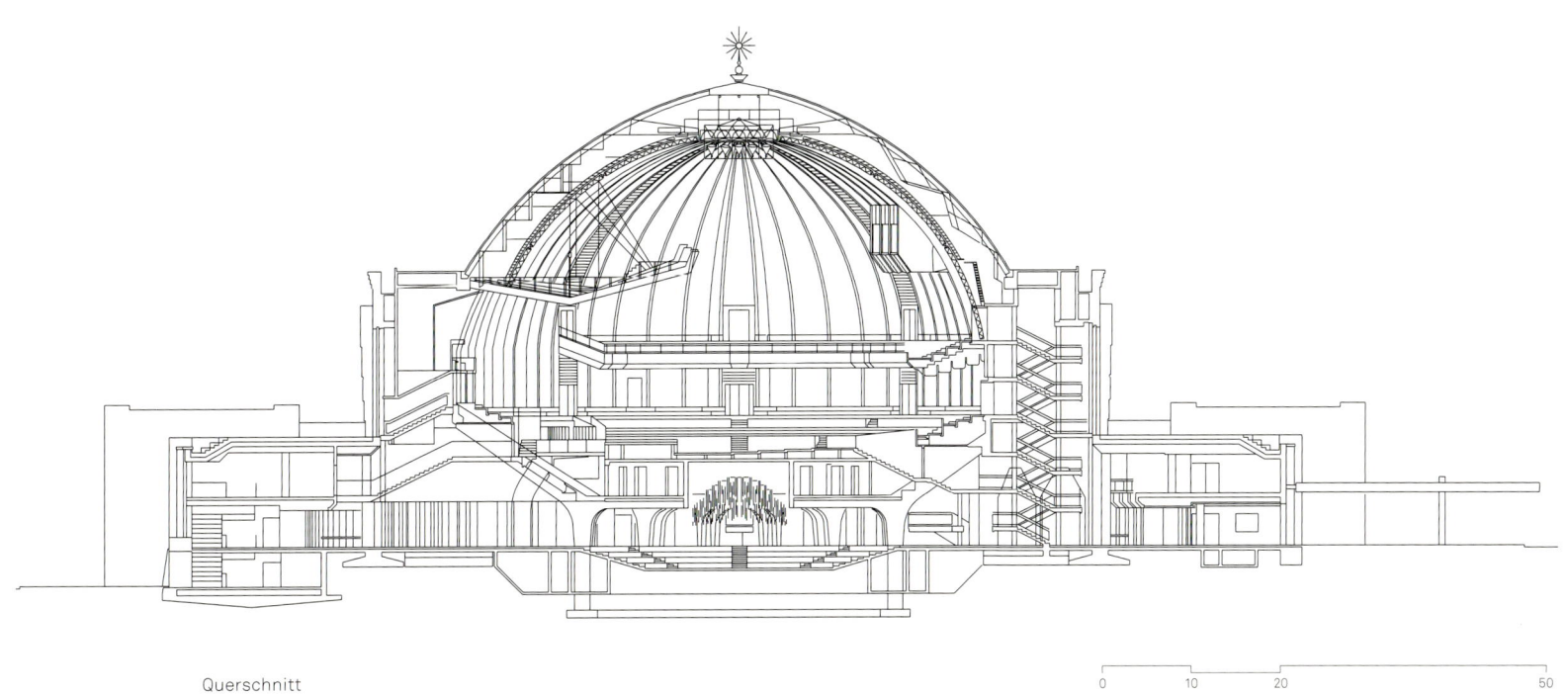

Querschnitt

Tonhalle Die am Düsseldorfer Rheinufer gelegene Tonhalle, die ursprüngliche Rheinhalle, wurde 1926 von Wilhelm Kreis als Planetarium errichtet. Sie gehörte zusammen mit dem Ehrenhof-Komplex und der Rheinterrasse zu den sogenannten »Dauerbauten« der *Gesolei (Große Ausstellung für Gesundheitspflege, soziale Fürsorge und Leibesübungen,* Düsseldorf 1926). Die expressionistische Ziegelarchitektur des runden Kuppelbaus ist in Materialität, Proportion und Detailqualität von zeitloser Schönheit. Im Zweiten Weltkrieg schwer beschädigt, wurde die Rheinhalle auf Vorschlag von Helmut Hentrich von 1975 bis 1978 in ein Konzertgebäude umgewandelt. Dabei gelang unter Beibehaltung der äußeren Fassade, der Kuppel sowie des nördlich vor dem Kuppelsaal gelegenen »Grünen Gewölbes« die Metamorphose zu einem neuen Gesamtkunstwerk – mit einem Saal, der eine besondere atmosphärische Dichte aufwies.

Nach fast 30-jähriger Nutzungsdauer zeigte sich die Notwendigkeit einer Revitalisierung. In der Spielpause 2005 wurden die technischen Anlagen erneuert und der Brandschutz an heutige Anforderungen angepasst. Insbesondere galt es, die problematische Akustik des Kuppelbaus deutlich zu verbessern, das als »Klopfgeist« bekannte, störende Kuppelecho zu beseitigen. Gemeinsam mit den beauftragten Akustikingenieuren gelang dies durch die komplette Umgestaltung des Kuppelgewölbes. Mit einem komplexen System polygonal angeordneter Umlenkkörper wurde hinter einer akustisch transparenten Innenkuppel aus Bronzegewebe für die Ausschaltung der Echoeffekte und für das erforderliche Klangvolumen gesorgt. Der Schall wird durch die Umlenkkörper vielfach reflektiert und somit gleichmäßig verteilt. Seitdem genügt der Konzertsaal höchsten internationalen Ansprüchen. Die mit dieser Maßnahme verbundene Neuinterpretation des Saals wurde über eine Lichtarchitektur so inszeniert, dass sich der Raum stufenlos von einem klassischen Kuppelgewölbe in einen metaphysisch wirkenden Sternenhimmel verwandeln lässt – eine Reminiszenz an die ursprüngliche Nutzung des Saals als Planetarium.

Derzeit erfolgt die Sanierung eines weiteren Abschnitts der Tonhalle. Das »Grüne Gewölbe«, eines der schönsten Beispiele expressionistischer Baukunst, wird restauriert. Darüber hinaus werden Teile des Kammermusiksaals umgestaltet. Dieser enthält nach dem Vorbild des großen Konzertsaals eine neue Akustikdecke. Ferner wird die Tageskasse zugunsten einer gesonderten Anlaufstelle für Abonnenten vergrößert. Auch diese Maßnahmen leisten sicher einen Beitrag dazu, dass die nunmehr fast 90 Jahre andauernde Geschichte des Bauwerks in der Zukunft fortgeschrieben und die »Faszination Tonhalle« noch Ende des 21. Jahrhunderts erlebt werden kann.

→ Konzertsaal mit lichtinszenierter Kuppel

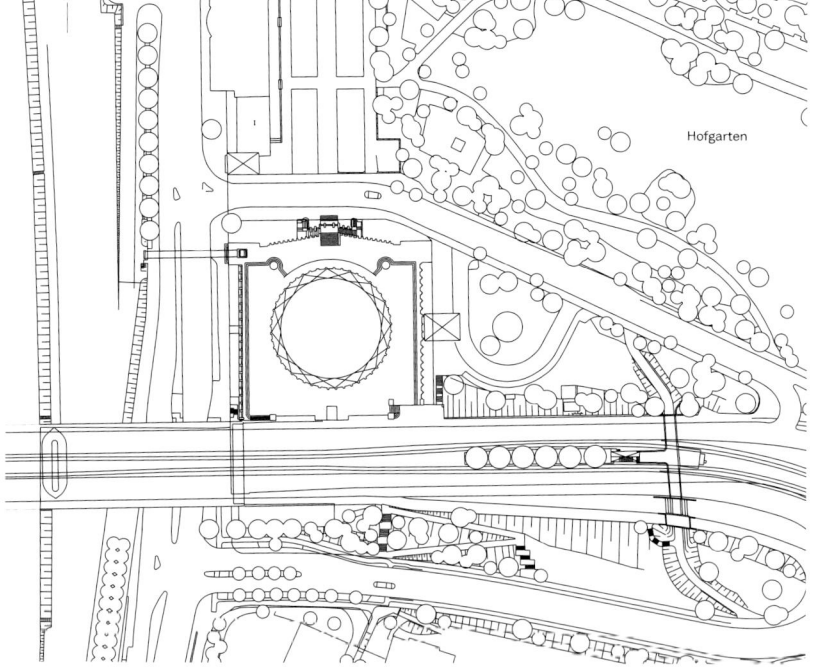

Lageplan

Phoenix-Haus

Der ursprüngliche Firmensitz der Phoenix AG und spätere Sitz des Arbeitsamtes wurde für die Staatsanwaltschaft Düsseldorf und Teile des Amtsgerichts Düsseldorf umgebaut und saniert. Um die Nutzfläche zu erweitern, wurde das komplette Dachgeschoss entfernt und neu aufgebaut. Durch den Erhalt der denkmalgeschützten Außenfassade, der Eingangshalle und des Treppenraumes sowie zweier repräsentativer Sitzungssäle mit vorhandenen Stuckdecken wurde der ursprüngliche Charakter des Hauses bewahrt.

Bauherr: LEG NRW GmbH
Nutzer: Amtsgericht und Staatsanwaltschaft Düsseldorf
Standort: Düsseldorf
BGF: 17 063 m²
Baujahr: 1926
Sanierung unter denkmalpflegerischen Aspekten: 2002

Kontinuität

Telekom Potsdam

Die Gebäude der ehemaligen Kaserne des Gardedukorps-Regimentes wurden nach historischem Vorbild rekonstruiert und zu Bürozwecken umgebaut. Die Neubauten ergänzen den historischen Bestand zu einer städtebaulichen Einheit. In Anlehnung an die historischen Bauten ist das verwendete Material hauptsächlich Ziegel, ergänzt durch Glas und Metall.

Bauherr: DeTeBau Deutsche Telekom Potsdam
Standort: Potsdam
BGF: 32 000 m²
Baujahr: 1893
Umbau und Revitalisierung unter denkmalpflegerischen Aspekten: 1995

Palais Leopold

Nach dem Auszug der Swiss Life wurde der Gebäudekomplex komplett saniert, umgebaut und durch einen Neubau erweitert. Die unter Denkmalschutz stehenden Bauteile 1 und 2 mit ihrer stadtraumprägenden Struktur wurden aufgewertet, Bauteil 3 durch einen filigranen, wirtschaftlichen Neubau ersetzt. Die konzeptionelle Idee bestand in der Entwicklung einer neuen, zentralen und repräsentativen Zugangssituation direkt von der Leopoldstraße aus. Durch die mit der Umplanung realisierte Gebäudekonzeption entstand eine vielseitige und flexible Nutzungsstruktur.

Bauherr: Swiss Life
Standort: München
BGF: 13 568 m²
Arbeitsplätze: 500
Fertigstellung: 2005
Auszeichnung: Fassadenpreis Landeshauptstadt München 2005, Lobende Erwähnung

Quartier am Zeughaus

Das Quartier am Zeughaus wurde auf einer Liegenschaft des ehemaligen Fernmelde-Zeugamtes an der Osterfeldstraße in Hamburg realisiert. Ausgangspunkt und erster Bauabschnitt war das historische Zeughaus mit seinen charakteristischen Ziegeldetails aus den 1930er-Jahren, das durch wenige Eingriffe in die Substanz in ein attraktives Bürogebäude umgewandelt werden konnte. In zwei weiteren Bauabschnitten entstand ein hochflexibler Bürokomplex, der von seinen Gliederungsmerkmalen und der Materialität an das Zeughaus anknüpft. Aufgrund der Gesamtdimension und der Nutzungsmischung aus Büro, Wohnen, Dienstleistung, Gastronomie und Freizeit ist ein lebendiges Quartier entstanden.

Bauherr: Calliston Gesellschaft für Projektentwicklung mbH
Standort: Hamburg
BGF: 33 000 m²
Fertigstellung: 2008

Zunächst ist Poesie Dichtung. Ein Gedicht entsteht meist aus einem Bild, das uns berührt und das wir nur schwer beschreiben können. Der Entwurfsprozess eines Bauwerks ist vergleichbar mit dem Verfassen eines Gedichtes. Aus einem Bild, einem Gedanken, einer Idee entsteht architektonische Poesie: ein Gebilde aus Verhältnissen, Proportion und Maß.

Der Mensch schafft oft ein Abbild der Natur. Ihr entliehene Bilder stellt er in einen neuen artifiziellen Kontext. Die Erscheinung, die Gestaltung sind Spiegelbild eines Zustandes, von dem der Autor oder Gestalter stark geleitet wird. Die Poesie bewegt uns tief in unserer Seele, an den Wurzeln unserer Empfindungen und unseres Verständnisses.

Die Poesie der Architektur ist dreidimensional. Das Zusammenfügen von Bildern und Metaphern in eine fassbare konstruktive Gestalt ist die Aufgabe des Architekten. Die Poesie der Worte spielt mit der inneren Imagination. Die Poesie der Architektur dagegen appelliert an den Gebrauch unserer Sinne. Sie ist körperhaft und damit zu jeder Zeit sinnlich erfahrbar. Bildende Kunst und somit auch Architektur sollen, so Friedrich Wilhelm Joseph Schelling »eine stumme Dichtkunst sein«, die sich »nicht durch die Sprache, sondern wie die schweigende Natur durch Gestalt, durch Form« ausdrücken.

Das Bild, das die architektonische Poesie der Allianz am Frankfurter Mainufer prägt, ist der Fluss. Symbolisiert werden sollen in dem Bau das Fließen des Wassers und die energetische Kraft, die dahinter steht. Der Mensch sucht die Nähe zum Wasser scheinbar instinktiv. Das körperliche und seelische Wohlbefinden sind mittelbar davon abhängig. Das Ufer wiederum steht in der Dichtkunst für die Sehnsucht. Es beschwört ein romantisches Bild für die innersten Wünsche der Seele, deren Erfüllung schier unerreichbar auf der anderen Seite des Meeres, des Sees oder des Flusses zu warten scheint.

Der Ort, der Allianz-Kai, ist Wasser und Ufer zugleich und dieses Gefühl sollte im gesamten Haus spürbar sein. Gleich einer Hand öffnen sich die Finger der Allianz-Hauptverwaltung zum Main und tragen das Bild vom vorbeifließenden Strom in das Verwaltungsgebäude hinein. Die Freiräume zwischen den einzelnen Gebäudefingern sind im Hinblick auf den Main inszeniert. Die Architektur distanziert zu halten und damit den Kontrast zum Wasser zu schaffen, dies gelingt der »verlängerten Uferzone«. In Form von Dachgärten wird der Fluss bis an das Gebäude herangeführt. Der Main ist allgegenwärtig und bereichert die Arbeitsatmosphäre.

Präsent ist der Main samt seiner Schutzheiligen sogar im Inneren des Gebäudes. Dort wo durch die 160 Meter lange Magistrale die zum Main ausgerichteten Einzelbaukörper miteinander verbunden sind, zeigt sich der Lauf des Stroms als leuchtendes, über den Köpfen der Besucher im Raum hängendes Kunstwerk von Stephan Huber, proportional verkürzt auf die Länge des zu durchlaufenden »Wegs«. 21 Flussheilige begleiten aus ihrer eingefrorenen Position den blau leuchtenden Neonstrom, wachen über das Geschehen. Eine verzaubernde Allegorie. Auch wenn alle Worte gesagt, die letzten Klänge verhallt sind, bleibt der Raum und manifestiert sich in seinem dreidimensionalen Bestand. Keine Frage, Architektur ist die stumme Dichtkunst.

Poesie Allianz-Kai

Bauherr: **Allianz Lebensversicherung AG** | Standort: **Frankfurt am Main** | BGF: **100 000 m²** | Arbeitsplätze: **2 450** | Fertigstellung: **2002** | Wettbewerb: **1. Preis 1997**

Atrium zwischen Hochhaus und Gebäudekämmen

⇐ Eingangsfoyer mit Kunstwerk *Im Fluss*
→ Atrium zwischen Hochhaus und Gebäudekämmen

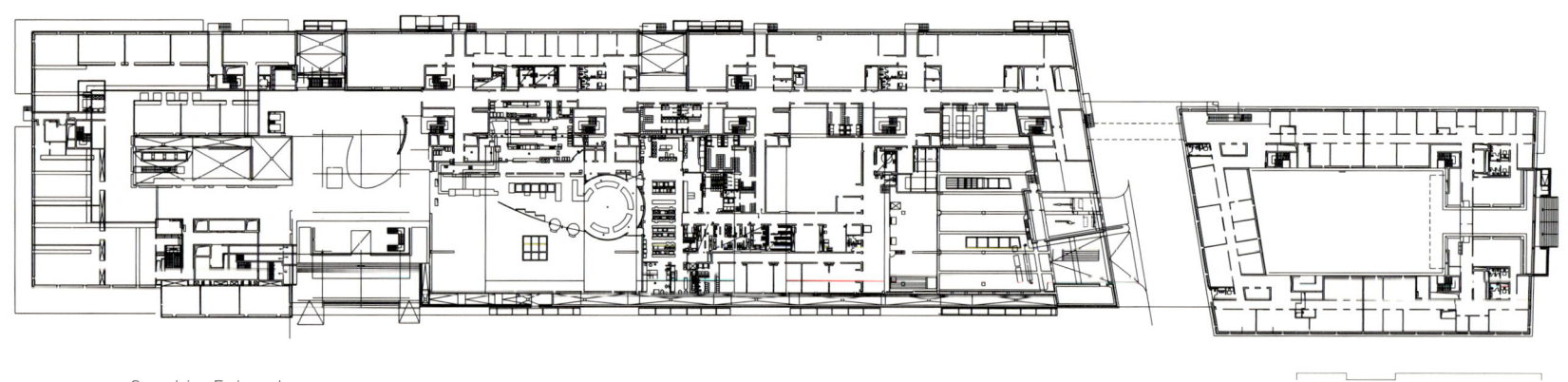

Grundriss Erdgeschoss

Verschmelzung von Außen- und Innenraum
← Allianz-Hochhaus

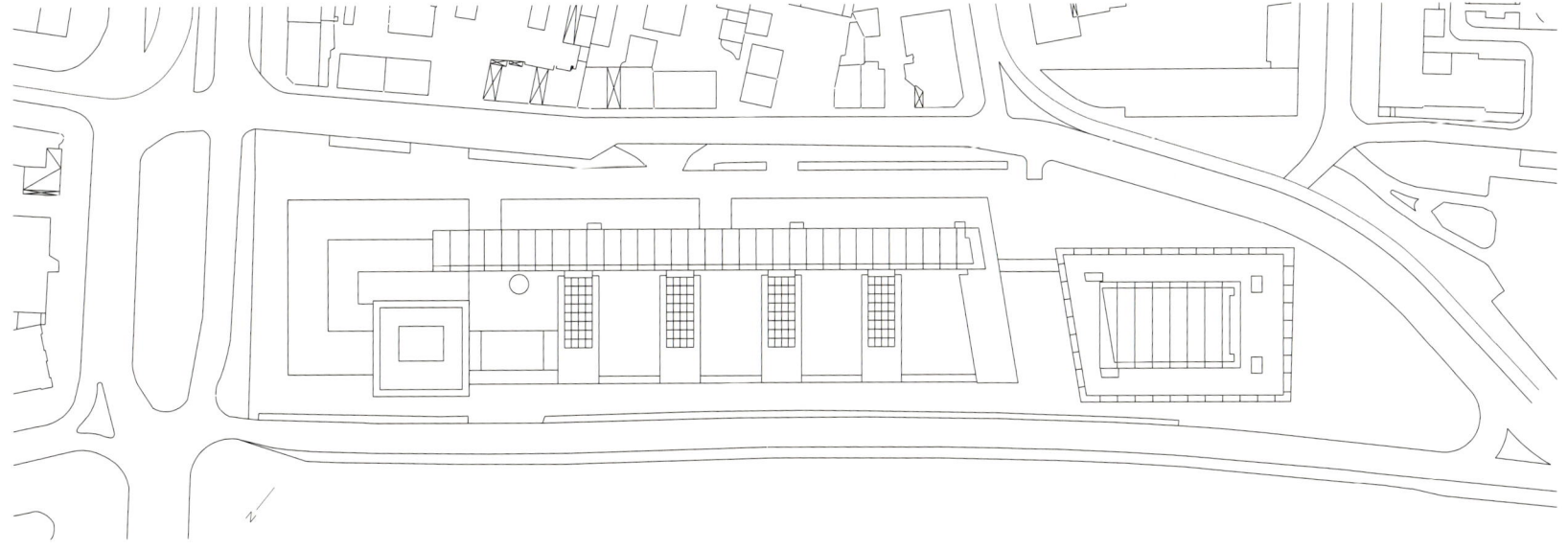

Lageplan

Allianz-Kai Der Entwurf für den neuen Gebäudekomplex ging 1997 als 1. Preis aus einem Wettbewerb hervor. Von 2000 bis 2002 wurde auf dem ehemaligen AEG-Gelände am Theodor Stern-Kai und mit direkter Sicht auf die Skyline Frankfurts das neue Büro- und Dienstleistungszentrum für neun Allianz-Versicherungsgesellschaften und rund 2 500 Mitarbeiter errichtet, welche an diesem Standort zusammengeführt wurden.

Der Neubau liegt direkt am Main, im Stadtteil Sachsenhausen. Um der besonderen Lage sowie der erforderlichen städtebaulichen Neuordnung gerecht werden zu können, wurde die Bestandsbebauung abgerissen. Der Entwurf für den Allianz-Kai nimmt aber mit seiner städtebaulichen und typologischen Disposition Bezug auf die früheren AEG-Bauten und präsentiert sich auf einer Grundstücksfläche von 23 000 Quadratmetern als differenzierter Gebäudekomplex aus Kamm und Riegeln mit 100 000 Quadratmetern Bruttogeschossfläche. Den Auftakt des 300 Meter langen, 80 Meter breiten und bis zu 60 Meter hohen Neubaus bildet eine 6-geschossige, mit Naturstein verkleidete Blockrandbebauung entlang der Stresemannallee. An dieser Stelle nimmt das Gebäude die Maßstäblichkeit der angrenzenden Wohnbebauung auf und schließt zugleich den Straßenraum. Der Haupteingang am Theodor-Stern-Kai wird durch das 16-geschossige Hochhaus adressiert, das außerdem den Übergang zwischen der geschlossenen Bebauung und der transparenten Kammstruktur entlang des Mains markiert. Dort öffnet sich das Gebäude und wird über seine gläserne Hülle mit dem Fluss und dem Ufer verknüpft. Die Glasfassaden der fünf Büroriegel erzeugen eine vielfältige Verschmelzung von Innen- und Außenraum und lassen Durchblicke für Passanten und Bewohner zu. Diese Offenheit setzt sich auch im Innern des Bauwerks fort. Eine 160 Meter lange und 7-geschossige innere Erschließungsstraße bindet die einzelnen Baukörper zusammen. Gläserne Verbindungsbrücken, Aufzüge und Treppenhäuser unterbrechen den Raum der Magistrale und stellen ihre Funktion selbsterklärend dar. In allen Büroflächen wurden fensternahe, helle und natürlich belüftete Arbeitsplätze realisiert. Ein Konzept, das konsequent auch im Hochhaus durch die Ausbildung einer Doppelfassade angewendet wurde.

Als poetische Geste sowie Hommage an den Standort wurde der vorbeifließende Main in das Gebäudeinnere geholt. Das Kunstwerk *Im Fluss* des Münchner Bildhauers Stephan Huber, schlängelt sich als dem Main nachgebildete, blaue Neonlinie im Maßstab von circa 1:1 500 durch die Eingangshalle und die Magistrale. Begleitet von 21 körperlosen, durchscheinenden Schutzheiligen steht diese Neonflussmarkierung in produktiver Spannung zur rationalen Klarheit der Architektur.

Der Allianz-Kai bietet seinen Mitarbeitern eine Symbiose aus funktionaler und sinnlicher Atmosphäre: Es ist ein Haus, das seine Gäste mit einem großzügigen Raumerlebnis empfängt, seinen Nachbarn und Passanten offen begegnet, während es sich an das Ufer des Mains schmiegt und durch die Spiegelung des Wassers in den Fassaden beinahe mit dem Fluss verschmilzt.

→ Haupteingang
→ Mainseite des Allianz-Kais

Ordenszentrale Johanniterorden

Eingebettet in eine alte Parkanlage fügt sich der Neubau der Ordenszentrale sanft in die Umgebung ein. Die Materialien grüner Betonwerkstein, Eichenholz und ockerfarbene Tonplatten stellen einen stofflichen Bezug zur umgebenden Natur dar. Die spielerisch angeordneten Fensterformate stehen in Wechselwirkung zum klaren steinernen Fassadenraster. Das äußere Erscheinungsbild des Gebäudes kommuniziert entsprechend des Leitbildes des Ordens Zurückhaltung und Gediegenheit.

Bauherr: Der Johanniterorden Balley Brandenburg des Ritterlichen Ordens St. Johannis vom Spital zu Jerusalem
Standort: Berlin
BGF: 1 944 m²
Fertigstellung: 2001
Wettbewerb: 1. Preis 1998

Poesie

Oper Leipzig

Die originalgetreue Rekonstruktion der unter Denkmalschutz stehenden Innenräume lässt Foyer und Zuschauersaal in neuem Glanz erstrahlen. Brandschutztechnische Erneuerungen, die Verbesserung der Raumakustik sowie die Auframpung des Zuschauersaals waren weitere zentrale Maßnahmen der Sanierung des traditionsreichen Opernhauses.

Bauherr: Stadt Leipzig
Standort: Leipzig
BGF: 21 100 m²
Sitzplätze: 1 250
Baujahr: 1959
Umbau und Sanierung unter denkmalpflegerischen Aspekten: 2007

Neven-DuMont-Haus

Das Erscheinungsbild des Gebäudes wird wesentlich durch eine freistehende, konkav geschwungene, gläserne Fassade bestimmt. Die Gebäudehülle ist einerseits eine Analogie zum Gedanken eines offenen, bürgernahen und transparenten Pressehauses, andererseits leistet sie einen wirksamen Schallschutz für die mit öffenbaren Fenstern ausgestatteten Büroräume.

Bauherr: Sagittarius Verwaltungs- und Beteiligungs-Gesellschaft mbH & Co. KG
Standort: Köln
BGF: 47 500 m²
Arbeitsplätze: 1 200
Fertigstellung: 1998

Identität Kempinski Grand Hotel Heiligendamm

Bauherr: ECH Entwicklungs-Compagnie Heiligendamm GmbH & Co. KG | Standort: Bad Doberan, Heiligendamm
BGF: 34 467 m² | Hotelzimmer: 107 Suiten und 118 Hotelzimmer | Gründungsjahr: 1793 | Sanierung und Revitalisierung unter denkmalpflegerischen Aspekten: 2003 | Auszeichnung: Mipim-Award 2004 »Hotel & Tourism Resorts«

Identität beruht auf der Wesenseinheit von Menschen, Körpern, Dingen und Orten. Vollkommene Identität ist beim Menschen nur theoretisch denkbar. Eine Vielzahl von Merkmalen und Eigenschaften bilden seinen Charakter. Der persönliche Kern und die Entwicklung seiner Identität wird dabei wesentlich durch das Wechselspiel von »Dazugehören« und »Abgrenzen« beeinflusst. Ähnlich verhält es sich mit der Identität eines Orts. Seine unverwechselbaren Merkmale prägen ihn. Die Identität ist oftmals evolutionär bedingt und das »Abgrenzen«, das durch Klimagrenzen, spezifische Umgebungen oder menschliche Eingriffe entsteht, kann sowohl aus natürlichen wie auch gesellschaftlichen Motiven erfolgen. Das »Dazugehören« ist eine Bedingung für Orte, sie sind Teil einer Region, eines Landes, eines Kontinents und am Ende Teil der Erde.

Einer dieser unverwechselbaren Orte ist die Mecklenburger Bucht. In westöstlicher Richtung erstreckt sie sich von Fehmarn bis zur Halbinsel Darß. Im äußersten Westen der Bucht ist die Küste von üppigen Buchenwäldern gesäumt. Der feine Sandstrand reicht beinahe bis an die Wurzeln der Bäume heran und in der Ferne kann man die Kreidefelsen vom Fischland Darß und Hiddensee sehen. Inmitten dieser Idylle befindet sich Heiligendamm, ein Ort bestehend aus Moränenschutt der Eiszeit. Seine natürlichen Wesenszüge prägen ihn seit Millionen von Jahren und führen zu seiner Unverwechselbarkeit, seiner Identität.

Als Seebad wurde der Ort 1793 bekannt. Prof. Dr. Samuel Gottlieb von Vogel schickte seinen Patienten, den Herzog Friedrich Franz I. von Mecklenburg-Schwerin, an den »Heiligen Damm«. Der Leibarzt des Herzogs hatte die heilsame Wirkung des Meerwassers und die hervorragenden Klimabedingungen als Mittel gegen eine Reihe von Krankheiten erkannt. Der adelige Gast zog viele weitere prominente Besucher an. Um diese angemessen zu beherbergen, wurden zwischen 1793 und 1870 Bade- und Logierhäuser erbaut. Die Baumeister Johann Christoph Heinrich von Seydwitz, Carl Theodor Severin und Gustav Adolph Demmler schufen ein einzigartiges Gesamtkunstwerk. So prägte das Zusammenspiel der menschlichen Eingriffe mit der umgebenden Landschaft das Bild des Orts und verlieh ihm seine Einzigartigkeit.

Heiligendamm war seit seiner Gründung das eleganteste Seebad Deutschlands und blieb es bis in die 1930er-Jahre. Nach dem Zweiten Weltkrieg hätte es seine Identität beinahe verloren. Umfunktioniert zu einer Fachhochschule und einem Kinderferienlager, fristeten die Häuser ein fehlgeleitetes Dasein. So brauchte es eine Wende, damit das marode Seebad wieder in die ursprüngliche Gestalt gebracht werden konnte. Die fünf weißen Gebäude, die heute den Komplex des Kempinski-Hotels beherbergen, wurden um einen Neubau, das Severin-Palais, ergänzt. Das Fünfsternehotel führt die Tradition des Seebads am historischen Ort zeitgemäß weiter. Bis das Gesamtkunstwerk wieder ganz seinem ursprünglichen Zustand entspricht, gibt es noch einiges zu tun. Die Wiederbelebung der westlichen Cottages steht zwar noch aus, aber das Herzstück ist revitalisiert und es schlägt schöner denn je.

Irgendwann kommt der Punkt, da offenbart sich uns die Einzigartigkeit, die prägende Identität des Orts oder des Individuums. Dann gilt es, dieses Bild zu bewahren. So wie in Heiligendamm.

Dachterrasse Severin-Palais

← Kurhaus mit Haus Mecklenburg
→ Severin-Palais
→ Kurhaus

Lageplan

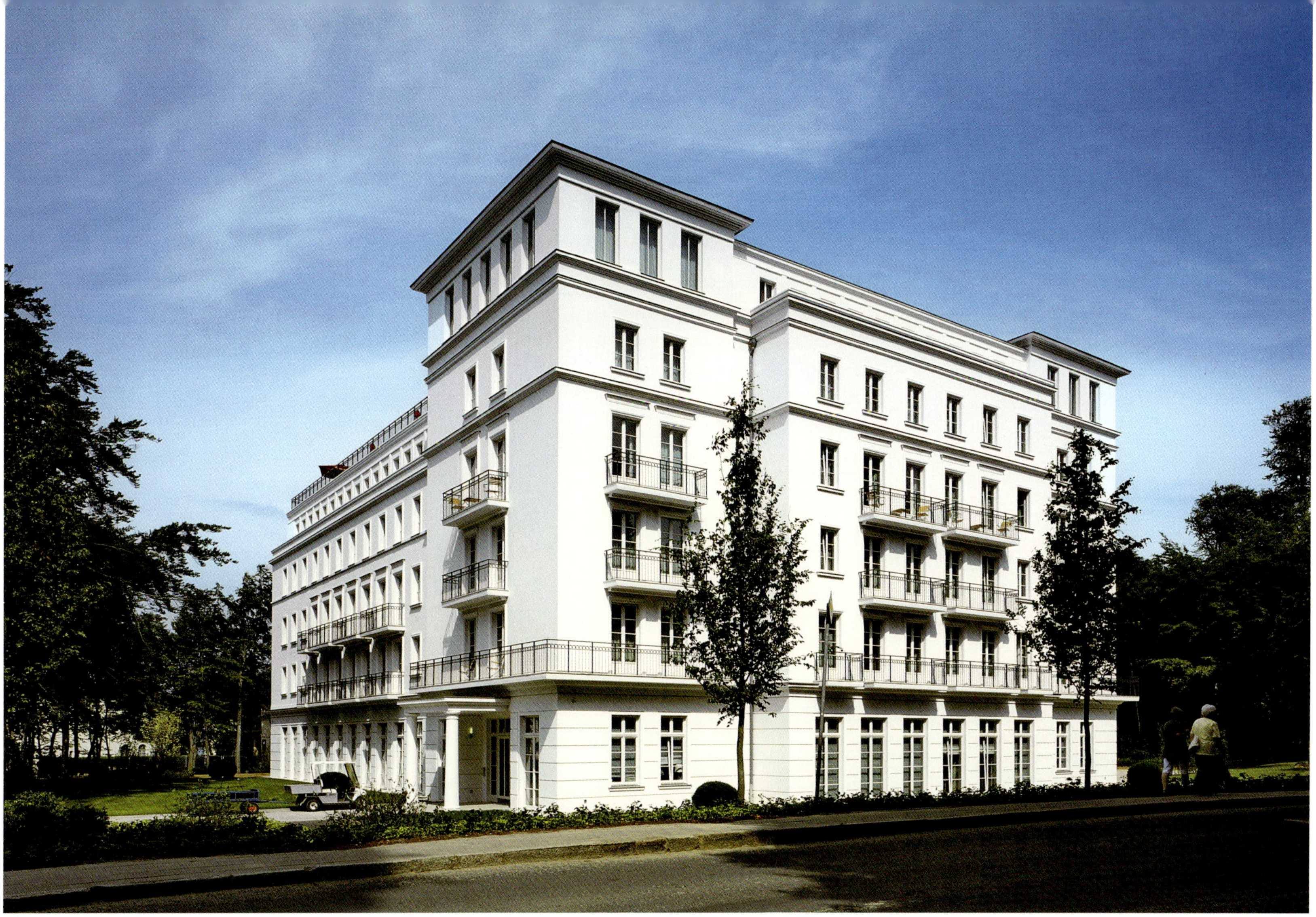

HEIC TE LAETITIA INVITAT POST BALNEA SANUM

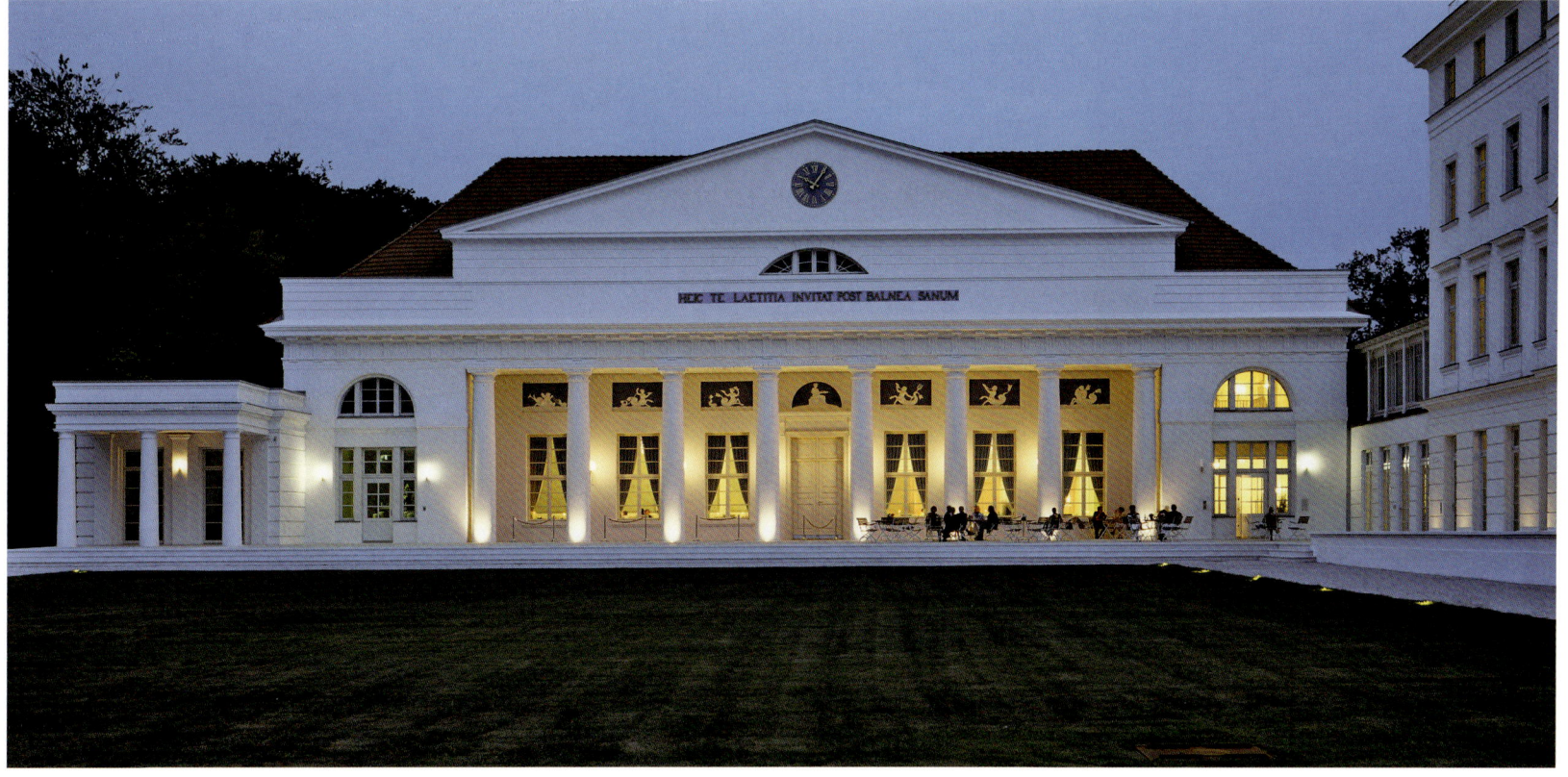

Kempinski Grand Hotel Heiligendamm 1793 besuchte der mecklenburgische Herzog Friedrich Franz I. auf ärztlichen Rat das erste Mal den Strand von Doberan und begründete damit die Geschichte des Ostseebads Heiligendamm. In den folgenden Jahren gewann der Badeort in der Mecklenburger Bucht immer größere Popularität, sodass 1796 ein Badehaus an der Stelle des späteren Haus Mecklenburg erbaut wurde. Ein Kurhaus, mehrere Cottages, die Burg Hohenzollern und ein Grandhotel folgten und bildeten schließlich das historische Gebäudeensemble, welches bis heute das charakteristische Erscheinungsbild der sogenannten Weißen Stadt am Meer prägt.

Nach einem jahrzehntelangen Zerfallsprozess wurde das denkmalgeschützte Ensemble Anfang 2000 revitalisiert, um die ehemals vornehmste Badeadresse Europas neu zu beleben. Anhand weniger Pläne und Fotos wurden die fünf historischen Häuser – Orangerie, Burg Hohenzollern, Haus Mecklenburg, Kurhaus und Grandhotel – rekonstruiert und modernisiert, um ein den heutigen Standards entsprechendes »Fünfsterne-plus-Hotel« mit integriertem Kur-, Wellness- und Konferenzzentrum zu schaffen. In enger Absprache mit den Denkmalbehörden wurden die Bauwerke komplett entkernt, nur die Fassaden blieben als Grundmauern bestehen.

Heute umfasst die Hotelanlage auf dem 29 500 Quadratmeter großen Grundstück sechs vom Klassizismus und der Romantik geprägte Gebäude mit 107 Suiten und 118 Hotelzimmern. Das sechste, neu entstandene Gebäude, das stilgerecht erbaute Severin-Palais, ergänzt das Ensemble im Nordosten und enthält neben 50 Hotelzimmern und 18 Suiten einen aufwendig ausstaffierten Wellness- und Spabereich.

Das Bild vom Heiligendamm wird wesentlich von dem repräsentativen Kurhaus geprägt. Es wurde 1816 von Karl Theodor Severin geschaffen und liegt im rechten Winkel zum Haus Mecklenburg, konsequent zum Meer hin ausgerichtet. Mit seiner streng symmetrischen Fassade erinnert es an einen griechischen Tempel, die eingestellte Säulenhalle schafft eine Verbindung zwischen Innen- und Außenraum und bezieht so die Umgebung in den städtebaulichen Plan mit ein. Die lateinische Inschrift »Heic te laetitia invitat post balnea sanum« (»Freude empfängt dich hier, entsteigst du gesundet dem Bade«) krönt die Säulenhalle. Dieser Leitsatz hat nach wie vor Gültigkeit, denn auch heute befinden sich in diesen Hallen ein großer Ballsaal und Gastronomie. Mehrere Nebenzimmer können für Konferenzen und Bankette genutzt werden. Das Haus Mecklenburg ist ausschließlich Wohnbereich des Grandhotels. Die Mehrzahl der 35 Hotelzimmer und 17 Suiten bieten einen einzigartigen Blick auf das Meer. Auch das ehemalige Grandhotel erhielt seinen großzügigen früheren Raumeindruck zurück. In ihm entstanden auf vier Etagen 34 Hotelzimmer und 16 Suiten mit individueller Aufteilung und Gestaltung, teilweise mit Terrasse. Die Orangerie, das frühere Telegrafenamt, beherbergt nach der Sanierung ebenfalls Suiten. Die Burg Hohenzollern erhielt durch die Wiederherstellung der vormals signifikanten Schmuckelemente ihren ursprünglichen Charakter zurück. Das flache, mit Zinnen geschmückte Dach war bei einem Brand im Jahr 1950 zerstört und beim Wiederaufbau durch ein einfaches Walmdach ersetzt worden.

Die mecklenburgischen Baumeister Carl Theodor Severin und Gustav Adolph Demmler bestimmten das architektonische und städtebauliche Bild Heiligendamms. Ein Bild, das von zwei großen Geistesströmungen geprägt wurde, dem Klassizismus und der Romantik. Mithilfe weniger historischer Fotos konnte der originäre Eindruck der fünf unter Denkmalschutz stehenden Häuser wieder rekonstruiert werden: jedes Haus mit einer eigenen Persönlichkeit und doch als Teil eines Ganzen. Schließlich wurde noch ein neues Haus hinzugefügt und dem historistischen Gepräge des Gesamtensembles angepasst, sodass es dessen Identität nicht aus dem Gleichgewicht bringt. Das Severin-Palais assimiliert sich mit modernem Wellnesskomfort an den Genius loci der »Weißen Stadt«.

← »Die weiße Stadt am Meer«
→ Fassade Grandhotel

Langer Eugen

Das Wahrzeichen der Bonner Republik wurde 1969 von Egon Eiermann erbaut. Nach dem Auszug des Deutschen Bundestages erfuhr das denkmalgeschützte Gebäude eine brandschutztechnische Sanierung und wurde bauphysikalisch, technisch und energiewirtschaftlich an heutige Standards angepasst. Alle notwendigen Veränderungen wurden unter denkmalpflegerischen Aspekten durchgeführt, sodass das Hochhaus auch nach seiner Revitalisierung vollkommen dem eiermannschen Gedanken entspricht.

Bauherr: **BLB NRW**
Standort: **Bonn**
BGF: **55 650 m²**
Baujahr: **1969**
Sanierung unter denkmalpflegerischen Aspekten: **2006**
Entwurfsarchitekt: **Egon Eiermann**

Identität

Hauptbahnhof Münster

Der Entwurf basiert auf dem Neubau zweier Empfangsgebäude, mit denen die Stadtviertel Innenstadt und Hafenviertel stärker verbunden werden sollen. Neben der originären Bahnhofsfunktion werden die Neubauten auch Einzelhandels- und Büroflächen sowie Gastronomiebereiche beinhalten. Als Repräsentationsbauten führen die beiden Gebäude zu einer innerstädtischen Funktionsverdichtung.

Bauherr: **Bahnhof Münster Entwicklungsgesellschaft mbH & Co. KG**
Standort: **Münster**
BGF: **42 700 m²**
Fertigstellung: **2012**
Investorenwettbewerb: **1. Preis 2008**

WDR Vierscheibenhaus

Seit nahezu 40 Jahren bildet der Verwaltungsbau des Westdeutschen Rundfunks einen städtebaulichen Orientierungspunkt in Köln. Seine markante Erscheinung, die exponierte Lage sowie die Nähe zu den angrenzenden Einrichtungen des WDR waren die Gründe für eine umfangreiche Sanierung im Jahr 2002. Eine Fassade mit verbesserten Lärm- und Wärmeschutzeigenschaften, die Optimierung der Raumnutzungen sowie die Gestaltung hellerer und freundlicherer Büroräume trugen dabei maßgeblich zur Anpassung des Gebäudes an heutige Standards bei.

Bauherr: **Westdeutscher Rundfunk Köln**
Standort: **Köln**
NGF oberirdisch: **18 230 m²**
NGF unterirdisch: **23 860 m²**
Arbeitsplätze: **ca. 800**
Baujahr: **1970**
Umbau und Sanierung: **2002**

Die Ökologie als Lehre von den Beziehungen der Lebewesen zu ihrer Umwelt wurde von Ernst Haeckel vor gut 150 Jahren geprägt. Das heutige Begriffsverständnis fand erst vor wenigen Jahrzehnten Eingang in den neueren Sprachgebrauch. Erstmalig wurde dieser Begriff in den frühen 1960er-Jahren in einen neuen Kontext gesetzt. Biologen und Umweltaktivisten warnten vor den Gefahren von Chemikalien für Mensch und Natur. Dieses Ökologie-Verständnis, die Relation und Beziehungsgröße zwischen menschlichem Handeln und Auswirkung auf die Natur, wurde ab diesem Zeitpunkt rasch quer durch alle gesellschaftlichen Schichten verstanden und übernommen.

Ökologie wurde immer mehr in einen umweltpolitischen Zusammenhang gebracht und erfuhr eine Bedeutungsänderung. »Ökologisch« wurde zum Teil gleichbedeutend mit »umweltverträglich«, »sauber«, »rücksichtsvoll« oder auch mit »gut« verwendet. So hielt das ökologische, umweltbewusste Prinzip Einzug in den Alltag.

Über den Aspekt der Energieeffizienz und der CO_2-Reduktion fand die Ökologie auch immer häufiger in der Architektur ihren Platz. Zum einen wurde erkannt, dass Treibhausgase sowie die einhergehende Luftverschmutzung unser Ökosystem nachhaltig gefährden. Zum anderen entwickelte sich aufgrund steigender Energiekosten ein neues Bewusstsein für den sparsamen Umgang mit Energie.

Zur »Ökologischen Bewertung von Gebäuden« wurden verschiedene Zertifizierungen entwickelt. Die »Energieeinsparverordnung« schreibt bautechnische Standardanforderungen zum effizienten Energiehaushalt vor und ist ein wichtiges Werkzeug zur Reduktion von Energie sowie den Ausstoß von CO_2 und Treibhausgasen. Allerdings betrachtet sie nur einen Aspekt ökologisch relevanter Maßnahmen. Weiter liefern Zertifizierungen wie LEED (Leadership in Energy and Environmental Design) eine Art Gütesiegel für ökologisches und nachhaltiges Bauen, das den gesamten Umfang von Einflussfaktoren auf eine ökologische Gebäudeausrichtung fordert.

Ökologie ist in der Entwurfskonzeption eher ein stilles Thema mit inneren Werten, aber nachhaltiger Wirkung und sie trägt dazu bei, verantwortlicher mit Energie und natürlichen Ressourcen zu planen und zu bauen. In dieser Beziehung gibt es hier noch viel zu bewegen.

Die Victoria hatte bei der Planung ihres Hauptsitzes in Düsseldorf besonders hohe Planungsziele in Bezug auf ökologisches Bauen gesetzt. So wurde das Gebäude mit dem Intec-FM-Preis 1999 und die Victoria mit dem EMAS-Award der Europäischen Kommission für Geprüftes Umweltmanagement 2002 ausgezeichnet. Diese Auszeichnungen berücksichtigen sowohl den energetischen als auch den qualitativen Aspekt.

Der ökologische Anspruch wird über eine Vielzahl an Pflanzen im gesamten Gebäudeensemble kommuniziert. So wurden die vielen hochwertig gestalteten Grünbereiche nicht nur als eine optische Verbesserungsmaßnahme geplant, sie sollen Arbeitskonditionen und -umfeld der Mitarbeiter attraktiver gestalten.

Setzt man die Entwicklung ökologischer Maßnahmen in der Gebäudeplanung in ein Verhältnis zu der des Ökologie-Begriffs, so kann man guten Mutes sein, dass sich in den nächsten Jahrzehnten noch wesentliche Innovationen ergeben werden, ist der Begriff doch gerade einmal 150 Jahre alt und sein heutiges Verständnis noch keine 50 Jahre. Gebaut wird jedoch schon seit Tausenden von Jahren.

Ökologie
Victoria-Haus

Bauherr: Victoria Grundstücksverwaltungs-Gesellschaft GbR | Standort: Düsseldorf
BGF: 135 445 m² | Höhe: 108,8 m | Arbeitsplätze: 1 915 | Fertigstellung: 1998
Auszeichnung: Intec-FM-Preis 1999, EU-EMAS-Award für Geprüftes Umweltmanagement 2002

Erweiterung 3. Bauabschnitt | Bauherr: Victoria Grundstücksverwaltungs-Gesellschaft GbR
BGF: 28 845 m² | Arbeitsplätze: 656 | Fertigstellung: 2001

Erweiterung 4. Bauabschnitt | Bauherr: Victoria 4. Bauabschnitt GmbH & Co. KG
BGF: 40 972 m² | Arbeitsplätze: 900 | Fertigstellung: 2010

Ansicht Fischerstraße
→ Begrünter Innenhof

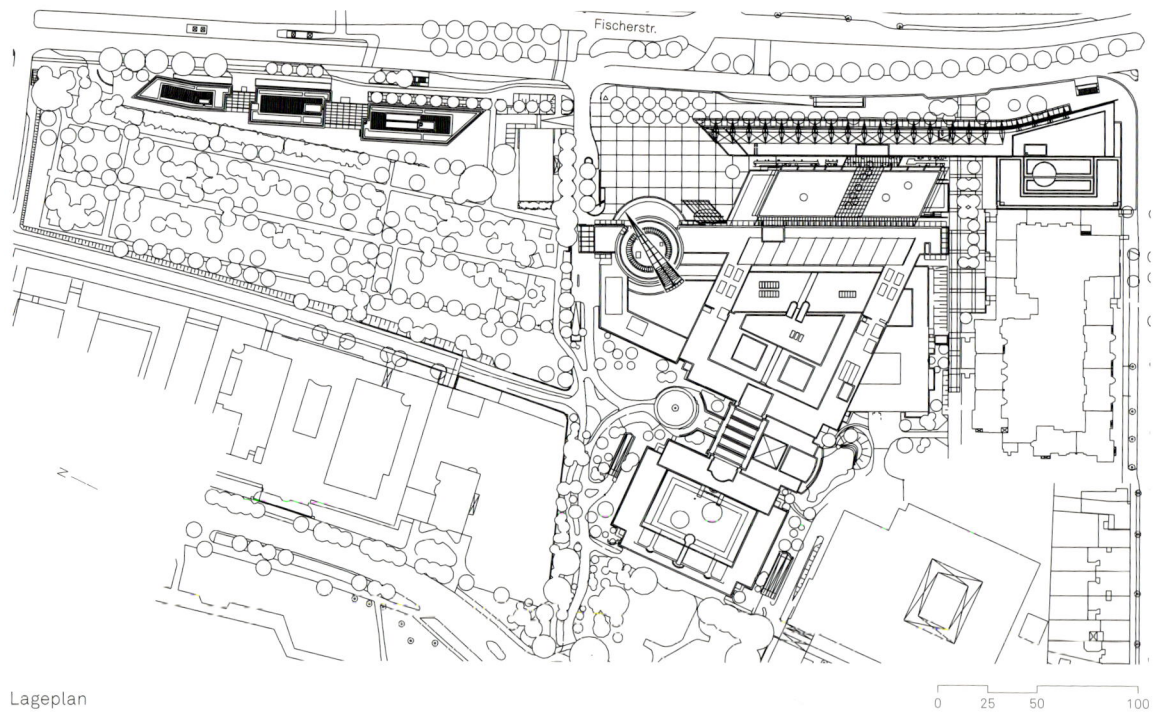

Lageplan

Victoria-Haus Infolge einer Verlagerung der Düsseldorfer Messe konnte deren ursprüngliches Gelände am Hofgarten zwischen Regierungspräsidium und Ehrenhof in den 1970er-Jahren durch die Victoria erworben werden. Seit 1986 befindet sich auf diesem Areal die Hauptverwaltung des Versicherungskonzerns, die derzeit in einem vierten Bauabschnitt erweitert wird. Im Zentrum der ersten Erweiterungsmaßnahme von 1993 bis 1998 stand der 29-geschossige Büroturm. Der zylindrische Baukörper bildet den städtebaulich-architektonischen Schwerpunkt zwischen der Freifläche des ehemaligen Golzheimer Friedhofs und der innerstädtischen Bebauung der Fischerstraße. Im dritten Bauabschnitt zwischen 1998 und 2001 wurde dem Ensemble unter Berücksichtigung der vorgegebenen Stadtstrukturen ein 100 Meter langer Baukörper hinzugefügt, der sich entlang der Fischerstraße erstreckt. Die Notwendigkeit der Erweiterungsbauten ergab sich aufgrund von zusätzlichen Kapazitäten sowie der Zusammenführung verschiedener Unternehmensbereiche am Standort Düsseldorf. Die derzeitige vierte Bauphase ergänzt die Hauptverwaltung des Versicherungskonzerns zu einem oberirdisch 158 000 Quadratmeter Bruttogeschossfläche umfassenden Gebäudekomplex mit insgesamt 4 600 Arbeitsplätzen. Zwischen dem denkmalgeschützten Künstleratelierhaus und dem Victoriaplatz im Süden sowie der Klever Straße im Norden entsteht der 169 Meter lange Neubau mit drei Baukörpern, die durch zwei gläserne Hallen verbunden sind. Der transparente und offen gestaltete Neubau soll im Jahr 2010 fertiggestellt werden.

Das Gelände des Versicherungskonzerns wird weiterhin durch den 108,8 Meter hohen Victoria-Turm adressiert. Als weithin sichtbare Dominante ist er zu einem Wahrzeichen der nordrhein-westfälischen Landeshauptstadt geworden, auf die von den Besprechungsräumen in der Turmspitze aus eine hervorragende Rundumsicht gewährt ist. Den Abschluss des Turms bildet eine Flugdach-Stahlkonstruktion mit einer Fotovoltaikanlage. Der Büroturm setzt jedoch nicht nur städtebaulich ein signifikantes Zeichen: Durch seinen ausgesprochen niedrigen Primärenergieverbrauch schont er zudem die Umwelt. Als eines der ersten Hochhäuser in Deutschland hat der Turm eine natürliche Belüftung. Ermöglicht wird dies durch eine Doppelfassade, die für den Turm und für die Bebauung entlang der Fischerstraße völlig neu entwickelt wurde. Die Doppelfassade besteht aus einer inneren Fassade aus Dreh-/Kippfenstern und einer circa 40 Zentimeter vorgelagerten gläsernen Membran. Diese Konstruktion ermöglicht das Öffnen der inneren Fenster und damit eine natürliche Belüftung der Büros auch in den oberen Büroetagen des Hochhauses. Ein intelligentes Computersystem schaltet zusätzlich die Heizung aus, sobald die Fenster geöffnet werden. Auch die Sonnenschutzanlagen und die Innenraumbeleuchtung der Büros werden durch moderne EDV-Technik ständig den unterschiedlichen Tageslichtverhältnissen angepasst. Die nötige Energiezufuhr für das Gebäude liefert ein eigenes Blockheizkraftwerk, das mit Erdgas betrieben wird. So gelingt es den CO_2-Ausstoß um 16 000 Tonnen pro Jahr zu reduzieren. Das optimale Energiemanagement trägt außerdem dazu bei, den Energieverbrauch einschließlich der bestehenden Hauptverwaltung drastisch zu senken. Infolge dieser ökologischen Maßnahmen erhielt die Victoria als erstes Versicherungsunternehmen in Europa die Zertifizierung gemäß EG-Umweltaudit-Verordnung.

→ Eckdetail Doppelfassade

Rheinpanorama mit Victoria-Turm und Tonhalle
← Fotovoltaikanlage auf dem Victoria-Turm

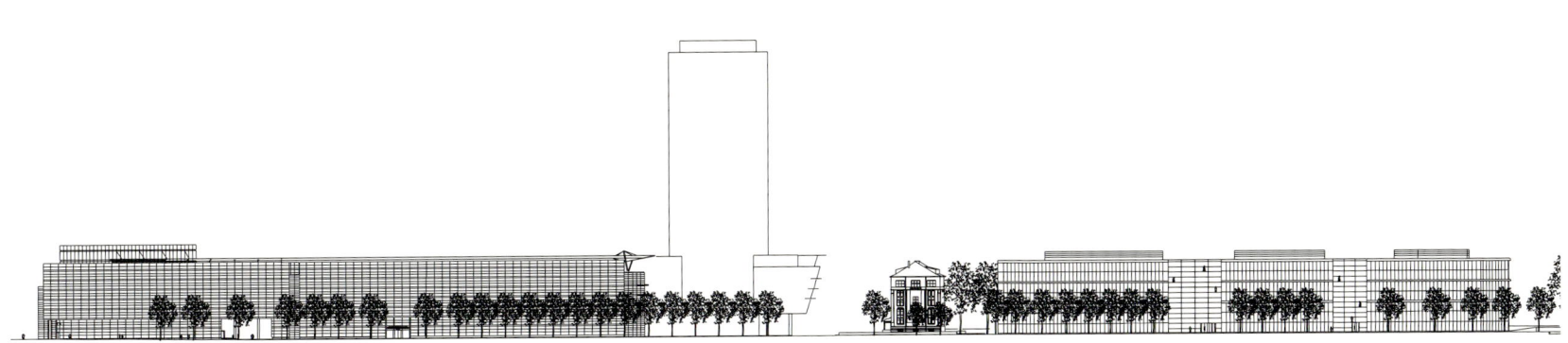

Ansicht Fischerstraße mit 4. Bauabschnitt

Telekom Hannover

Das Hochhaus mit Solitärstellung in der Nähe des Hannoveraner Hauptbahnhofs erhielt bei seiner Sanierung eine zweischalige Außenhaut, die an den Längsseiten als geschosshohe, verglaste Elementfassade und an den Giebelseiten als wärmegedämmte, hinterlüftete Ziegelelementfassade ausgebildet ist. Darüber hinaus führen ein außen liegender Sonnenschutz sowie öffenbare Fenster zu einer positiven Energiebilanz des Gebäudes.

Bauherr: DeTeImmobilien
Standort: Hannover
BGF: 16 590 m²
Arbeitsplätze: 1 040
Baujahr: 1971
Umbau und Modernisierung: 1999

Ökologie

Büro- und Geschäftsgebäude Habsburgerring

Der klar gegliederte, 7-geschossige Neubau entsteht an einer der wichtigsten Schnittstellen der Kölner Innenstadt. Eine Hybridfassade sorgt für natürliche Belüftung sowie aktiven Schallschutz. Besonderes Merkmal des ökologischen Konzeptes ist jedoch die Gewinnung des Energiebedarfs zum Heizen und Kühlen vornehmlich aus dem Energiepotenzial des Grundwassers.

Bauherr: MEAG MUNICH ERGO Asset Management GmbH
Standort: Köln
BGF: 31 661 m²
Arbeitsplätze: 880
Fertigstellung: 2010
Wettbewerb: 1. Preis 2005

LVM-Hochhaus

Die bestehende Hochhausscheibe aus dem Jahr 1967 wurde 1999 umfangreich saniert, aufgestockt und durch ein quadratisches Punkthaus erweitert. Neben der Aufstockung um fünf Geschosse erhielt das Gebäude eine Doppelfassade zur natürlichen Belüftung sowie zur windgeschützgeschützten Anordnung eines außen liegenden Sonnenschutzes. In Verbindung mit einer intelligenten Steuerungstechnik lässt sich das Gebäude so über viele Wochen im Jahr ohne Heizung und Kühlung betreiben.

Bauherr: LVM Landwirtschaftlicher Versicherungsverein Münster a. G.
Standort: Münster
BGF: 26 768 m²
Höhe: 70 m
Arbeitsplätze: 658
Baujahr: 1967
Sanierung und Erweiterung: 1998

Ökonomie Mediothek Krefeld

Bauherr: **Stadt Krefeld** | Standort: **Krefeld** | BGF: **7 500 m²**
Fertigstellung: 2008 | Wettbewerb: 1. Preis 2002
Architektur: HPP in Zusammenarbeit mit db Dieter Berten

Die baulichen Bedingungen waren von Anfang an klar umrissen: ein Budget von 100 000 Pfund Sterling, ein Grundstück im Hyde Park und eine außergewöhnliche Aufgabenstellung. Anlässlich der ersten Weltausstellung 1851 in London galt es, ein demontierbares Gebäude auf einer Grundfläche von 6,4 Hektar zu entwerfen. Der zu bauende Raum durfte zudem nicht untergliedert sein, sodass problemlos verschieden große Parzellen für die Aussteller abgeteilt werden konnten.

233 Entwürfe brachte ein erstes Wettbewerbsverfahren hervor. Alle überstiegen bei Weitem den geplanten Kostenrahmen. Nach diesem erfolglosen Wettbewerb und einem eigenen Entwurf der Jury in Massivbauweise trat Joseph Paxton auf den Plan. Paxton, der als Gartenarchitekt Erfahrungen mit der Konstruktion von Gewächshäusern hatte, legte einen Entwurf ganz aus Glas und Gusseisen vor. Das Gebäude wurde in nur siebzehn Wochen aus vorgefertigten Eisengittern und Glassegmenten errichtet. Der Crystal Palace, wie das gewächshausartige Gebäude bald vom Satiremagazin Punch getauft wurde, war damit fast beliebig erweiterbar.

Das Gebäude begeisterte rasch und beeindruckte sowohl architektonisch als auch ökonomisch. Der Crystal Palace wurde daher nach Beendigung der Weltausstellung nicht entsorgt. Er wurde in Sydenham als Museum und Ausstellungsgebäude verwendet, bis er am 30. November 1936 vollständig niederbrannte. Paxtons Planung hat mehr geliefert als nur die Einhaltung der wirtschaftlichen Rahmenbedingungen. Er stiftete der Londoner Bevölkerung als Sehenswürdigkeit ein Stück Identität. Die 80 Jahre zusätzliche Nutzung und die Identität waren der Mehrwert, die Dividende.

Innovation, Vertrauen und Weitsicht entscheiden letztlich über den Wert und Erfolg einer Errungenschaft. Den Rahmen bildet jedoch stets die Wirtschaftlichkeit. In der Architektur muss sich Wirtschaftlichkeit allerdings keineswegs nur auf die Kosten und die Einhaltung eines niedrigen Budgets beziehen. Wirtschaftlichkeit bedeutet auch den rationalen und verantwortungsvollen Umgang mit jeder Art von Ressource. Von Architekten wird angesichts von Rohstoffknappheit und Klimawandel energieeffizientes, ressourcenschonendes und damit wirtschaftliches Bauen immer häufiger erwartet.

So stand auch die Mediothek in Krefeld unter dem Druck eines engen Budgets. Um diesen Kostenrahmen für das Projekt einzuhalten, wurde es als Lowtech-Gebäude konzipiert. Dieses Attribut wird eindrucksvoll durch die extreme Energieeffizienz und die Forderung nach natürlicher Lüftung unterstrichen. Bereits jetzt lässt sich festhalten, dass die geringen Betriebskosten den öffentlichen Haushalt der Stadt Krefeld entlasten.

Gestalterisch präsentiert sich die Mediothek offen zum vorgelagerten Theaterplatz. Und auch die zentrale und transparente Innenzone stellt sich räumlich eindrucksvoll dar. Das Haus wird von den Bürgern seit seiner Eröffnung im Frühjahr 2008 mit Besucherzahlen in Rekordhöhe angenommen. Zu konstatieren ist schon jetzt, dass die Krefelder Mediothek eine der modernsten und kommunikativsten ist; und das nicht nur wegen ihres Raum- und Farbkonzeptes. Trotz des niedrigen Etats gelang es ein atmosphärisch zugängliches Haus zu schaffen, dessen Mehrwert sich unmittelbar in dem gewachsenen Informationshunger der Krefelder Bürger niederschlägt.

164

Vorlesebereich Kinderbibliothek
→ Raumkontinuum mit Rampenanlagen

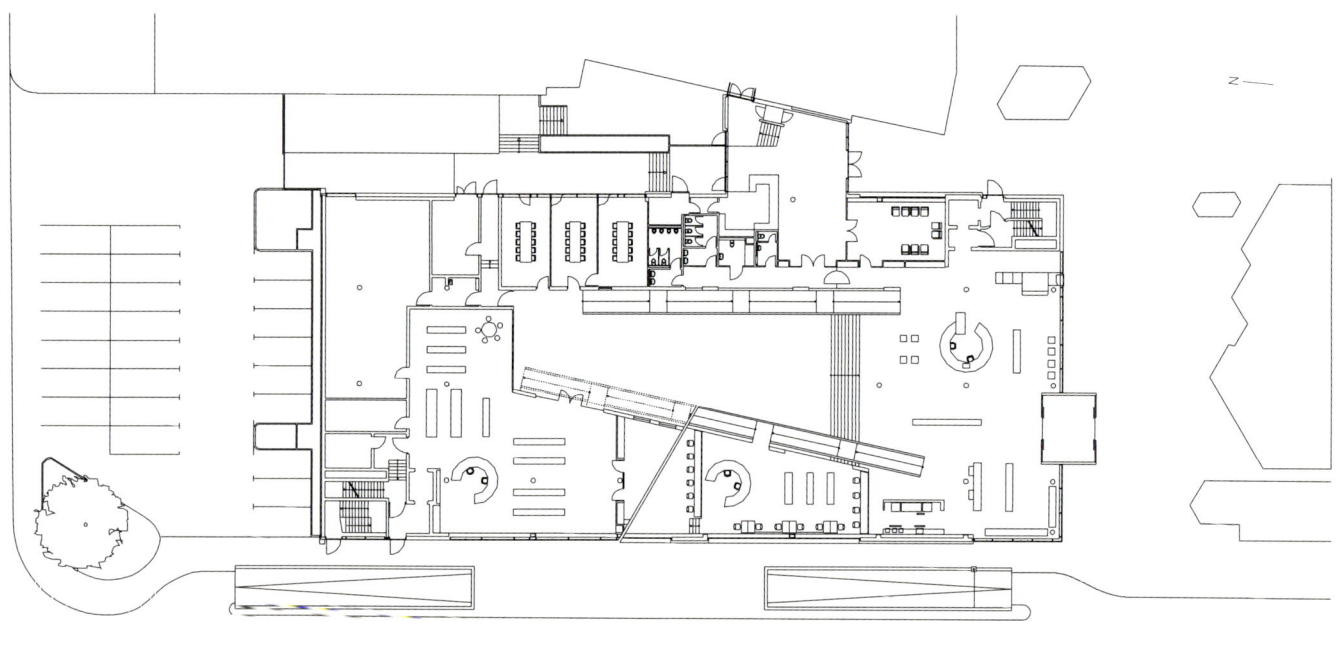

Grundriss Erdgeschoss

165

Eingangsfassade Theaterplatz

168 Mediothek Krefeld

Der geringe Anreiz zum Verweilen auf dem Theaterplatz in Krefeld veranlasste die Stadt, einen Wettbewerb zur städtebaulichen Neuordnung des Quartiers zwischen Ostwall, Sankt-Anton-Straße und Königstraße auszuloben. Die neue Mediothek ist der erste realisierte Abschnitt der geplanten Neugestaltung dieses öffentlichen Raums, zu dem auch das Seidenweberhaus und das Stadttheater gehören. Städtebaulich fügt sich der Neubau wie die alte Stadtbibliothek parallel zum denkmalgeschützten Stadttheater an der Westseite des Theaterplatzes ein.

Auf rechteckigem Grundriss entstand ein klar gegliedertes, 3-geschossiges Gebäude, das sich mit seiner gläsernen Eingangsfassade zum Theaterplatz öffnet. Die offene, einladende Fensterfront wird seitlich durch dunkelgrauen Naturstein gefasst. Weiße, großformatige Fassadenplatten gestalten die Gebäudehülle an ihren Längsseiten. In versetzen Höhen angeordnete, öffenbare Bandfenster bilden dabei den Raumfluss im Gebäudeinnern nach außen ab. Eine auskragende Sichtbetondeckenplatte fasst die unterschiedlichen Fassadenthemen zusammen und bildet als Vordach gleichzeitig den Gebäudeauftakt.

Der Zugang zur Mediothek erfolgt durch den herausgezogenen Haupteingang am Theaterplatz. Über das Foyer, in dem sich Information, Ausstellungs- und Verbuchungstheken befinden, gelangt der Besucher in das glasüberdachte Gebäudeatrium. Hier zeigt sich die außergewöhnliche Innenraumgestaltung, die auf der Idee des »kontinuierlichen Raums« aufbaut: Um das Foyer sowie den zentralen Ausstellungs- und Vortragsbereich ziehen sich Rampen in die Höhe, die die terrassenförmig ansteigenden Ausleihebenen fließend und barrierefrei miteinander verbinden. Der Besucher durchwandert die Mediothek wie auf einer Promenade und erlebt dabei je nach Standort und Ebene immer wieder neue Raumeindrücke.

Die in den offenen Innenraum eingehängten Rampen bestehen aus einer Stahlkonstruktion und sind mit abgerundeten, weißen Gipskartonelementen verkleidet. Darüber hinaus wird das dynamische Raumkontinuum durch den orangeroten Bodenbelag aus Kunstkautschuk bestimmt und durch das weiß-rote Mobiliar sowie die graugrünen Wände spannungsreich inszeniert.

Zur natürlichen Be- und Entlüftung des Gebäudes sind alle Fenster öffenbar und mit außen liegendem Sonnenschutz versehen. Zusätzlich sorgt eine mechanische Be- und Entlüftung an den Stirnseiten für den erforderlichen Luftwechsel im Gebäude. Auf eine zusätzliche Kühlung beziehungsweise Klimatisierung konnte somit verzichtet werden.

Die Architektur der neuen Mediothek inszeniert durch den Leitgedanken des kontinuierlichen Raums spielerisch die Omnipräsenz der Medien. Dabei werden die unkonventionelle Typologie und der großzügige Umgang mit Raum durch die wirtschaftliche Erstellung und den energieeffizienten Betrieb des Gebäudes pointiert. Ein weiteres Beispiel dafür, dass außergewöhnliche Ideen ökonomisch sein können.

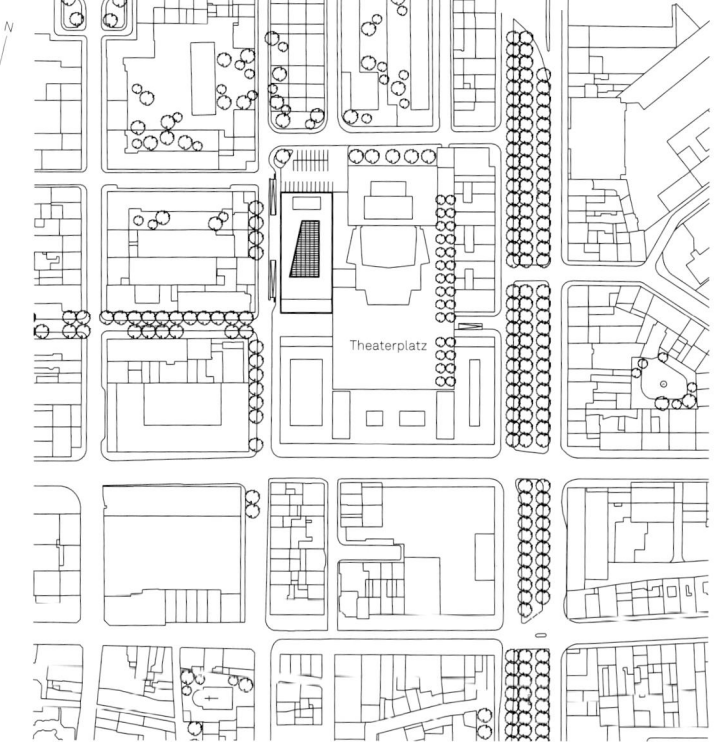

Lageplan

→ Längsfassade
↠ Mediothek am Theaterplatz

Wohnen für junge Leute

Die Symbiose aus maximaler Wirtschaftlichkeit, gestalterischem Anspruch und höchster funktionaler Anpassungsfähigkeit kommt in diesem Projekt geradezu beispielhaft zum Ausdruck. Es entstanden Wohnungen, die bis auf den Sanitärkern eine vollkommen freie Raumaufteilung erlauben. Zudem war es aufgrund einer besonders wirtschaftlichen Konstruktion möglich, die Straßenfront jeder Wohnung vollständig zu verglasen.

Bauherr: Wohnungsbaugenossenschaft Kontakt e.V.
Standort: Leipzig
BGF: 2 951 m²
Wohneinheiten: 26
Fertigstellung: 2000
Wettbewerb: 1. Preis 1998
Auszeichnung: Architekturpreis der Stadt Leipzig, Lobende Erwähnung

Ökonomie

Mensa Ruhr-Universität Bochum

Unter Beibehaltung der vorgegebenen Außenkontur wurde die Mensa der Ruhr-Universität Bochum nach fast 30-jähriger Nutzung umfangreich saniert. Dabei wurden im Inneren die Hauptnutzungsebenen mit dem Ziel größerer Offenheit und Transparenz umgestaltet. Formale Klarheit und zeitgemäße Gestaltungselemente in Kombination mit neuester Technik in der Küche sowie einem innovativen Hygienekonzept ermöglichen Energieeffizienz und Umweltfreundlichkeit.

Bauherr: BLB Dortmund
Standort: Bochum
BGF: 19 000 m²
Baujahr: 1970
Sanierung und Revitalisierung: 2006

Berufsbildungswerk Sachsen

Das Berufsbildungswerk Sachsen bietet körperbehinderten und chronisch kranken Jugendlichen vielfältige Ausbildungsmöglichkeiten und eine umfassende medizinische Betreuung. Durch den modularen Aufbau, die einfache Geometrie und den reduzierten Materialkanon ist ein sehr wirtschaftliches Gebäude entstanden. Die von Geschoss zu Geschoss gespiegelten Sanitärzellen und deren farbliche Gestaltung verleihen dem Haus trotz seiner Strenge Leichtigkeit und eine spielerische Heiterkeit.

Bauherr: Berufsbildungswerk Sachsen GmbH
Standort: Dresden
BGF: 1 974 m²
Betten: 36
Fertigstellung: 2004

Wohnbebauung am Seerhein

Der Gebäudekomplex befindet sich am nördlichen Ufer des Seerheins in Konstanz und orientiert sich mit der offenen Südseite optimal zur Sonne und zum Wasser. Die Baukörperstruktur ist so angelegt, dass eine maximale Flexibilität bei der Gestaltung der Wohnungsgrundrisse gegeben ist. So können die Wohnungen immer wieder neuen Bedürfnissen angepasst werden, was letztlich zu einer Optimierung des Lebenszyklus führt.

Bauherr: Euroland Wohnen am Seerhein GmbH & Co. KG
Standort: Konstanz
BGF: 12 687 m²
Wohneinheiten: 54
Fertigstellung: 2009

Der Begriff »Nachhaltigkeit« taucht mit den Debatten um Klimawandel und steigende Energiepreise immer häufiger in der gesellschaftlichen und politischen Diskussion auf. Die Bedeutung des Wortes ist eindeutig: anhaltend, lange nachwirkend, dauernd. Und damit erklärt sich auch der Begriff der »nachhaltigen Entwicklung«. Gemeint sind Tendenzen, die den Bedürfnissen der jetzigen Generation entsprechen, ohne die Möglichkeiten künftiger Generationen zu gefährden.

Die Agenda 21, die in Rio de Janeiro auf der »Konferenz für Umwelt und Entwicklung der Vereinten Nationen« (UNCED) 1992 verabschiedet wurde, und die Weiterführung der Beschlüsse im Jahr 2002 auf dem »Weltgipfel für nachhaltige Entwicklung« in Johannesburg sind Grundlage für nachhaltige Entwicklungsvorhaben auf der ganzen Welt. Ziel ist es, in den Industrieländern die Wirtschafts-, Energie-, Agrar- und Handelspolitik so anzupassen, dass der Verbrauch natürlicher Ressourcen reduziert werden kann. In den Schwellen- und Entwicklungsländern bezieht sich die Agenda auf Armutsbekämpfung, Bevölkerungspolitik, Bildung, Gesundheit, Trinkwasser- und Sanitärversorgung, Abwasser- und Abfallbeseitigung sowie ländliche Entwicklung.

Spätestens seit diesem Zeitpunkt wird der Begriff auch in der Architektur wahrgenommen. Das Verständnis für Nachhaltigkeit bildet einen wesentlichen Teil der Basis unserer Planungen. Ziel des nachhaltigen Bauens ist es, Gebäude wirtschaftlich effizient, umweltfreundlich und ressourcenschonend zu konstruieren. Zudem sollen die Bauwerke für den Nutzer behaglich und gesund sein und sich in ihr Umfeld einfügen.

Besondere Bedeutung kommt dem Begriff der Nachhaltigkeit in den Wachstumsmärkten und Schwellenländern dieser Erde zu. Hier scheinen – für Bauherren und Investoren – die Ressourcen offenbar unerschöpflich, und alles wirkt machbar, solange es bezahlbar ist. Geld, Finanzkraft und Darstellungsdrang ersetzen hier noch den Begriff von Nachhaltigkeit. Verantwortlichkeit für Umwelt und Gesellschaft finden nur zögerlich ihren Weg in das Bewusstsein dieser Länder.

Umso wichtiger ist es, herausragende »Leuchtturmprojekte« in Schwellenländer zu setzen. Für die Henkel Asia-Pacific and China Headquarters in Schanghai wurde solch ein repräsentativer Gebäudetypus entworfen. Das Zusammenspiel von Haustechnik und Fassadenqualität führt zur Reduktion des Energieverbrauchs um circa 40 Prozent im Vergleich zu herkömmlich errichteten Gebäuden. Der außen liegende Sonnenschutz stellt nur ein kleines Detail dar, verbessert den Energieverbrauch jedoch signifikant. Ist diese Maßnahme in Mitteleuropa eine bauliche Selbstverständlichkeit, so findet man sie in Asien eher selten.

Die Fassadengestaltung des Gebäudes kommuniziert über die an eine Magnolienblüte angelehnte Farb- und Formwahl den Anspruch, landes- und ortstypische Motive und Materialien aufzunehmen. So wurden in den Innenräumen bewusst regionale Hölzer wie Bambus verarbeitet. Sie verhelfen dem Gebäude damit zusätzlich zu einer positiven Energiebilanz und spiegeln die Forderung nach verantwortungsvollem Umgang mit Ressourcen wider. Das Prinzip der Nachhaltigkeit, das in der Planung schwer vermittelbar war, erzählt das Haus heute jedem Besucher ganz von selbst. Ein erfreuliches Erlebnis – und jeder Besucher trägt diese Botschaft weiter.

Nachhaltigkeit
Henkel Asia-Pacific and China Headquarters

Bauherr: **Henkel KGaA** | Standort: **Schanghai** | BGF: **23 000 m²** | Arbeitsplätze: **500**
Fertigstellung: **2007** | Innenarchitektur: **HPP in Zusammenarbeit mit Fingerle & Woeste**

Kommunikationszonen

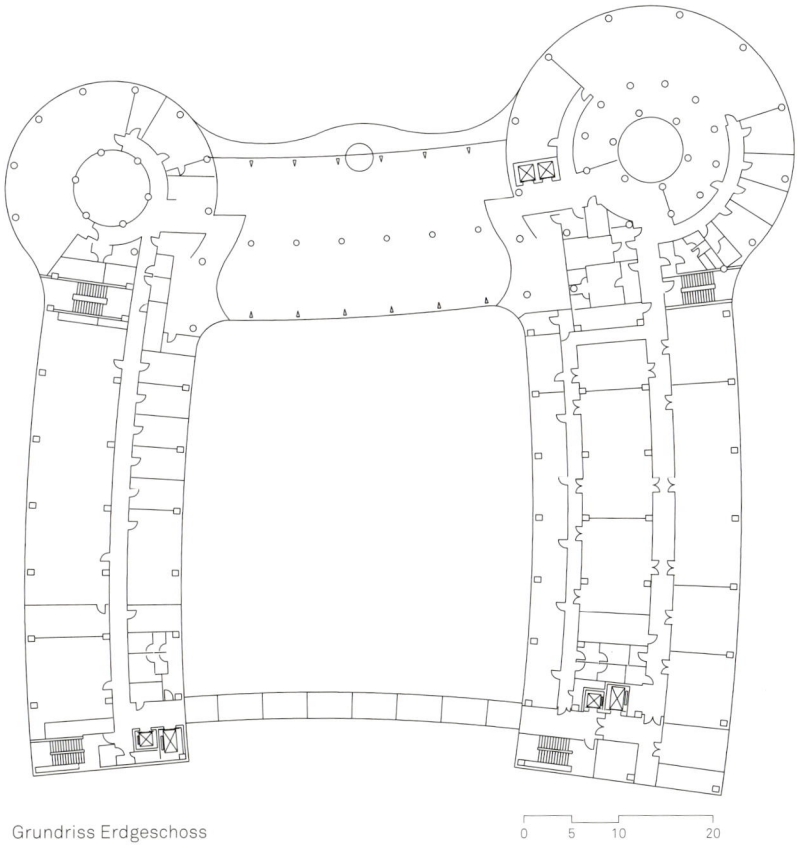

Grundriss Erdgeschoss

Blick auf das Auditorium
Rotunde

→ Innenhof mit Magnolienblüten-Motiv

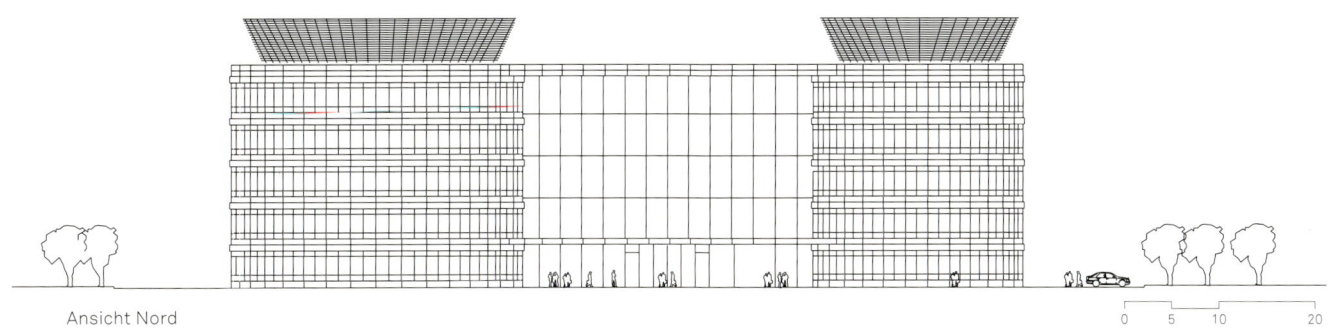

Ansicht Nord

0　5　10　20

Henkel Asia-Pacific and China Headquarters In Pudong, Schanghais boomendem Wirtschaftszentrum am Ostufer des Flusses Huangpu, wurden im Sommer 2007 die China Headquarters der Henkel KGaA fertiggestellt. Das neue Verwaltungs- und Forschungszentrum steht auf einer ehemals unbebauten Grundstücksfläche und präsentiert sich in seiner Grundform als asymmetrisch geschwungenes »U«.

Der Entwurf für den Neubau basiert auf den Themen »Haut« und »Hülle« sowie der Reflexion von Natur innerhalb der Architektur. Die Magnolienblüte als offizielle Blume der Stadt Schanghai stand dabei Pate für unterschiedliche Gestaltungsideen. In funktionaler Hinsicht spiegeln die neuen Headquarters die Identität von Henkel als führendem Hightechunternehmen wider: Umweltfreundlichkeit sowie modernste Gebäudestandards hinsichtlich nachhaltigen Bauens waren die Planungsmaximen. Darüber hinaus sollten die Werte der chinesischen Kultur integriert werden. Ein speziell für dieses Projekt beauftragter Feng-Shui-Berater analysierte die Entwürfe mit dem Wissen um traditionelle chinesische Gebäudeausrichtungen und -konfigurationen.

Das Gebäude ist erdbebensicher als Stahlbeton-Skelettbau ausgeführt. Als auffälligstes Zeichen des Feng-Shui-Einflusses weist der gesamte Baukörper keinen rechten Winkel auf. Mit fünf Obergeschossen und einem Untergeschoss verfügt der Neubau über eine Fläche von 23 000 Quadratmetern Bruttogeschossfläche für circa 500 Arbeitsplätze. Dabei sorgen ein durchgängiges Konstruktionsraster von 5,5 Metern und ein Fassadenraster von 2,75 Metern für größtmögliche Flexibilität sowie variable Büro- und Laborlayouts.

Der zentrale Zugang zum Gebäude erfolgt über das an der Nordseite gelegene, 5-geschossige Eingangsatrium, das gleichzeitig die beiden seitlichen Rotunden verbindet. In den Ebenen 3 bis 5 übernimmt das Atrium die Funktion von Konferenz- und Besprechungsräumen, die sich als eingestellte Glaskuben im Atrium abzeichnen. Aus den Zylindern erfolgt die Erschließung der beiden Gebäudeflügel. Während im Rundbau und Flügel an der Nordostseite hochmoderne Laborbereiche sowie im Erdgeschoss ein repräsentativer Showroom untergebracht sind, befinden sich in der Rotunde sowie im Flügel an der Nordwestseite die Büroflächen, gestaltet als eine Mixtur aus Großraum-, Zellen- oder Teambüros. In den Übergangszonen von der Eingangshalle in die Rotunden liegt je eine von zwei Aufzugsgruppen als zentrales vertikales Erschließungselement, hinzukommen hier die Versorgungseinheiten sowie Teeküchen. Fluchttreppenhäuser wurden außen liegend an den Fassaden angeordnet. Zur Verbesserung der funktionalen Abläufe zwischen dem Labor- und Büroflügel verbinden im rückwärtigen Gebäudebereich zusätzlich Brücken die oberen drei Geschosse. Die einzelnen holzbelegten Stege sind dabei durch eine mit Magnolienblüten bedruckte Glasmembran sowie eine Überdachung vor Witterungseinflüssen geschützt. Ein vorgelagerter 2-geschossiger Baukörper schließt das Gebäudeensemble an der Südseite ab. In ihm befinden sich weitere Schulungs- und Seminarräume sowie ein zusätzlicher Vortragssaal, der in Kooperation mit dem Fraunhofer Institut als »Adhesive University« genutzt wird.

Mit der Planungsanforderung, ein nach westlichen Standards energieeffizientes Gebäude zu bauen, wurde die Fassade als durchgängig vorgehängte Ganzglasfassade in Elementbauweise realisiert. Durch den Einsatz einer Wärmeschutzverglasung sowie thermisch entkoppelter Profile konnte ein Transmissionswert von 1,86 W/qmK erzielt werden. Zusammen mit dem außen liegenden Sonnenschutz, eine für China ebenfalls unübliche Ausführung, wurde der Energieverbrauch des Gebäudes somit um insgesamt 40 Prozent gegenüber dem regionalen Durchschnitt gesenkt.

Das Fassadenkonzept greift in der Farbgestaltung das Thema »Magnolienblüte« auf: Die Ober- und Unterlichter der konvex und konkav gebogenen Doppelverglasung sind mit farbigen Folien in hellen Grün- und Weißtönen hinterlegt, wodurch sich das Gebäude lebendig und harmonisch in die Umgebung integriert. Dass die Integration der chinesischen Kultur auch bei der Innen- und Landschaftsarchitektur eine wichtige Rolle spielte, zeigt sich an der Gestaltung der öffentlichen Bereiche. Form und Farbigkeit der Magnolienblüte wurden auch bei den organisch geformten Teich- und Gartenanlagen im Innenhof, dem Bodenbelag im Eingangsatrium sowie im Betriebsrestaurant interpretiert. Dabei wird das Design durch traditionelle Baumaterialien wie Bambus und Granit oder im Mörtelbett verlegte Kieselsteine unterstützt.

Die Kombination von westlichen Gebäudestandards mit fernöstlichem Feng-Shui führte zu einem außergewöhnlichen Verwaltungsgebäude mit Vorbildfunktion – und dies nicht nur aufgrund seiner positiven Energiebilanz.

Haupteingang
→ Haupteingang mit Rotunden

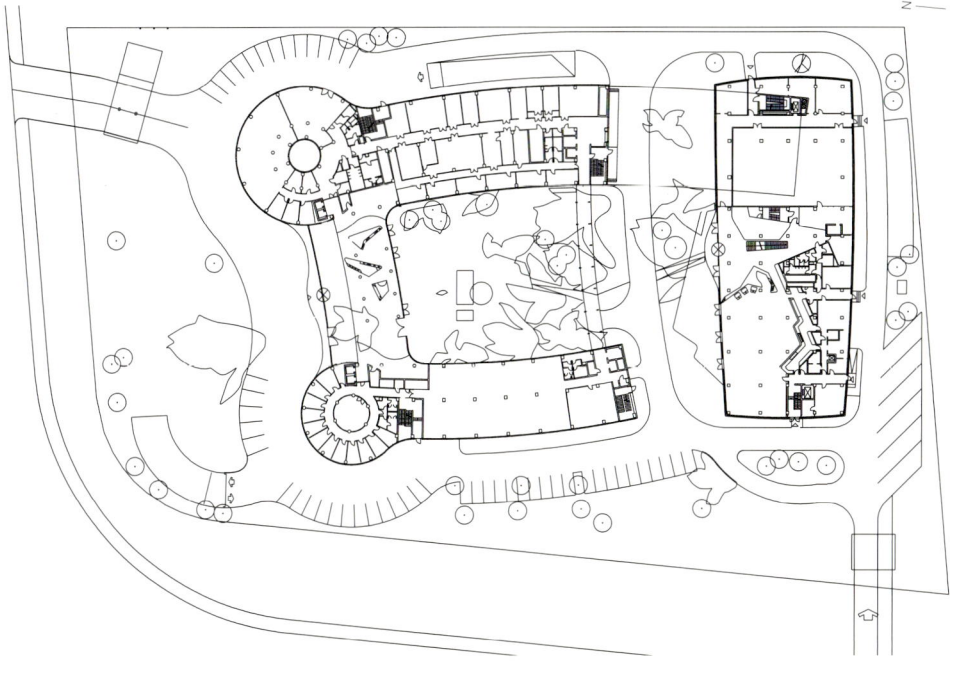

Lageplan

Jugendherberge Xanten

Der als 1. Preis aus einem Wettbewerb hervorgegangene Neubau befindet sich am Ufer des Xantener Südsees. Die Bautyplogie Hofhaus stellt Bezüge zur römischen Geschichte der Stadt sowie zu den nahe gelegenen archäologischen Ausgrabungsstätten her. Das 2-geschossige Gebäude erhielt eine Holzfassade mit geschosshohen Fensterelementen; weiteres nachhaltiges Merkmal ist die Wärmegewinnung durch eine umweltschonende Holzpellet-Heizungsanlage.

Bauherr: Deutsches Jugendherbergswerk Landesverband Rheinland e.V.
Standort: Xanten
BGF: 4 572 m²
Betten: 180
Fertigstellung: 2004
Wettbewerb: 1. Preis 2000

Nachhaltigkeit

Generali Hauptverwaltung

Der Neubau ergänzt die bestehenden Bauten am Standort München-Neuperlach zu einem Gebäudekomplex für 2 200 Mitarbeiter. Das zentrale Rückgrat der über einen Zeitraum von 30 Jahren kontinuierlich erweiterten Gesamtanlage bildet eine in West-Ost-Richtung verlaufende Magistrale. Diese verbindet die drei Gebäude zu einer Funktionseinheit. Eine transparente Glasfassade mit Verschattungselementen strukturiert die Erschließungsachse und bietet mit Fotovoltaikanlagen die Möglichkeit der aktiven Solargewinnung.

Bauherr: Generali Versicherung AG
Standort: München
BGF: 54 900 m²
Arbeitsplätze: 1 150
Fertigstellung: 2005

Städtisches Klinikum St. Georg

Der neue Zentralbau fügt sich in den 1908 entwickelten Masterplan eines typischen Pavillonsystems folgerichtig ein. Zwei parallele Längstrakte werden über drei Zwischenbauten verbunden. Die Konstruktion des Neubaus mit ihren filigranen Glasfassaden setzt sich bewusst von den denkmalgeschützten Altbauten der Jahrhundertwende ab. Die Gestaltung der Pflegestationen bricht auf erfrischende Weise mit typischen Krankenhausklischees. Die einzelnen Patientenzimmer sind bis ins kleinste Detail durchdacht und entwickeln in Zusammenhang mit dem Farb- und Materialkonzept einen unaufdringlichen Charme. Dass eine Krankenhausanlage, die vor über 100 Jahren geplant wurde auch heute noch logisch erweitert werden kann, spricht für die Nachhaltigkeit des Konzeptes.

Bauherr: **Städtisches Klinikum St. Georg**
Standort: **Leipzig**
BGF: **23 500 m^2**
Betten: **246**
Fertigstellung: **2002**
Wettbewerb: **1. Preis 1998**

Ob Zeit schnell oder langsam vergeht, hängt mit dem persönlichen Empfinden einer Situation zusammen. Das Warten auf eine geliebte Person kann sich zu einem schier endlosen Moment ausdehnen, der unfreiwillige Abschied dagegen vergeht oft wie im Flug. Aber egal, in welchem Tempo die Zeit vergeht, wir empfinden sie als etwas, das voranschreitet, das den Ablauf eines Geschehens begleitet und Ereignisse in eine fortlaufende Ordnung bringt. Und so strukturieren die Begriffe »Vergangenheit«, »Gegenwart« und »Zukunft« unser Verständnis für Zeit. Dieses hängt eng mit dem sogenannten Kausalitätsbegriff zusammen. Das heißt: Ursache und Wirkung folgen unweigerlich aufeinander.

Zeit begleitet Prozesse sowie Architektur gleichermaßen und steht für die Veränderung von Zuständen. Die historischen Begebenheiten, die zu einem Bauwerk gehören, sind zwar unveränderlich, aber die weitere Geschichte kann naturgemäß durch bauliche Veränderungen beeinflusst werden.

Die Vergangenheit der Kölner Rheinhallen ist sehr bewegt. Entstanden sind sie in den 1920er-Jahren auf den Rheinwiesen, dem Dom gegenüber. Sinn und Zweck der Errichtung war die Kölner Messe. Sie sollte der Stadt ein neues Gesicht geben und ihre Vormachtstellung am Rhein behaupten. Die feierliche Eröffnung fand im Jahr 1924 statt, 4 Jahre später entstand nach dem Entwurf von Adolf Abel eine einheitliche Fassade für die Hallen und ein weiteres Wahrzeichen des Geländes: der Messeturm. Der Turm überdauerte auch in den Folgejahren alle Höhen und Tiefen des Messegeländes und wurde sogar in den 1990er-Jahren zum Medienstar, als Erich Böhmes und Sandra Maischbergers wöchentliche Gesprächsrunde »Talk im Turm« von dort ausgestrahlt wurde.

Doch auch zwischen der Errichtung des Messeturms und dem medialen Großereignis liegen noch wesentliche Geschehnisse, die zur Geschichte der Kölner Messe beitragen. So wurden keine 20 Jahre nach Fertigstellung des Messeturms die Haupthalle sowie die Hallen Süd, Ost und West zerstört und nach den Kriegswirren durch eine den gesamten Innenbereich der Messe überdeckende, durchgehende Hallenkonstruktion ersetzt. Was die Zeit aus den Entstehungsjahren der Messe überdauerte, war die Fassade. Die Messe erhielt so ihr Erscheinungsbild bis heute weitgehend aufrecht. Allerdings konnten die Funktionalität und bauliche Struktur den Anforderungen einer heutigen Messe nicht mehr genügen. Das Ziegelkorsett der alten Hallen wurde deshalb abgestreift und die Messe zog in eine neue Hülle um.

Bald zieht ein neuer »Mieter« in die historischen Hallen. Der Privatsender RTL verlegt seinen Hauptsitz hierher, bis zur Einweihung vergeht nicht mehr viel Zeit: Frühjahr 2009 ist anvisiert. Von der alten Messe bleiben das Gesicht, die umschließende Fassade, der Messeturm und das Vestibül. Im Inneren entsteht eine zeitgemäße und hochkommunikative Büro- und Funktionsstruktur. Der Stadt Köln bleibt so ein städtebauliches Wahrzeichen erhalten, das auch in Zukunft Bestand haben wird.

Die Messe am alten Standort ist Vergangenheit. Die Zukunft gehört RTL. Von dort aus wird dann ab dem nächsten Jahr allabendlich das Programm gesendet, das uns den Pulsschlag der Welt nach Hause bringt. In Häppchen, getaktet und eines nach dem anderen.

Zeit Rheinhallen Köln

Nutzer: **RTL Television, Talanx** | Standort: **Köln-Deutz**
BGF: **163 000 m²** | Arbeitsplätze: **4 000** | Fertigstellung: **2009**

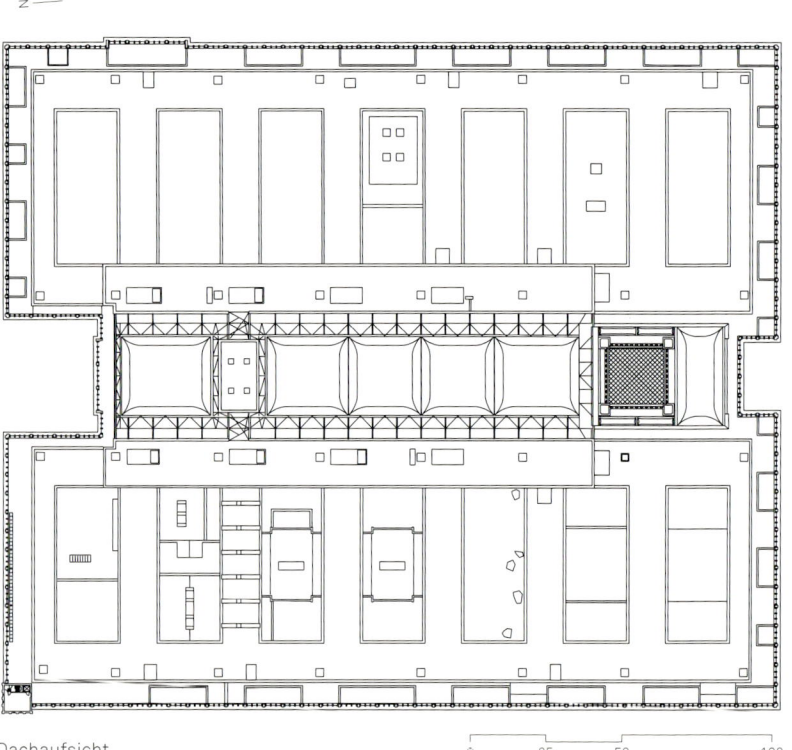

Dachaufsicht 0 25 50 100

Verbindungsgebäude RTL

→ Parkhaus
→ Messeturm
← Haupteingang RTL

Rheinhallen Köln Die Rheinhallen in Köln wurden 1924 auf Initiative des damaligen Oberbürgermeisters Konrad Adenauer am rechten Rheinufer in Deutz errichtet, mit direkter Sichtbeziehung zum Kölner Dom. Durch mehrmalige Erweiterungen entstand innerhalb kurzer Zeit ein uneinheitliches Bild. Anlässlich der *Internationalen Presseausstellung (Pressa)* 1928 wurden die heterogenen Ausstellungshallen daher durch eine Randbebauung mit einheitlicher Backsteinfassade zu einem Gesamtkomplex zusammengefasst. 2005 gingen die bis zu diesem Zeitpunkt als Messegelände genutzten und von der Koelnmesse in Erbpacht übernommenen Hallen zurück an die Stadt Köln. Seit der Entscheidung des zukünftigen Hauptmieters RTL für diesen Standort wird das denkmalgeschützte Gebäudeensemble, bestehend aus der expressionistischen Ziegelfassade, dem an der Nordwestseite gelegenen Messeturm sowie dem Ehrenhof, komplett umgebaut und saniert.

Unter Beibehaltung des architektonischen und städtebaulichen Erscheinungsbildes entsteht hinter der denkmalgeschützten Fassade ein hochmoderner Verwaltungskomplex mit integriertem Sendezentrum für die beiden Hauptnutzer RTL und die Versicherungsgruppe Talanx. Dafür wurden die ursprünglichen Hallen abgerissen und durch zwei kammartige, 4-geschossige Baukörper ersetzt, die sich der Höhe der bestehenden Fassade anpassen. Zur Erschließungshalle in der Mitte der beiden Baukörper steigt die Gebäudehöhe auf sechs Geschosse an. Mit einer Länge von 200 Metern bildet die Halle die Verbindung zwischen Ehrenhof und Tanzbrunnen und kann aufgrund ihrer innovativen Überdachung mit einer Folienkissenkonstruktion zugleich als flexibler Raum für Sonderveranstaltungen genutzt werden. Ein zentraler gläserner Baukörper im Norden der neuen Erschließungshalle dient als Haupteingang und Verbindungsbau für RTL sowie als zeitgemäßes Pendant zum historischen Ehrenhof im Süden. In diesem wurde eine »Skylobby« als Haupteingang für Talanx integriert. An seiner Nordostseite erfährt das Ensemble durch das neue 7-geschossige Parkhaus eine Erweiterung. Es bietet Platz für circa 2 000 Pkws und ist über eine Brücke mit der Rheinhalle verbunden. Auf dem Dach des Parkhauses werden die SAT-Antennen des Fernsehsenders aufgestellt.

Die historische Ziegelfassade wurde durch eine Stahlskelettkonstruktion statisch unterstützt, mit neuen Zinkblechverkleidungen versehen und gereinigt. Die Kamm- und Riegelfassaden der neuen Baukörper sind als elementierte, raumhoch verglaste Leichtmetallfassaden konzipiert. Jede zweite Fensterachse erhält einen Öffnungsflügel, sodass alle Büros über Außenfenster natürlich belüftet werden können. Die Hallenfassaden erhalten als Gliederungselement eine vorgehängte Stahlrahmenkonstruktion. Die geschlossenen Paneele der Hallenfassade sind mit Akustikelementen in Form einer gelochten Holzverkleidung ausgestattet. Mit ihrem rötlichen Farbton lehnen sie sich an die rote Ziegelfassade an und verleihen der Halle eine warme Atmosphäre.

In den Obergeschossen der beiden Baukörper befinden sich ausschließlich Büroflächen, wobei die gewählte Gebäudeform aus Kamm und Riegeln eine differenzierte Gestaltung unterschiedlicher Büroorganisationsformen, als Zwei- und Dreibundanlage, von Zellen- bis hin zu Großraumbüros, zulässt. Im Erdgeschoss sowie in Teilen des 1. und 2. Obergeschosses sind Sonderbereiche wie Kantine und Besprechungsräume untergebracht, die Technik- und Lagerflächen befinden sich im Untergeschoss. RTL übernimmt mit circa 80 000 Quadratmetern Bruttogeschossfläche den größten Teil der Hallen. Dabei sind der Sendebetrieb und die Redaktionen auf der Westseite angeordnet, die Sendeabwicklung im Osten.

Der Architektur der Bestandsbauten folgend stellen die inneren Baukörper eine Symbiose aus respektvollem Umgang mit den denkmalgeschützten Bereichen und der zeitgenössischen Architektursprache eines Neubaus dar. Die Massivität der dunklen Ziegelfassade als Außenhaut und die dezente Transparenz der inneren Struktur erzeugen eine kontrastreiche und gleichzeitig aufeinander abgestimmte Gesamtwirkung.

→ Veranstaltungshalle
↠ Blick auf den Gesamtkomplex

Zeit

Bundesministerium der Finanzen

Das Gebäude hat seit seiner Errichtung 1936 eine wechselvolle und größtenteils unliebsame Geschichte durchlaufen. Satt dem auf Abbruch drängenden Gutachten zu entsprechen wurde die historische Herausforderung, die dieses Gebäude bedeutet, angenommen. Die Herrichtung erwies den historischen Phasen des Hauses Respekt und bemühte sich unter Beibehaltung der Bauwerksgeometrie vor allem um jahrzehntelang aufgeschobene Reparaturen.

Bauherr: **Bundesbauamt Berlin III**
Standort: **Berlin**
BGF: **111 293 m²**
Arbeitsplätze: **2 500**
Baujahr: **1936**
Umbau und Sanierung unter denkmalpflegerischen Aspekten: **2000**
Auszeichnung: **Licht-Architektur Preis 2001**

Neuer Stahlhof

Der von Paul Bonatz in den 1920er-Jahren errichtete Stahlhof erfuhr bis in die späten 1990er-Jahre eine Reihe von baulichen Veränderungen, teilweise durch Kriegsschäden bedingt. Die Sanierung verfolgte daher vor allem das Ziel, die ästhetischen und geschichtlichen Werte des Baudenkmals zu erhalten. So wurde dessen äußere und teilweise auch innere Gestalt durch die konsequente Umsetzung der Planung von Bonatz wiederhergestellt, bei gleichzeitiger funktionaler Ertüchtigung der Nutzflächen.

Bauherr: **Tishman Speyer Properties Deutschland GmbH**
Standort: **Düsseldorf**
BGF: **16 250 m²**
Baujahr: **1928**
Sanierung und Revitalisierung unter denkmalpflegerischen Aspekten: **2002**

Dreischeibenhaus

Der Verwaltungsbau für die Phoenix-Rheinrohr AG (ab 1964 Thyssen-Konzern) gilt als einer der Höhepunkte der deutschen Nachkriegsarchitektur. Mit zeichenhaftem Charakter erfüllt das Dreischeibenhaus bis heute seine kommunikative, städtebauliche Funktion und ist als Solitär zwischen Hofgarten und Schauspielhaus ein einzigartiges Architekturzeugnis.

Bauherr: Thyssen AG
Standort: Düsseldorf
BGF: 33 700 m²
Baujahr: 1960
Revitalisierung: 1994
Wettbewerb: 1. Preis 1955
Auszeichnung: BDA-Plakette 1969

Essays

Rudi Assauer
Gregor Bonin
Daniel von Borries
Willi Fährmann
Hans-Dietrich Genscher
Annette Görtz
Wolfram Goertz
Peter Hennicke
Peter Kern
Mischa Kuball
Bernd M. Michael
Alexander Otto
Fritz Pleitgen
Peter Cachola Schmal
Zheng Shiling
Raimund Stecker
Frank R. Werner
Hans-Werner Zawisla

Fünf neue Sterne im »Kleinkosmos« Düsseldorfer Innenstadt

Gregor Bonin zum Breidenbacher Hof

Versteht man die Düsseldorfer City als eine Art »Kleinkosmos«, so stellen die einzelnen Gebäude und die geschlossene Blockbauweise Planeten in einem Sternbild dar. Das Sternbild im Zentrum Düsseldorfs, also die baulich-räumliche Struktur, ist für seine Besucher nicht auf den ersten Blick erkennbar und noch weniger durchschaubar. Kaum ein anderer Stadtraum ist so vielfältig, abwechslungsreich, spannend und kompakt wie der Bereich rund um die Königsallee, die Altstadt und die Schadowstraße: Einzelhandel in all seinen möglichen Facetten, Kunst und Kultur mit einem breit gefächerten Angebot, Gastronomie für die verschiedensten kulinarischen Geschmäcker. Zur Orientierung in diesem aufgeladenen Raum wünscht man sich eine Architektur, die einerseits beruhigt und sich eingliedert, andererseits Identität schafft und Images transportiert. Gebäude sind in diesem Zusammenhang Träger ökonomischer, sozialer, kultureller oder auch politischer Bedeutung.

Durch den Neubau des Breidenbacher Hofs ist das Sternbild im Zentrum Düsseldorfs um fünf neue Sterne erweitert worden. Doch welche Bedeutung übernehmen diese Sterne im Kontext des »Kleinkosmos« Düsseldorfer Innenstadt? Zunächst einmal stehen sie für Luxus, Prestige und Eleganz. Für mich als Planungsdezernent stehen die fünf Sterne des neuen Breidenbacher Hofs für:

Integration in die vorhandenen Strukturen Kaufhof an der »Kö« und Carsch-Haus sowie das Komplettieren des innerstädtischen Ensembles am zentralsten Punkt Düsseldorfs – zwischen Königsallee, Theodor-Körner-Straße und Heinrich-Heine-Allee. Integration heißt Einordnen in das vorhandene Gefüge, nicht kopieren, nicht unterordnen. Der historisch gewachsene Charakter dieses Teilbereiches wird durch geschickte Materialauswahl, Höhenentwicklung, Formen- und Detailplanung respektiert. Der Breidenbacher Hof als Raumabschluss im innerstädtischen Zusammenhang gewährt neue und bessere Orientierungsmöglichkeiten.

Nutzungsvielfalt durch die Verbindung von hochwertigen Einzelhandelsflächen, anspruchsvollen Wohnungen und Büros sowie der eigentlichen Hotelnutzung. Hierdurch werden zum einen ein fließender Übergang zwischen den beiden Einzelhandelslagen Flinger Straße und Königsallee und zum anderen spezielle Wohn- und Arbeitsformen im Hinblick auf Devisen wie »Großstadt als Lebensraum« und »Zurück in die Stadt« geschaffen.

Lebensqualität mit dem vorrangigen Ziel, die »neue« Szenerie des Breidenbacher Hofs im Zentrum Düsseldorfs in ihrer Erlebnisqualität wahrnehmbar zu machen. Somit werden die schon zahlreich existierenden Kulissen für die verschiedenen Lebensstilgruppen einer bunten, städtischen Gesellschaft um eine weitere ergänzt.

Traditionelle Moderne als Verknüpfung von Vergangenheit und Zukunft. Die Historie des Standorts im Stadtraum Düsseldorf wird mit den unterschiedlichen Anforderungen zukünftiger Entwicklungen geschickt verflochten. Der neue Breidenbacher Hof steht symbolisch für diesen Brückenschlag zwischen Bewahrung traditionsreicher Elemente bei gleichzeitiger Anpassung an zeitgemäße Erfordernisse.

Vereinigung zu einer Ganzheit der Düsseldorfer Innenstadt. Der neu errichtete Breidenbacher Hof mit seiner hochwertigen Architektur im städtebaulichen Kontext, mit seiner Nutzungsmischung in funktionaler Hinsicht, mit seiner gesellschaftlichen Erlebnisorientierung bei gleichzeitig respektvollem Umgang mit der Historie dieses Standortes, ist die Versinnbildlichung für die Erhaltung, Stärkung und Profilierung der City und ihrer großstädtischen Attraktivitäten.

Bei einem abschließenden Blick in die Sterne wünsche ich dem »Kleinkosmos« Düsseldorfer Innenstadt weiterhin viel Kreativität, anhaltenden Enthusiasmus und Lebendigkeit, damit die in naher Zukunft zu erblickenden Sterne »Wehrhahnlinie« und »Kö-Bogen« ebenso viel Kraft und Energie ausstrahlen – denn die spürt man, wenn man unsere Stadt erlebt.

Gregor Bonin ist Beigeordneter für Planen und Bauen der Stadt Düsseldorf.

Super!
Manager, so machen wir das!

Nach einem Umweg über Oldenburg kam ich im April 1993 zurück nach Gelsenkirchen. Um den FC Schalke 04 stand es damals nicht besonders gut und mein erklärtes Ziel war es, den Verein in der Bundesliga ganz nach vorn zu bringen und international mitzuspielen. Zu diesem Zeitpunkt machte sich das Präsidium bereits Gedanken über eine Stadionsanierung oder einen Stadionneubau. Die Thematik ergab sich aus dem Bergsenkungsgebiet, in dem das Parkstadion stand. Infolge des Kohleabbaus in der Region lief das Stadion Gefahr, sich von einem auf den anderen Tag zu verändern, sodass Teile der Tribüne über Nacht abzusacken drohten. Als dann die Betonkonstruktion tatsächlich erste Risse zeigte, wurde das Risiko einfach zu hoch und es bestand akuter Handlungsbedarf. Natürlich habe ich mich zuerst informiert, wie ein Stadionumbau beziehungsweise der Neubau einer Tribüne bei laufendem Betrieb hätte aussehen können, wie lange man dafür braucht und vor allem wie viele Zuschauer in dieser Zeit in das Stadion passen würden. Das Parkstadion hatte eine Kapazität von 70000 Zuschauern. Eine neue Tribüne hätte 2 Jahre Bauzeit sowie eine Zuschauerkapazität von maximal 35000 Personen bedeutet – für den Verein und die Fans absolut untragbar. Gemeinsam mit dem Vereinsvorstand fiel somit die Entscheidung für den Neubau eines Stadions.

Die Idee für die Arena »AufSchalke« ist Hans Sanders und mir bei einem Sonntagsspaziergang gekommen. Hans Sanders arbeitete damals für die niederländische HBM (Messtechnik GmbH), die zu diesem Zeitpunkt das Gelderland-Stadion in Arnheim baute, den kleinen Bruder der Schalke-Arena. Wir diskutierten, philosophierten und begannen, erste Skizzen aufs Papier zu bringen. Seitdem trafen wir uns jeden Sonntagvormittag in meinem Büro und entwickelten das Projekt quasi als Zwei-Mann-AG. Ich hatte von Anfang an den Wunsch, eine Multifunktionsarena bauen zu lassen. Die Vision für das Projekt bestand darin, den Verein für alle sichtbar in eine neue Zeit zu führen, ein hochmodernes Vereinsstadion zu bauen, das in Europa seinesgleichen sucht, und der Region einen neuen Impuls zu geben. Die Idee für das herausfahrbare Spielfeld wurde vom Gelderland-Stadion inspiriert. Dort wurde eine ähnliche Konstruktion kurz zuvor das erste Mal angewendet, allerdings mit großen Problemen. Der Rasen erhielt nicht genügend Tageslicht sowie natürliche Bewässerung und musste ständig ausgetauscht werden. Ich fuhr damals regelmäßig nach Arnheim, um das Prinzip und die Funktion des Verschubs zu überprüfen und um nach Verbesserungsmöglichkeiten zu suchen.

Meine persönliche Entscheidung fiel jedoch erst, nachdem wir mit 5000 Schalke-Fans nach Arnheim gereist sind. Nach unserem UEFA-Cup-Sieg gegen Inter Mailand im Winter 1996/97 haben wir unsere Fans eingeladen und sind mit 100 Bussen zum Gelderland-Stadion gefahren. Dort fand ein Freundschaftsspiel zwischen Vitesse und Schalke 04 statt und zu diesem Anlass stellten wir den »Königsblauen« das Stadion vor. Nach dem Spiel fragte ich die Fans: »So Fans, so stelle ich mir unser neues Stadion vor. Habt ihr was zu monieren?« Worauf die »Königsblauen« antworteten: »O.K., super! Manager, so machen wir das!«

Ich kann mich noch gut an die Widerstände und die vielen Tausend Zweifler erinnern, von denen das Projekt von Anfang an und bis zum Schluss begleitet wurde. Nicht wenige hielten mich damals für verrückt, vor allem wegen des herausfahrbaren Rasens. Nachdem die Finanzierung des Stadionneubaus stand – das Bauwerk ist im Übrigen rein privat finanziert und ganz ohne öffentliche Zuschüsse entstanden – führte der damalige DFB-Präsident Egidius Braun am 21. November 1998 den ersten Spatenstich aus. Gut zweieinhalb Jahre später wurde am 13. und 14. August 2001 die neue Arena »AufSchalke« mit einem Freundschaftsturnier offiziell eröffnet. Dabei war die ganze Fußballprominenz anwesend: Egidius Braun, Sepp Blatter, Franz Beckenbauer & Co. Mir wurde die große Ehre zuteil, die Arena zu eröffnen und ich weiß noch, dass ich kurz davor war, zu heulen. Aus meinem Traum war Wirklichkeit geworden. Allein ist ein solches Projekt natürlich nicht zu schaffen, dazu braucht man die richtigen Leute, das richtige Team. Auch heute noch bin ich stolz, vor allem weil keiner dem »Kleckerverein« Schalke 04 zugetraut hat, dass er als Erster in Europa ein solches Stadion baut und sowohl bei Bundesliga-Spielen mit 60000 Zuschauern als auch bei allen anderen Veranstaltungen – Opern, Popkonzerten und insbesondere beim Biathlon mit 54000 Plätzen – die Hütte regelmäßig voll ist. Dabei werden riesige Summen umgesetzt, von denen auch die Region profitiert. Etwas Besseres als dieser Stadionbau zum richtigen Zeitpunkt konnte uns im Revier nicht passieren.

Für mich ist und bleibt die Arena »AufSchalke« die größte Geschichte, die ich jemals durchgezogen habe. Zwar habe ich viele Geschichten erlebt, aber das, was das Stadion hergibt, ist außergewöhnlich und bombastisch. Die Arena ist vielleicht keine Champagner-Hochburg, aber auch nicht weniger als das modernste Stadion Europas. Die Multifunktionalität ist der reine Wahnsinn.

Rudi Assauer, Fußballer, Bundesliga-Trainer und -Manager, Testimonial und Moderator, war von 1981–1986 sowie 1993–2006 Manager des FC Schalke 04.

Rudi Assauer zur Arena »AufSchalke«

Wenn Hülle zum sinnlichen Erlebnis wird

Annette Görtz zum Parkhaus am Zoo

Optik, Haptik und Funktionalität – die perfekte Hülle steht in der Mode und der Architektur vor den gleichen Herausforderungen. Alle drei Komponenten in einen harmonischen Einklang zu bringen, macht den guten Entwurf aus.

Was gut aussieht, muss sich nicht zwangsläufig gut anfühlen oder gar zweckmäßig sein. Und umgekehrt ist noch lange nicht alles schön, was funktionell ist. Das für mich wichtigste Kriterium im Design ist die Individualität. Ich finde es interessant, wenn Architektur und Design übliche Wege verlassen und mit neuen Materialien und Formen experimentieren. Auch in der Mode reizt es immer wieder, ungewöhnliche Materialien einzusetzen. Sie können neue Entwurfsmöglichkeiten, aber auch Grenzen der Gestaltung aufzeigen. Das macht es letztlich so spannend. Bambus, ein Rohstoff, den ich als Faser bereits eingesetzt habe, ist ein widerstandsfähiges Naturmaterial mit einer sehr angenehmen und durchaus sinnlichen Optik.

Außergewöhnliche Materialien wirken oft ausdrucksstärker in einer eher schlichten Formgebung. Dies ist beim Parkhaus am Zoo in Leipzig eindrucksvoll gelungen. Die äußerlich geschlossen wirkende Bambusfront des Parkhauses stellt sich innen sehr transparent und leicht dar. Überall fällt Tageslicht durch die Stäbe und erhellt den Innenraum. Von außen wie von innen lässt sich erahnen, was hinter den Bambusstäben geschieht. Sie bilden die Grenze und sind gleichzeitig ungewöhnliche Außenwand, Geländer und Fenster. Wichtige Komponenten der perfekten Hülle sind somit erreicht: Schutz, ein angenehmes »Innengefühl« und eine attraktive Wirkung auf die Außenwelt.

Persönlichkeit und Charakter auszudrücken sollte für jeden Menschen wichtig sein und auch beim Stadtbild berücksichtigt werden. Leider kommt dies in vielen Städten wohl aus finanziellen oder kommerziellen Gründen oft zu kurz. In der Architektur sind »Designsünden« naturgemäß länger eine Zumutung als bei dem schnellen Wechsel von Trends in der Modebranche. Im Falle von positiven Beispielen beneide ich wiederum die Architektur für diese »Haltbarkeit«. Gerne würde ich mich manchmal auf ein Kunstwerk konzentrieren und nicht auf zweihundert neue Modelle in der Saison. Den Zeitgeist widerzuspiegeln, ohne sich nach Jahren lächerlich gemacht zu haben, und unverkennbar zu bleiben ist das Ziel. Natürlich ist mehr Kreativität gefordert, wenn man aus preiswerten Materialien die »Sinnlichkeit« herauskitzeln will. Im Modebereich wie in der Architektur gibt es hier schon viele Beispiele, dass »gut« nicht gleich »teuer« bedeutet.

Reduzieren wir Mode und Architektur auf Funktionalität, die nur eine von vielen wichtigen Komponenten ist, verliert unsere Welt an Individualität und Facettenreichtum. Plattenbauten und Mao-Jacken haben zum Glück schon Ihre Halbwertszeit überschritten.

Annette Görtz ist Modedesignerin und geschäftsführende Gesellschafterin des Unternehmens Görtz-Welsch Modedesign. Ihr Modelabel annette görtz steht für Klarheit, Zeitlosigkeit und Kompromisslosigkeit und dafür erhielt sie 1995 den Mode-Design-Preis NRW.

Realisierte Vision eines Hauptbahnhofs für das 21. Jahrhundert

Alexander Otto über die
Promenaden Hauptbahnhof Leipzig

Deutschlands Bahnhöfe prägen vielfach durch ihre unverwechselbare und beeindruckende Architektur die Identität der Städte. Für Neuankömmlinge sind sie das erste Bild, das die Stadt ihnen bietet und damit gewissermaßen deren Visitenkarte. Umso wichtiger ist es, dass Bahnhöfe als positive Orte voller Leben empfunden werden. Ein attraktives, sauberes und sicheres Bahnhofsinneres hat Strahlkraft auf sein gesamtes urbanes Umfeld.

Nach der Wiedervereinigung startete die Deutsche Bahn AG die Revitalisierung von Verkehrszentren, um sinkenden Fahrgastzahlen durch Attraktivitätssteigerung der Bahnhöfe zu begegnen. Die Neugestaltung des Querbahnsteigs im Leipziger Hauptbahnhof nach den Entwürfen von HPP Hentrich-Petschnigg & Partner und der Generalplanung durch die ECE wurde dabei zum Pilotprojekt. Entstanden ist unter Beibehaltung der historischen Architektur ein beispielloses Einkaufs- und Dienstleistungszentrum: die Promenaden Hauptbahnhof Leipzig.

Die starke Veränderung unserer Gesellschaft birgt enorme Chancen für die Belebung und Aufwertung des Images unserer Bahnhöfe. Wir sind deutlich mobiler, was dazu geführt hat, dass wir immer längere Arbeits- und Reisewege auf uns nehmen. Im Sinne eines optimalen Zeitmanagements nutzen viele Pendler und Reisende die Wartezeiten auf den Zug zur Erledigung von Einkäufen. Auch das Essen findet immer stärker unterwegs statt. Große Verkehrsstationen mit teilweise mehreren Hunderttausend Besuchern am Tag können von diesem Trend profitieren. Dies gilt umso mehr, als hier für bestimmte Warengruppen ein Einkauf selbst an Sonn- und Feiertagen möglich ist.

Heute ist der Leipziger Bahnhof mit täglich über 100 Fern- und fast 550 Nahverkehrszügen sowie rund 230 S-Bahnen und rund 150 000 Reisenden ein bedeutendes Verkehrskreuz in Deutschland. Gleichzeitig sind die Promenaden eines der am stärksten frequentierten Shoppingcenter Deutschlands. Die Promenaden schaffen als repräsentatives Eingangstor eine perfekte Anbindung an die historische Innenstadt und erweisen sich als Frequenzbringer für diese. Die Errichtung des Shoppingcenters im Bahnhof war somit eine Initialzündung für die Revitalisierung der gesamten Leipziger Innenstadt.

Dem Leipziger Vorbild folgte nach Generalplanung der ECE die Revitalisierung der Hauptbahnhöfe in Köln und Hannover. Sie sind die realisierte Vision eines Hauptbahnhofs für das 21. Jahrhundert: attraktiver und sicherer Knotenpunkt für die Reisenden, Identifikationssymbol für die Stadt, Imageträger für die Deutsche Bahn und Ertragsgarant für die Investoren. Der Beweis für den Erfolg dieses Konzeptes ist eine Infas-Befragung, nach der die Kundenzufriedenheit in diesen drei Bahnhöfen am größten ist.

Auch mehr als 10 Jahre nach der Revitalisierung blicken wir voller Stolz auf den Leipziger Hauptbahnhof. Der Umbau war eine große Herausforderung, die nur dadurch zu bewältigen war, dass alle beteiligten Akteure – also Stadt, Deutsche Bahn AG, Investor, Bürgerinnen und Bürger, Architekten sowie ECE – gemeinschaftlich als Partner für die Realisierung dieses Projektes einstanden. Seither verknüpft die ECE eine besonders enge Beziehung mit der Stadt Leipzig, die sich nicht zuletzt darin widerspiegelt, dass es für jeden unserer Centermanager eine Auszeichnung bedeutet, in den Promenaden die Leitung zu übernehmen.

Alexander Otto ist Vorsitzender der Geschäftsführung der ECE Projektmanagement GmbH & Co. KG.

»Santander New Work«

Peter Kern über die
Santander Consumer Bank

Massive Veränderungen in den Strukturen und Prozessen der Arbeitserbringung machen es heute notwendig, die Arbeitsgestaltung im Büro zu überdenken und neue Konzepte und Lösungen umzusetzen. Arbeit verändert sich radikal: Strukturen, Arbeitsorte und auch die Arbeitszeit sind immer weniger stabil. Flexibilität und Anpassungsfähigkeit sind die wesentlichen Anforderungen unserer Zeit.

Wir beobachten diesen Trend in mehrfacher Hinsicht. Einerseits wächst die Arbeit über die »Mauern« der Bürogebäude hinaus: Arbeiten im Auto, in der Bahn und im Flugzeug mittels WLAN und UMTS. Arbeiten am Bahnhof, am Flughafen und im Café über entsprechende Accesspoints. Arbeiten bei Kunden und Zulieferern oder von zu Hause mit VPN. Für immer mehr Mitarbeiter wird dies zur Selbstverständlichkeit.

Andererseits wird die Arbeit aber auch im Bürogebäude immer flexibler und mobiler. Auch hier können die Mitarbeiter an ganz unterschiedlichen Orten arbeiten: am eigenen Arbeitsplatz, im Meetingraum, im Projektraum, am Meetingpoint oder in der Cafeteria. Wireless LAN, Laptop und Handy sind die entsprechenden Zutaten. Und in immer mehr Unternehmen wird dies mit System gemacht: Desksharing und non-territoriale Arbeitsformen setzen sich immer mehr durch.

Das für alle Aufgaben und Tätigkeiten ideale Büro gibt es sicher nicht. Was wir heute und in Zukunft brauchen, sind Büros, die die unterschiedlichsten Arbeitsanforderungen bewältigen. Ich spreche gerne vom »Multispace-Office«, also von einem Büro, in dem es unterschiedliche Räume beziehungsweise Raumzonen mit unterschiedlichen Arbeitsplätzen gibt. Dann kann jeder Mitarbeiter sich »on demand« aussuchen, welchen Arbeitsplatz er jeweils benötigt.

Diesen Weg ist die Santander Consumer Bank AG mit ihrem Neubauvorhaben in Mönchengladbach konsequent gegangen. Das Unternehmen hat sich der Herausforderung der Zukunft frühzeitig gestellt, hat sich im Rahmen des Verbundforschungsprojekts »Office 21« mit den Zukunftsthesen auseinandergesetzt und die Erkenntnisse in einem strategischen Entwicklungsprozess in eine neue Arbeits- und Bürowelt umgesetzt. Wesentliche Leitmaximen der Entwicklung waren dabei: bessere Unterstützung der Teamarbeit, geringere räumliche Hierarchisierung, mehr räumliche Transparenz und Offenheit, weitergehende Digitalisierung von Arbeitsprozessen, höhere Flexibilität durch standardisierte Arbeitsplätze und gutes Raumambiente.

Durch seine Flexibilität und transparente Gestaltung unterstützt das Gebäude die freie Organisation der Arbeitsabläufe und fördert eine teamorientierte und kommunikative Arbeitskultur. Zur Förderung und Unterstützung der internen Kommunikation wurden für die Mitarbeiter unter anderem mehr als fünfzig Besprechungsräume, über fünfzig »Thinktanks« und mehr als hundert informelle Kommunikationszonen, beispielsweise »Chill-out-Zones«, »Lounges« oder »Touchdowns«, in das Gebäude integriert.

Eine besonders leistungsfähige IT-Infrastruktur unterstützt die moderne, flexible Arbeitsweise, ja macht sie erst möglich: Laptops, Desktops mit Single Login, Wireless LAN in den Büro- und zentralen Bereichen, Voice over IP, Telefone in Verbindung mit DECT und mobile Arbeitslösungen mit 3G-Anbindung sind die wesentlichen Elemente. Eine konsequente Digitalisierung in Verbindung mit der Reduzierung des Stauraumvolumens für Papier hat ebenfalls zu einer veränderten Arbeitsweise beigetragen.

Ein wichtiger Schlüssel zum Erfolg ist, die Mitarbeiter in einen solchen Entwicklungs- und Veränderungsprozess so gut wie möglich einzubinden. Unter dem Motto »Betroffene zu Beteiligten machen« hat ein zielgerichtetes »Change Management« einen ganz erheblichen Stellenwert. Büroplanungen nach dem Motto »Nächsten Montag ziehen wir in die neuen Räume, da wird dann alles ganz anders sein!« können nur schief gehen. Wichtig ist eine gezielte Vorbereitung durch Information und Partizipation der Mitarbeiter. Dies haben wir im Projekt »Santander New Work« sehr umfassend gemacht. Zusammen mit einem »Change Agent Team« bestehend aus Mitarbeiterinnen und Mitarbeitern aller Bereiche wurde die anstehende Veränderung systematisch diskutiert und vorbereitet und die Kommunikation mit allen Beschäftigten gesteuert.

Das Ergebnis des Projektes kann sich sehen lassen: Die Zustimmung zum Konzept ist außerordentlich gut, die von der Leitung erwarteten positiven Wirkungen haben sich zu einem überzeugenden Anteil bestätigt und die vorher geäußerten Befürchtungen sind im Wesentlichen nicht eingetreten. Mut wird dann belohnt, wenn man den Weg bewusst und konsequent geht. Dies ist im Neubauvorhaben »Santander New Work« sehr erfolgreich umgesetzt worden.

Peter Kern war Direktor des Fraunhofer-Instituts für Arbeitswirtschaft und Organisation (IAO) sowie Leiter des Projekts »Santander New Work« und ist Mitglied des Direktoriums am Fraunhofer IAO.

Der materielle und der geistige Charakter der Architektur

Zheng Shiling über das EXPO-Village

Unsere Welt ist sowohl eine materielle als auch eine geistige und kulturelle, doch materielle, geistige und kulturelle Welt gründen sämtlich auf einer materiellen Basis. Zuallererst lernen die Menschen die Welt von ihrer materiellen Seite her kennen und betrachten daher auch das Materielle als das Wesentliche. Das Verständnis der Menschen im Hinblick auf die Materie hat in der Geschichte zu unterschiedlichen Weltanschauungen und religiösen Ansichten sowie zu unzähligen geschichtlichen Ereignissen geführt und sogar den Fortschritt der menschlichen Geschichte beeinflusst.

Aufgrund des besonderen materiellen Charakters der Architektur durchzieht die Erforschung der inneren Beziehung zwischen ihrem materiellen und geistigen Charakter die gesamte Architekturgeschichte. Die Materialität betrifft die Wahrnehmung und das ganzheitliche Erfassen der Architektur, sie ist die Essenz der Existenz der Architektur und auch der zentrale Faktor beim persönlichen Erleben von Architektur. Materialität bezieht sich auf Raum, Zeit, Struktur, Technik, Form, Klang, Material, Farbe, Wahrnehmung der Realität, Außenhaut, Zusammensetzung und Verbindungspunkte. Architektur bringt durch Materialität Schönheit, Erhabenheit und zugleich auch das Leben selbst zum Ausdruck. Durch ihre Materialität modelliert die Architektur in Raum und Zeit die menschliche Welt und zugleich auch die Menschheit, wodurch sie wiederum ihren geistigen Charakter zum Ausdruck bringt.

Der architektonische Raum ist das Zentrum der Verkörperung der Einheit von Materialität und Geistigem. Der italienische Architekturtheoretiker Bruno Zevi vertritt die Auffassung, dass der Raum in der Architektur die Hauptrolle spiele, die Architekturgeschichte vorwiegend eine Geschichte der Auffassungen vom Raum sei und die Bewertung von Architektur im Wesentlichen auf der Basis der Bewertung des Raumes im Inneren der Baukörper erfolge. In der traditionellen chinesischen Kultur bilden Raum und Materialität eine Einheit. Im Buch *Tao Te Ching* von Laotse findet sich im 11. Kapitel die folgende Passage: »Wir fügen dreißig Speichen zusammen und nennen es ein Rad; die Gebrauchsfähigkeit des Fahrzeugs jedoch hängt von dem leeren Raum zwischen ihnen ab. Wir drehen den Ton zu einem Gefäß; die Gebrauchsfähigkeit des Gefäßes jedoch hängt von seiner Leere ab. Wir schaffen Öffnungen für Türen und Fenster, um ein Haus zu bauen; die Gebrauchsfähigkeit des Hauses hängt von seinen Leerstellen ab. Und gerade so wie wir uns das, was ist, zu Nutze machen, nutzen wir auch das, was nicht ist.« Die Architektur ist eine Art Gefäß, das raumbezogene menschliche Handlungen aufnehmen, trennen, verbinden, fördern, erheben und sogar auszeichnen kann. Die Materialität der Architektur lässt Menschen die Veränderungen von Zeit, Licht und Schatten körperlich erfahren und Raum und Zeit in der Distanz verschmelzen.

Materialität verfügt über materielle, geistige, technische und kulturelle Elemente. Die Materialität der Architektur hat Einfluss auf das System der menschlichen Sinneswahrnehmung und ist die Basis für Metaphysik, indem sie die menschliche Vorstellung anregt, Assoziationen erzeugt und Poesie keimen lässt. Der deutsche Dichter Friedrich Hölderlin hat in einem seiner Gedichte gerühmt »dichterisch wohnet der Mensch auf dieser Erde«, und so seien Mensch und Geistiges verbunden. Gemeint ist hier die Vereinigung von Materialität und Geistigem. Von alters her vertritt die chinesische Philosophie die Auffassung, dass Mensch und Göttliches miteinander verbunden sind und in der Welt der traditionellen chinesischen Philosophie ist das Leben an sich die Essenz aller Lebewesen. Im Klassiker *Yi Zhuan* (Kommentar zum *I Ging – Buch der Wandlungen*) steht: »Die große Tugend von Himmel und Erde entsteht täglich neu.« Himmel und Erde verkörpern sich also dort in erster Linie in den Lebewesen, die essenzielle Natur von Himmel und Erde ist das in stetigem Wandel begriffene Hervorbringen neuen Lebens, das Kreieren von Leben ist die erhabenste tugendhafte Handlung des Universums. Das Leben des Menschen ist demnach verschieden von dem der anderen Lebewesen, da dieser sich dem Himmel annähern kann, sein Schicksal kennen und mit dem Himmel eine Einheit bilden kann. Und so heißt es: »Himmel und Menschen bilden eine Einheit«. Dies ist die Verknüpfung von Rationalität und menschlicher Natur. Das von der chinesischen Architektur angestrebte Prinzip des Leitsatzes »Himmel und Menschen bilden eine Einheit« ist somit gerade die Verknüpfung von Materialität und Geistigem.

In China gab es bereits vor 2000 Jahren eine Diskussion über »Substanz« (Materialität) und »Kultivierung« (Geistiges). Konfuzius sagt: »Wenn die Substanz über die Ornamentierung dominiert, dann entsteht Unkultiviertheit; wenn die Ornamentierung über die Substanz dominiert, dann entsteht Pedanterie; Ornamentierung und Substanz in ausgewogener Balance machen den Edlen aus.« Materialität und Geistiges sind voneinander abhängige Faktoren, ganz gleich ob es sich um Dinge oder um Menschen handelt. Alle bedürfen der gegenseitigen Verstärkung und Ergänzung von Farbenpracht und materieller Substanz sowie der Verschmelzung von Technik und Kultur, damit daraus der Geist der Architektur entsteht. Umgebung, Technik und die Logik des Raumes ernst zu nehmen, nach Klarheit und Fortschritt der Technik zu streben, sich mit rationaler Grundhaltung mit jedem Projekt auseinanderzusetzen, darin besteht das Anliegen von Architekten und zugleich auch die Inspiration, die die Bauwerke der HPP-Architekten den Menschen vermitteln.

Architekten suchen die ganze Zeit über einen bestimmten Zustand. Dies lässt sich mit drei Gedichtzeilen aus der Song-Zeit versinnbildlichen, die den Zustand auf drei unterschiedlichen Ebenen beschreiben. Der erste Zustand wird so umschrieben: »Gestern Abend ließ der Westwind das Grün der Bäume verwelken. Ich stieg allein auf den hohen Turm, und folgte den Wegen des Himmels mit meinem Blick bis an ihre Grenze.« Dies heißt, von einem überlegenen Standpunkt aus all jene Wege deutlich zu erkennen, die unsere Vorfahren abgeschritten haben, ihr künstlerisches Schaffen und ihr wissenschaftliches Denken zusammenzufassen und zu durchdringen. Der zweite Zustand sieht folgendermaßen aus: »Obwohl die Kleider bereits zu weit geworden sind, bereue ich am Ende nichts; es ist, als sei ich einer Geliebten wegen schwach und matt geworden, nur noch ein Schatten meiner selbst.« Tief in Gedanken versunken und in die Arbeit vertieft ist man demnach unermüdlich strebend, wie ein Verliebter im Zustand unerwiderter Liebe gibt man sich mit ganzem Herzen dem Schaffen hin. Der dritte Zustand hingegen verspricht die Erlösung: »Über größte Entfernungen hinweg und in allen Richtungen habe ich ihn gesucht, und als ich plötzlich den Kopf wende, ist er auf einmal da und tritt ins Licht.« Es ist als habe man nach langem Suchen in einem Meer hell erleuchteter Laternen und einer wogenden Menschenmenge wie bei einem nächtlichen Fest den geliebten Menschen entdeckt, nach dem man sich Tag und Nacht gesehnt hat. Auf einmal geht einem ein Licht auf und die lange und beschwerliche Suche hat zu guter Letzt zu einem Ergebnis geführt, der Idealzustand ist erreicht.

Das erste Ausstellungsstück für die Weltausstellung im Jahre 2010 ist das World EXPO-Village. Es handelt sich hier um eine innovative experimentelle Siedlung und nicht um gewöhnliches Architekturdesign. Bereits im Jahre 2004 wurde HPP unter mehr als dreißig internationalen Architekturbüros ausgewählt, am Masterplan für das Weltausstellungsgelände mitzuwirken und legte ein überaus durchdachtes Konzept vor, bei dem die architektonischen Gruppierungen der nach Funktion getrennten Flächen eindeutig und ganzheitlich aufeinander abgestimmt sind. Jede einzelne Gruppierung weist eine ausgezeichnete Umweltqualität auf und die einzelnen Länderpavillons lassen sich flexibel verteilen. Das Konzept legt besonderes Gewicht auf den gesellschaftlichen, wirtschaftlichen und ökologischen Fortschritt sowie auf landschaftliches und urbanes Design, sieht eine zweckmäßige Verteilung der Basisinfrastruktur vor und ist darüber hinaus auf Sicherheit und Vernunft ausgerichtet. Unter den seinerzeit zehn Konzepten sind die Ziele dieses Entwurfs – äußerste Strukturiertheit, innere Logik und Ganzheitlichkeit – ganz klar erkennbar gewesen. Die herausragende Designqualität und die Möglichkeit einer nachhaltigen Entwicklung, die die Gestaltungsideen des HPP-Konzeptes aufwiesen, sind im finalen Plan für das Weltausstellungsgelände zum Teil verwirklicht worden.

Während des Ausschreibungswettbewerbs um die Gestaltung des EXPO-Village erhielt das Konzept von HPP unter sechs Konzepten die höchste Bewertung und belegte im Wettbewerb den 1. Platz. Es wurde von allen aufgrund seiner klaren Logik und seines kreativen Charakters einstimmig gepriesen. Basierend auf einer Ableitung des von der World EXPO 2010 in Schanghai ausgegebenen Mottos »Better City, Better Life« steht das Village für einen internationalen Lebensstil sowie Flexibilität im urbanen Raum und kreiert eine herausragende zukunftsweisende urbane Siedlung.

Das Design für das World EXPO-Village verfügt aufgrund der Lage in einem ehemaligen Industriegebiet der Stadt über einen einzigartigen Charakter: Zum einen muss es die auf dem Gelände zurückgebliebenen historischen und industriellen Bauten schützen, zum anderen sich dem komplizierten urbanen Geländeverlauf anpassen und den derzeitigen Zustand des Geländes berücksichtigen sowie in ausreichendem Maße die Landschaft und die Wohnbedingungen für Familien entlang des Binjiang-Uferstreifens ausnutzen. Auf der einen Seite ist die Nutzung während der Dauer der Weltausstellung in Betracht zu ziehen, andererseits sind die Anforderungen an die Funktionen einer urbanen Siedlung nach dem Ende der Weltausstellung zu erfüllen. Das EXPO-Village verwirklicht das Ideal einer nachhaltigen Entwicklung und realisiert auf den Ebenen von Technik und architektonischer Gestaltung erstmals in Schanghai eine auf ökologischer Architektur basierende urbane Siedlung von einer solchen Größe. Diese internationale Siedlung befindet sich derzeit im Bau und soll zukünftig als Modellsiedlung für Schanghai fungieren.

Zheng Shiling lehrt an der Tongji-Universität in Schanghai und ist Mitglied der Chinesischen Akademie der Wissenschaften. Von der Universität Rom wurde ihm die Ehrendoktorwürde verliehen.

Mischa Kuball zum Justizzentrum Wuppertal

Ein Gespräch mit Mischa K., der von seinem Gegenüber* fiktiv in die Rolle des Josef K. aus Franz Kafkas Roman *Der Prozess* gestellt wurde, um real das Gerichtszentrum in Wuppertal zu besuchen.

Jemand musste Mischa K. verleumdet haben, denn ohne dass er etwas Böses getan hätte, wurde er eines Morgens verhaftet. Das Entscheidende aber war, dass K. aus früherer Zeit einige kunsthistorische Kenntnisse besaß, dass K. eine Zeit lang Mitglied des »Vereins zur Erhaltung der städtischen Kunstdenkmäler« gewesen ist.

Ja, nicht ganz ohne Widerstand gewisser Investoren hatte ich mich als Künstler verschiedenen Gruppierungen angeschlossen, die sich gegen eine reine Ökonomisierung des Stadtraums zur Wehr setzten – eine Gegenwehr, die auch Berührungen schuf mit exekutiver Staatsgewalt und Gerichtsbarkeit. Aber dieser Widerstand erwirkte nachweislich auch eine Sensibilität in der Öffentlichkeit – wie erste performative Aktionen bezeugten. Kein Zufall auch, dass Joseph Beuys »Hauspate« in dieser elternlosen Häuserkampfzeit war und somit erste überzeugende und nachhaltige Verbindungen zwischen Gesellschaft und künstlerischer Praxis initiierte. Tatsächlich gibt es nun seit den späten 1970er-, frühen 1980er-Jahren eine starke, auch künstlerische Hinwendung zum öffentlichen Raum, zur städtischen Bedeutung dessen, was wir »Urbanität« nennen. Tatsächlich also hatte ich nichts Böses getan, doch …

»Er hatte gedacht, das Haus schon von der Ferne an irgendeinem Zeichen, das er sich selbst nicht genau vorgestellt hatte, oder an einer besonderen Bewegung vor dem Eingang schon von weitem zu erkennen. […] K. ging tiefer in die Gasse hinein, langsam, als hätte er nun schon Zeit oder als sähe ihn der Untersuchungsrichter aus irgend-einem Fenster und wisse also, daß sich K. eingefunden habe. Es war kurz nach neun. Das Haus lag ziemlich weit, es war fast ungewöhnlich ausgedehnt, besonders die Toreinfahrt war hoch und weit. […] Gegen seine sonstige Gewohnheit sich mit allen Äußerlichkeiten genauer befassend, blieb er auch ein wenig am Eingang des Hofes stehen.«

Ich höre noch die schnatternde Wupper und die Geräusche des unschuldigen Kinderspiels aus der angrenzenden Kindertagesstätte – und auch das Eisen-auf-Eisen-Schlagen der Schwebebahn. Da laufe ich schon die Rampe hinauf. Das alte sockelgetragene Gebäude und seine wehrhafte Fassade werden zum Filmstreifen. Das neue Drehglas empfängt – zweigeteilt – Besucher und Bedienstete. Der röntgenhafte Scan belegt meine guten Absichten – schon scheine ich im Innern zu sein … Das Neue nun hüllt sich in Glas statt in Stein. Es gibt mir Blicke frei – durch das neue Gebäude hindurch auf sein Außen!

»K. wandte sich der Treppe zu, um zum Untersuchungszimmer zu kommen, stand dann aber wieder still, denn außer dieser Treppe sah er im Hof noch drei verschiedene Treppenaufgänge und überdies schien ein kleiner Durchgang am Ende des Hofes noch in einen zweiten Hof zu führen.«

Ich trete in die lichte neue Halle – und halte inne. In all der Größe ein kleines Spiel mit dem Licht der Sonne – Günter Fruhtrunk grüßt von der oberen Galeriewand wie ein der Natur sich unterwerfendes »Kunst-und-Natur-am-Bau-Projekt«. Und im Parterre stellt sich die Sammelleidenschaft einzelner Bediensteter aus. Mit hohlen Kannen, präsentiert in einer Fenstervitrine, scheinen sie auf das menschliche Maß verweisen zu wollen. Schon trete ich etwas geduckt in die Flure ein …

»Es waren in der Regel kleine, einfenstrige Zimmer. […] Beim Eintritt wäre er fast hingefallen, denn hinter der Tür war noch eine Stufe. ›Auf das Publikum nimmt man nicht viel Rücksicht‹, sagte er. ›Man nimmt überhaupt keine Rücksicht‹, sagte der Gerichtsdiener, ›sehen sie nur hier das Wartezimmer.‹ Es war ein langer Gang, von dem aus roh gezimmerte Türen zu den einzelnen Abteilungen des Dachbodens führten. Obwohl kein unmittelbarer Lichtzutritt bestand, war es doch nicht vollständig dunkel […].«

Zögernd gehe ich mit Respekt an den Wartenden – Zeugen, Kläger, Angeklagte? – vorbei. Ankündigungen an den Tafeln der Verhandlungsräume geben kurze Akteneinsicht auf die zu verhandelnden Fälle menschlichen Schicksals ... Zu einem der Höfe hin lese ich das Schild »Parken verboten«. Auf den Scheiben lese ich in flirrenden Buchstaben: »Vor dem Gesetz sind alle Menschen gleich!« Meinem Gegenüber stelle ich die Frage: »Sind denn alle Gesetze vor den Menschen gleich?« Die Frage wird erstickt vom regelmäßigen Rumpeln des Dieners mit Aktenwaggon auf dem Korridor. Ich blicke in einen mit Kiesel bewachsenen Hof ...

»Als K. an einem der nächsten Abende den Korridor passierte, der sein Büro von der Haupttreppe trennte – er ging diesmal fast als der letzte nach Hause, nur in der Expedition arbeiteten noch zwei Diener im kleinen Lichtfeld einer Glühlampe –, hörte er hinter einer Tür, hinter der er immer nur eine Rumpelkammer vermutet hatte, ohne sie jemals gesehen zu haben, Seufzer ausstoßen. [...] K. aber blieb nun beim Fenster, in die Rumpelkammer wagte er nicht zu gehen und nach Hause wollte er auch nicht. Es war ein kleiner viereckiger Hof, in den er hinuntersah, ringsum waren Büroräume untergebracht [...].«

Die regelmäßige Anordnung der Fensterlaibungen wiederholt den anfänglichen Eindruck des filmischen Erlebens. Ich drehe mich schneller. Die Fenster verschmelzen zu einem Band: Es reflektiert Licht. Ich taumle, erhasche einen fremden Körper in einem der Höfe – taumle weiter, fingere nach einer Bank ... Jäh weckt der Aufruf: »Die Zeugen in der Strafsache K. bitte zum Verhandlungsraum 1.04!« Mein inneres Auge fahndet nach dem verräterischen Schild des »Herren-Besucher!-WC«. ... Erleichterung!

»Vor dem fünften Stockwerk entschloß er sich, die Suche aufzugeben.«

Im verspiegelten Aufzug kontrolliere ich mit dem Schließen der Tür den Sitz meiner Kleidung. Nichts Verdächtiges vermag ich an meinem Äußeren festzumachen. Doch erschrecke ich stets dann ein wenig, wenn beim Öffnen des Aufzugs Bedienstete eintreten und wir – notgedrungen – gemeinsam die Fahrt nach oben fortsetzen. Enzensbergers Abteile! Ich schaue zwangsläufig und eher ungewollt meinem Gegenüber in sein behaartes Ohr. Ein kleines elektrisches Glöckchen erinnert uns an den Ausstieg im obersten Stockwerk des Gebäudes. Ich lese die Zahl 4. Wir steigen aus – wir schauen verlegen auf die umliegende Stadt ...

»Nun habe ich gesehen, wie es hier aussieht, ich will jetzt weggehen.‹ ›Sie haben noch nicht alles gesehen‹, sagte der Gerichtsdiener vollständig unverfänglich. ›Ich will nicht alles sehen‹, sagte K., der sich übrigens wirklich müde fühlte, ›ich will gehen, wie kommt man zum Ausgang?‹ ›Sie haben sich doch nicht schon verirrt?‹, fragte der Gerichtsdiener erstaunt, ›Sie gehen hier bis zur Ecke und dann rechts den Gang hinunter geradeaus zur Tür.‹ ›Kommen Sie mit‹, sagte K., ›zeigen Sie mir den Weg, ich werde ihn verfehlen, es sind hier so viele Wege.‹ ›Es ist der einzige Weg‹, sagte der Gerichtsdiener nun schon vorwurfsvoll, ›ich kann nicht wieder mit Ihnen zurückgehen, ich muß doch meine Meldung vorbringen und habe schon viel Zeit durch Sie versäumt.‹«

Die Beamten in den grünen Roben nicken uns freundlich am Ausgang zu. Die rote Plastiknummer 019 in meiner Hosentasche erinnert an mein fototaugliches Mobilteleton, das ich beim Eintreten als ein Pfand für mein zukünftiges »Austreten« habe hinterlegen müssen. Es erinnert mich auch daran, dass in diesem Gebäude, mit all seinen Türen und Fenstern und Höfen sehr bedeutsame und persönliche Dinge verhandelt werden!

»Sie standen auf der Freitreppe, die zur Straße führte; da der Portier zu horchen schien, zog K. den Onkel hinunter; der lebhafte Straßenverkehr nahm sie auf. [...] ›Das Gericht will nichts von dir. Es nimmt dich auf, wenn du kommst, und es entläßt dich, wenn du gehst.‹«

Jetzt nehme ich erst wahr, dass mein Herz sich langsam wieder dem alltäglichen Takt anpasst. Ich sehe, wie die mehr als hundertjährige Schwebebahn ihre Bahnen zieht und mit einem verächtlichen Krächzen auf das Gerichtsgebäude schaut – und auch auf eine unbezeichnet sich aufbäumende Stahlplastik. Jetzt gilt mein Blick dem Parkplatz: Ja, es steht noch an derselben Stelle, an der ich es damals verschloss ...

»Der Maler beobachtete die Wirkung, die seine Erklärung auf K. gemacht hatte und sagte dann mit einer gewissen Ängstlichkeit: ›Fällt es Ihnen nicht auf, daß ich fast wie ein Jurist spreche? Es ist der ununterbrochene Verkehr mit den Herren vom Gericht, der mich so beeinflußt. Ich habe natürlich viel Gewinn davon, aber der künstlerische Schwung geht zum großen Teil verloren.‹«

Mischa K. alias Mischa Kuball lebt als bildender Künstler in Düsseldorf. Bekannt ist er vor allem durch seine konzeptuellen Lichtinstallationen im öffentlichen Raum. Seit 2007 hat Kuball eine Professur für Medienkunst an der Kunsthochschule für Medien in Köln inne.

* Hinter Kuballs »Gegenüber« verbirgt sich der Kunsthistoriker und -theoretiker Raimund Stecker. Er war Gründungsdirektor des Arp Museum Bahnhof Rolandseck und ist heute Honorarprofessor für Geschichte der Kunst der Gegenwart an der Kunstakademie in Münster.

Die zitierten Textpassagen stammen aus dem Roman *Der Prozess* von Franz Kafka.

Statement eines Wandels

Fritz Pleitgen zum Europe Tower Sofia

Als Auslandskorrespondent hatte ich das Privileg, in einer Reihe von Metropolen zu arbeiten. In allen Fällen zog es mich schnell zu den Wahrzeichen dieser Städte. Sie dienten mir als Hintergrund für meine »Aufsager«, wie die Auftritte vor der Kamera in der Fernsehsprache heißen. Arc de Triomphe, Kreml, Brandenburger Tor mit Mauer, Weißes Haus und Times Square verliehen mir beim Publikum zusätzliche Autorität, wenn ich »on camera« über die Lage der damaligen Welt aus der Sicht meines jeweiligen Korrespondentenplatzes berichtete.

Die Bezeichnung »damalige Welt« wähle ich nicht von ungefähr. Das Ende der Ost-West-Konfrontation mit dem Fall der Mauer und des Eisernen Vorhangs wirkte wie ein Befreiungsschlag für die ganze Welt; politisch, seelisch, geistig. Eine ungeheure Dynamik ist dadurch entfesselt worden. Sie hat die Stagnation des geteilten Europas, der geteilten Welt in den Orkus verschwinden lassen. Neue »Global Player« traten auf den Plan, neue Ideen brachen sich Bahn. Besonders in der Architektur nahmen sie Himmel stürmende Ausmaße an. Bauwerke ungeahnter Eleganz und Kühnheit wurden geschaffen, Wahrzeichen einer Zeit schier grenzenloser Möglichkeiten. So scheint es jedenfalls. Sie sind Statements des dramatischen Wandels. Wir entdecken sie weniger in der »Neuen Welt« Amerikas als in den Heimaten der ältesten Kulturen: auf der Arabischen Halbinsel und im Fernen Osten. Wo sich noch vor wenigen Jahren Hütten niederduckten, ragen jetzt gewaltige Wohn- und Geschäftstürme Hunderte Meter hoch in den Himmel. Dubai und Schanghai sind dabei besonders auffällige Beispiele für viele andere.

Sie werden als Herausforderung des Westens betrachtet. Mich stört das nicht. Geistiger Wettbewerb kann uns nicht schaden. Finde ich alles gut? Sicher nicht! Das eine oder andere Bauwerk grenzt schon an eine Herausforderung der Schöpfung. Als solche wurden allerdings auch die ersten Wolkenkratzer betrachtet. Deshalb möchte ich Kleinmut nicht das Wort reden.

Um den Wandel der jüngsten Weltgeschichte wahrzunehmen, brauche ich keine weiten Reisen in den Orient zu unternehmen. In Europa kann ich mir ebenso ein eindrucksvolles Bild verschaffen, und dieses Bild ist mir sympathischer als die »Anything-goes-Türme« Asiens. Das fängt schon in unserer Hauptstadt an. Als in Ostberlin stationierter Korrespondent brauchte ich nur einen Blick aus dem Fenster meiner Wohnung zu werfen, dann wusste ich um die Weltlage damals Bescheid. Gegenüber stand die Mauer. Heute ist das Bauwerk des letzten Jahrhunderts weg. Verschwunden ist auch der mit Ruinen gespickte Platz der Akademie, der sich mir in aller Tristesse beim Blick nach hinten aus meiner Wohnung präsentierte. Stattdessen ist der Gendarmenmarkt unter seinem alten Namen wiederauferstanden, als einer der schönsten Plätze Deutschlands. Jedes Mal wenn ich in Berlin bin, schaue ich vorbei. Jedes Wiedersehen ist für mich ein emotionales Erlebnis.

So geht es mir in anderen Städten Ost- und Zentraleuropas. Ob Tallinn, Riga, Vilnius, Warschau, Prag, Bratislava, Budapest, Bukarest oder Sofia, stets habe ich zwei Bilder vor Augen: das Vorher und das Nachher. Ich genieße es, wenn die neue Architektur Mut macht, in die Zukunft zu schauen. Nehmen wir zum Beispiel Bulgarien! Als sozialistische Volksrepublik war das Land im früheren Sowjetblock am wenigsten frei und am ärmsten dran. Ich erinnere mich, als ich einen Familienurlaub am Schwarzen Meer zu einer Stippvisite in Sofia nutzte. Die bulgarische Metropole machte einen trostlosen Eindruck. Heute ist Sofia eine ganz andere Stadt, voller Lebensmut trotz unübersehbarer Probleme. Früher war Sofia sowjetischer Balkan, in Zukunft soll die vor kurzem noch verschlossene muffige Stadt europäische Frische und Transparenz ausstrahlen. Als weithin sichtbares Zeichen wird der Europe Tower dienen. Der Entwurf überzeugt mich. Hoch aufragend vermittelt das klare Profil des Bauwerks erstarktes Selbstvertrauen. Mit Hilfe der Architektur wird hier ein nachhaltiger politischer Impuls gesetzt: Das neue EU-Mitglied Bulgarien ist im modernen Europa angekommen.

Ich bin sicher, wenn Fernsehkorrespondenten in zwei, drei Jahren über das neue Bulgarien berichten, werden sie den Europe Tower von Sofia als Hintergrund wählen. So wird das Bauwerk weltweit zu einer wirkungsvollen politischen Botschaft werden.

Fritz Pleitgen prägte in seiner journalistischen Karriere das öffentlich-rechtliche Fernsehen maßgeblich, vor allem als langjähriger Intendant des WDR. Seit 2007 ist er als Vorsitzender der Geschäftsführung der Ruhr.2010 GmbH mit den Planungen der Stadt Essen als Europäische Kulturhauptstadt befasst.

Markenarchitektur wörtlich genommen
Oder: Können Ziegelsteine eine Marke machen?

Bernd M. Michael zum
Shoppingcenter Weiterstadt: Loop 5

Wenn Architektur zum Markenzeichen wird, verkörpert sie plötzlich einen doppelten Wert: Zur Funktion als Bauwerk addiert sich die Imagination eines Markencharakters. Bei der BMW-Hauptverwaltung in München symbolisieren die vier Zylinder des Gebäudes die Motorenkompetenz des Autoherstellers. Unverwechselbar. Attraktiv. Zukunftsweisend. Frank O. Gehrys Guggenheim-Museum in Bilbao signalisiert den Aufbruch der einst schmucklos grauen Industriestadt zu Kultur, Lebensstil und Niveau. Der Zufall hat einen architektonisch in Schieflage geratenen Turm in Pisa zum Markensymbol einer Stadt gemacht – unbeabsichtigt. Beim Eiffelturm oder dem Atomium in Brüssel war es klare Absicht. Unzählige Unternehmen wie Nokia, Vitra, Oracle, Pan Am oder Citicorp haben ihre Unternehmensphilosophie architektonisch markentypisch übersetzen lassen. Im Zeitalter der Corporate Brandings rückt die markenhafte Gestaltung der Unternehmensgebäude in ihrer Wirkung nach innen wie außen in eine neue Dimension. Es gilt die Identifikation und den Stolz der Mitarbeiter intern zu fördern – aber auch Attraktion und Image nach außen zu vermitteln. Design und Architektur werden Bausteine der Unternehmenskultur und der Corporate Identity. Die Anzahl austauschbarer Gebäude, die uniform, verwechselbar und nur funktionsgetrieben entstehen, nimmt ab und ein neues Denken beginnt: Je markanter, je »merk«-fähiger umbauter Raum gestaltet wird, umso besser und schneller wird er be-»merkt« und ge-»merkt«! Umso mehr wird er Marke!

Was ist nun der Vorteil »Marke zu sein«?

Für Hersteller von Produkten oder für Dienstleister ist »Marke sein« ein Wettbewerbsvorteil. Marke hilft, zwei wesentliche Aspekte zu beeinflussen: erstens die Einzigartigkeit, zweitens die Identifikation. Im Überangebot unserer Welt haben die Menschen gelernt, dass Austauschbarkeit vorherrscht, weil kaum noch Unterschiede in Qualität und Service erkennbar sind. Funktional sind die Differenzierungen schwer erlebbar und spürbar. Emotional sieht das schon anders aus. Die Sympathie, das Gefühl, also die unthematische Wirkung, die eine Marke ausstrahlen kann, gibt ihr den strategischen Mehrwert, der über die reine Beschaffenheit einer Ware oder eines Angebotes hinausgeht. Marke ist der Unterschied zwischen Realität und Perzeption! Und aus diesem »gefühlten« Wert entsteht, ergänzend zum faktischen Wert, die Bevorzugung und oft auch die anhaltende Bindung.

Nun – was hat das mit Architektur zu tun? Was kann »Marke sein« im Immobiliengeschäft ausrichten? Fangen wir mit der emotionalen Kraft an, die bei Häusern oder Städten für Menschen eine große Rolle spielt. Die in dem Begriff »Heimat« oder »zu Hause« ihren größten emotionalen Wert hat. Über den grauen »Noname«, der auf den Namen Bilbao hörte, haben wir schon gesprochen. Über die Kreativität der Architektur eines Gebäudes hat die Stadt plötzlich begonnen ein neues Image aufzubauen. Zuerst die Bürger stolz zu machen – dann die Attraktivität für Besucher zu erhöhen! Jahr für Jahr wurde das Gewicht von Kultur und Kunst größer und führte zur Balance zwischen lebenswertem Umfeld und industrieller Stärke. Professionelles Stadtmarketing nennt man das heute. Immobilien sind ein Markt der Marken geworden, markante Architektur erzeugt Mehrwert, der über den reinen Raum hinausgeht.

Unternehmen denken heute weit über klassische Kommunikation hinaus. Die ganzheitliche Führung ihrer Unternehmensmarke schließt Architektur mit ein. Sie drückt die Unternehmensphilosophie in baulichen Substanzen aus. Das funktionale Aneinanderreihen von Ziegelsteinen reicht heute nicht mehr aus. Wer mehr als nur Nutzwert verkaufen will, muss markenstrategisch denken und daraus adäquate architektonische Lösungen entwickeln.

Das Beispiel Weiterstadt setzt dabei neue Maßstäbe. Der konzeptionelle Grundgedanke verfolgt eine Markenidee. Die emotionale, atmosphärische Wirkung wird mit architektonischen Mitteln auf ein Thema fokussiert, das als Bühne für die Inszenierung von Waren und Dienstleistungen dient. Diese Bühne kreist um die faszinierende, sehnsuchtsschwangere und Träume weckende Welt der Luftfahrt: Himmel, Freiheit, Reisen, Fliegen, Technik, Luxus, Sehnsucht, Abenteuer – alles steckt in dieser mystisch aufgeladenen Weltbühne, die auf die Architektur, das Material, das Design und deren Effekte übertragen wird. In der Summe ein erleb- und sichtbares Ambiente, das uns aus dem Alltag befreit und uns ein bisschen »skyhigh« lustwandeln lässt. Das stimuliert und schafft Abstand zum Gewohnten. Die Austauschbarkeit der Shoppingcenter und der weltweiten Malls ist beeindruckend. Und zusammen mit der Uniformität der dort vertretenen, immer gleichen Läden etabliert sich eine neue Form »gehobener Langeweile« zum Premiumpreis. Ob in Schanghai, Mailand, New York, Moskau oder Delhi – die Gleichartigkeit des Auftritts dieser vermeintlichen Shoppingparadiese lässt sich bald nicht mehr überbieten. Wenn man nicht am Flugticket verbindlich erkennen könnte, wo man sich gerade befindet, wäre dieses Einheitserlebnis überall und immer gleich. Nach dem Motto: Dann kann ich auch in der nächsten Großstadt shoppen gehen.

Diesem Phänomen im negativen Sinne entzieht sich das Markenkonzept Weiterstadt. Es inszeniert eine eigene unverwechselbare und emotional stimulierende Welt, die das Einkaufen erlebnisreich beflügelt. Eingetaucht in die Welt der Fluglinien, der Flughäfen – in die Welt, die die Mobilität des 21. Jahrhunderts symbolisiert. Von der Fassade über das Material, vom Design mit lichtdurchflutetem Ambiente, das den Himmel auf die Shoppingstraße holt, bis zur Lichtführung und Formgestaltung: Alles atmet »Skyflair« einer Destination, in der man einkaufen kann wie im Fluge. Die Marke »Loop« sendet ihre Botschaft präzise auf dieses Gefühl hin aus, fokussiert mittels architektonischer Markenbausteine und schafft damit eine Einzigartigkeit und Attraktivität, die schnell »Talk of the Town« werden kann. Die schnell Neugierige anlockt und die Marke »Loop« zu einer neuen, noch unverbrauchten Inszenierung für die Generation der »Highflyer« – oder derer, die es noch werden wollen – macht!

Dass mit diesem Beispiel Architekten eine faszinierende Markenbühne gebaut haben, ist neu. Ist ein konsequenter neuer Ansatz architektonischen Denkens. Endlich – muss man sagen – beginnt diese Branche nicht nur Backsteine, sondern markentaugliche Erlebnisse zu verkaufen. Zu Zeiten, in denen Wertschöpfung alles ist und der Kampf gegen Gleichheit und Langeweile aufgenommen werden muss, eröffnet sich kreative Architektur einen neuen Markt. Vorausgesetzt, sie hat Lust zu lernen, was es heißt, auch in Zukunft von Anfang an in Marken und Markenphilosophien zu denken.

Bernd M. Michael war bis 2006 Gesellschafter und Chairman der Grey Global Group und gilt als einer der renommiertesten Markenprofis in Europa.

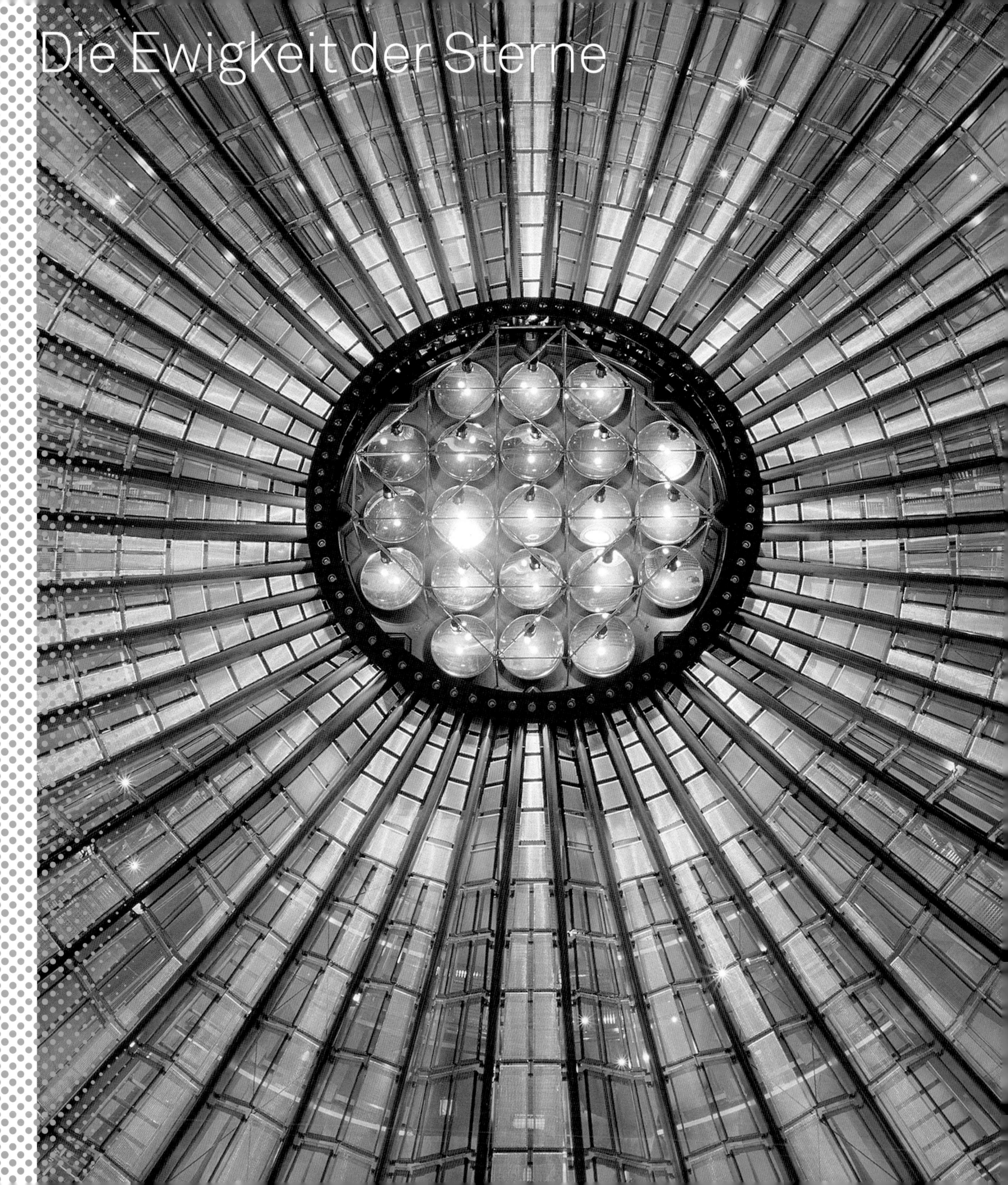

Die Ewigkeit der Sterne

Wolfram Goertz zur Tonhalle

Ich kam mir hier immer vor wie in einer Werft, wie im Innern eines Schiffsrumpfes. Das einzig Ungewöhnliche schienen die Sessel. Über mir waren harte helle Planken aus Holz, unter mir war harter Boden, um mich herum immer zu wenig Luft, dafür ein dauerhaft klackernder Ton, der ans Ohr drang – und zwar mit solch präziser Verspätung, dass dieses Phänomen im Volksmund einen liebevoll-verzweifelten Namen bekamen: »Klopfgeist«. Die Werft stand nahe am Wasser, sie war ultramodern, und doch spukte es in ihr.

So erlebte ich die Düsseldorfer Tonhalle seit ihren ersten Tagen im Jahr 1978: als ein amphitheatralisches Bauwerk, das schönste Nähe zur Musik ermöglichte und gleichwohl Befremden auslöste. Musik war nicht sie selbst, sondern verzerrtes Produkt einer gnadenlosen Physik, die ihr akustisches Machwerk in dem allzu kleinen Rahmen verrichtete, den der Saal ihr bot. Die Musik echote brutal statt gewaltig, besaß wenig Volumen und noch weniger Hall. Wie soll ein Kuppelbau auch klingen können, seufzte ein Kölner Akustikprofessor, der prompt bittere Klage aus Düsseldorf erntete: Kölner sollten sich bitteschön heraushalten. Die Klagenden hatten keinen Grund verschnupft zu reagieren: Sie wussten, dass der Mann Recht hatte und die Tonhalle akustisch eigentlich irreparabel war.

Aber der Saal hatte ein gutes Omen und treue Hausgötter: seine unsichtbaren, aber nie erloschenen Sterne. Früher war die Tonhalle ein Planetarium gewesen, in dem Groß und Klein ins All starrten, aus dem die Verheißungen und die Poesie zu den Erdenbürgern drangen. Diese Sterne wollte man nun ein zweites Mal herabholen – ein weiterer Griff zu den Sternen war die Idee, der Kuppel eine neue innere Haut und lauter rechte Winkel zu verpassen. Tatsächlich, man baute die Tonhalle um, nachdem ein Modell lange für Experimente Pate gestanden hatte. Jene Kuppel bog sich jetzt über einem löchrigen Metallgeflecht, das den Klang verarbeitete und dosierte, barg und verbreitete, die Planken flogen einfach raus, und die rechten Winkel brachen den Schall, sodass er länger unter der Decke verweilte, bevor er herniedersank. Das war unfassbar, ein Trick, pures Raffinement. Aber es war bloß Physik. Und Fantasie.

Als der Saal – den Architekten und Akustikern sei Dank – fertig war, begannen Groß und Klein wieder zu staunen, sie guckten so erstarrt und fasziniert in die Kuppel als begegneten sie einem Kontinuum von Zeit und Raum. Die Sterne waren wieder da, himmelblau umnachtet, sie zwinkerten vergnügt, als sei die Zeit nicht vergangen, sondern stehen geblieben, um ihnen Gelegenheit zu einem imperialen neuen Auftritt zu geben. Alle Welt summte: So ein wundervoller Saal, reines Licht, reine Magie!

Als die Orchester einzogen, waren sie der Ohnmacht nahe. Wie konnte das sein – mit ein paar Kniffen ein solcher Zugewinn an Pracht? Immer hatten wir uns jenseits unserer eigenen Irritationen auch diejenigen der Musiker vorgestellt, die auf dem Podium unter schlecht justierten Schallreflektoren saßen und Töne produzierten, aber nie erlebten, dass der Saal auch klang, geschweige denn atmete. Keiner hörte den anderen, alle spielten missmutig für sich selbst. Jetzt ist er plötzlich da, dieser kollektiv wahrgenommene Glanz, die Erbauung gemeinsamer Arbeit, die nichts Entfremdetes mehr hat.

Und so erlebte und erlebe ich die Tonhalle jeden Tag aufs Neue als ein Geschenk, das wir uns hart erarbeitet haben, auch durch die Kontinuität der Unzufriedenheit und des Meckerns. Jetzt können wir uns an dem erhebenden Gefühl laben, dass alle Welt uns um diesen Saal beneidet. Auch die aus Köln. Wir gönnen ihr den Besuch gern. Wir sind nicht nachtragend, sondern denken in größeren Zeiträumen und an die Sterne von damals, die jetzt wieder am Firmament stehen. Dort ist bekanntlich kein Anfang und kein Ende, sondern nur jene Kontinuität, die so ewig ist wie die Musik großer Meister, die endlich eine Heimat in Düsseldorf am Rhein gefunden hat. Die Werft, fürwahr, ist jetzt ein großer Wurf.

Wolfram Goertz ist Musikredakteur der *Rheinischen Post* in Düsseldorf.

Allianz am Main

Was hat es mit der durchscheinenden Figur auf sich, die in luftiger Höhe auf einer Glasplatte steht? Ein barfüßiger Mann mit wehendem Haar, der ein kantiges Architekturmodell in den Händen hält und dabei den Blick himmelwärts richtet: Es ist Heinrich, Schutzheiliger der Stadt Bamberg und ihrer Kirchen. Und hier in Frankfurt ist er Teil der großartigen Installation *Im Fluss,* die der Münchner Bildhauer Stephan Huber mit subtilem Humor dem Bauherrn und dem Standort direkt am Mainufer widmete. Insgesamt 21 Schutzheilige des Mains begleiten eine zittrig-nervöse Neonlichtspur, die sich durch den Hauptweg im 1. Obergeschoss des Allianz-Baus zieht und nachts geheimnisvoll nach außen strahlt. Die leuchtend blaue Spur ist eine maßstabsgetreue Abbildung der Flussläufe von Main und Rhein von den Quellen zu den Mündungen, die in einer riesigen Spirale im Haupteingang am Mainufer kulminiert.

An dieser Stelle wird der geschlossen wirkende Komplex nicht nur funktional und gestalterisch geöffnet, sondern auch mit dem Ufer verknüpft: Der Vorplatz leitet über die zweispurige Uferstraße hinweg und vom oberen Mainufer über Treppen und Rampen hinunter auf ein neu geschaffenes (und vom Bauherrn finanziertes) Tiefufer von beachtlichen 800 Metern Länge, welches den Mainuferpark vervollständigt. Weiter ostwärts wurde eine Querstraße über das Grundstück hinweg zum Main hin verlängert, sodass der Komplex zweigeteilt wird. Diese Gasse dient der Andienung und Tiefgaragenerschließung. Wichtiger noch ist die fußläufige Verbindung für das Viertel. In diesen Entscheidungen zeigt sich das Streben der Architekten nach einer positiven städtebaulichen Auswirkung des Bürobaus, der eine sehr hohe bauliche Dichte (100 000 Quadratmeter Bruttofläche auf 25 000 Quadratmetern Baugrundstück) im Gegensatz zur kleinteiligen Vorkriegsbebauung der Umgebung aufweist. Der daraus entstehende Maßstabs- und Nutzungskonflikt ist typisch und kann nicht gestalterisch gelöst werden. Er macht aber deutlich, dass die Zukunft innerstädtischer Lagen in höheren Dichten liegt, wie es die direkt am Ufer angrenzenden großmaßstäblichen Wohnbebauungen zeigen. Immerhin bietet der Bürokomplex 2 500 innerstädtische Arbeitsplätze und 550 Pkw-Stellplätze in seinen Untergeschossen.

Die Rückseite im Süden wird durch eine 6-geschossige geschlossene Randbebauung begrenzt, die fast vollständig verglast ist. Zur Nordseite ist der Bau kammartig gegliedert. Mit fünf schmalen, vollverglasten Riegeln, die über ein Sockelgeschoss auskragen, wendet er sich dem Fluss zu. Breitere Blockbauten schließen westlich wie östlich ab, beide sind mit rotem Sandstein verkleidet. Neben dem Eingang und in der Nähe der Friedensbrücke setzt das 15-geschossige, gläserne Hochhaus ein deutliches städtebauliches Zeichen – zusammen mit dem zylinderförmigen Westhafen-Tower auf der gegenüberliegenden Seite bildet es mainaufwärts ein Tor zur Innenstadt. Mit seiner immateriell wirkenden Doppelglashaut aus nicht spiegelndem, durchscheinendem Weißglas und besonders dem konsequent aufgelösten Dachabschluss erinnert das Allianz-Hochhaus ein wenig an Jean Nouvels nicht realisierte, 425 Meter hohe Vision »Tour Sans Fin« im Pariser Hochhausviertel La Défense von 1989.

Der prägnanteste gestalterische Aspekt des Allianz-Hauses ist die Umhüllung und deren materielle Beschaffenheit: Es handelt sich um außen liegende Jalousien aus Aluminium. Sicher scheint das Material in erster Linie klimatisch begründet zu sein, aber die konsequente Verwendung auch auf der nur wenig direkt von der Sonne beschienenen Nordseite macht aus dieser funktionalen Materialentscheidung eine stark identitätsprägende konzeptionelle Festlegung. Von der Friedensbrücke aus ist der Eindruck des Baus immer vollkommen unterschiedlich, abhängig von der Tageszeit, dem Wochentag, der Jahreszeit und natürlich vom Wetter. Diese Variabilität ist dank der Aluminiumhaut noch ausgeprägter als bei anderen Bauwerken. Am Wochenende präsentiert sich das Gebäude als geschlossene Metallburg – alle Jalousien sind heruntergelassen. Während der Woche bewegen sich tagsüber die einzelnen Elemente, sind hochgezogen oder stehen in unterschiedlichen Winkeln. Auch spiegelt sich der westliche Abendhimmel aufgrund des günstigen Ein- und Ausfallswinkels besonders gut. Die Reflexion umfasst dabei das gesamte Farbspektrum. Nur selten sieht man große Bauwerke an exponierter Stelle im Stadtraum, die der großen Mehrheit der Nicht-Benutzer ein so angenehmes visuelles Erlebnis bieten. Barbara, die Schutzheilige der Architekten und Bauarbeiter, scheint dem Bauvorhaben wohlgesonnen zu sein. Vom Künstler Stephan Huber bekam sie als Attribut einen Turm in die Hände gelegt.

Peter Cachola Schmal ist Direktor des Deutschen Architekturmuseums (DAM) in Frankfurt am Main.

Peter Cachola Schmal zum Allianz-Kai

Symbol eines Kulturraums

Hans-Dietrich Genscher über das Kempinski Grand Hotel Heiligendamm

Heiligendamm ist durch den Weltwirtschaftsgipfel unter deutschem Vorsitz im Jahre 2007 mit dem revitalisierten Gebäudeensemble weltweit zu einem Begriff geworden. Das Nizza an der Ostsee, Ausdruck einer Bäderkultur vergangener Zeiten? Hat nur das Ausland Heiligendamm mit neugierigen und überraschten Augen betrachtet oder ging es der deutschen Öffentlichkeit genauso?

Heiligendamm ist, fast könnte man sagen, wiederauferstanden. Es ist durch seine eindrucksvolle Architektur zum Symbol seiner Entstehungszeit geworden, zum Ausdruck einer geschichtlichen Epoche, in der keineswegs nur Pickelhaube und Säbelrasseln das Denken der Menschen bestimmten. Von Anbeginn hat das Gebäudeensemble, das wir heute mit dem Namen Heiligendamm verbinden, das Bild Mecklenburgs mitgeprägt, das Bild einer Kulturlandschaft am Südufer der Ostsee. So gesehen war die Revitalisierung nicht nur eine kühne unternehmerische Initiative, sondern auch eine Selbstvergewisserung einer ganzen Region unseres Landes. Ein architektonisches Unikat, dem sich der zu Lande Anreisende plötzlich gegenüber sieht, in einer einmaligen Landschaft an der Ostseeküste mit Pracht und Stil. Pracht und Stil als Identifikationsfaktoren einer Zeit und einer Landschaft sind nicht immer so gelungen wie hier.

Aber ist es wirklich zulässig zu sagen, als Symbol einer Zeit? Was Heiligendamm ausmacht ist, dass es zu einem zeitlosen Symbol geworden ist. Als Heiligendamm im Begriff war zu zerfallen, wurde die Landschaft ärmer. Die Landschaft als Kulturraum, als Ausdruck auch des Lebensgefühls derjenigen, die hier die Ostsee suchten und sich in einer ganz eigenen und auch einmaligen Atmosphäre einrichten konnten. Das mag auf den ersten Blick ein Widerspruch sein, wenn man der Geschichte Mecklenburgs, wenn man dem Charakter seiner Menschen nachzuspüren beginnt. Und doch wird man am Ende dazu kommen, dass die Klarheit der Architektur, ihre strikte Linienführung dem Charakter der Mecklenburger Eingang in die Architektur eröffnen. »Die weiße Stadt am Meer« versinnbildlicht eindrucksvoll, dass man angekommen ist in einer wunderbaren Landschaft mit kraftvollen und starken Menschen, dass man in Bann gezogen wird von einer Architektur, die mehr geschaffen hat als nur Gebäude zur Unterbringung von Menschen. Man kann nicht den Kulturraum Ostsee, Norddeutschland, Mecklenburg beschreiben, ohne dabei auch die »Weiße Stadt« vor Augen zu haben. Sie ist nicht eng, sondern weltoffen, ja sie eröffnet sogar den Zugang zum Verständnis der Ostsee als einem verbindenden Meer. Hätte man Heiligendamm verfallen lassen, der Kulturraum Ostsee wäre ärmer geworden; in einem ganz ideellen Sinne. So ist Heiligendamm längst nicht nur zu einem Teil, sondern auch zu einem der Symbole dieses Raumes geworden und damit auch zum Ausdruck seiner Identität.

Hans-Dietrich Genscher war mehr als drei Jahrzehnte Mitglied des Deutschen Bundestages und in der Zeit von 1974 bis 1992 Bundesminister des Auswärtigen sowie Vizekanzler.

Sichtbare Verbindung von Gebäude und Landschaft

Daniel von Borries
zum Victoria-Haus

Architektur prägt das Gesicht einer Stadt. Düsseldorfs architektonischer Charakter ist traditionell vom Sinn für Modernität und Aufbruch bestimmt. Davon zeugt die vielfältige Baukultur der Stadt – vom Ehrenhof bis zum Medienhafen.

Unweit des Ehrenhofs hat die Victoria-Versicherung ihre Verwaltungsgebäude errichtet. Auch die ERGO Versicherungsgruppe, die Muttergesellschaft der Victoria, hat hier inzwischen ihren Firmensitz. Das Gebäudeensemble befindet sich auf einem der schönsten Areale Düsseldorfs: Es liegt am Rhein und zugleich am Rheinpark, der von den Bürgern und Besuchern der Stadt als offene, grüne Landschaft mit hohem Freizeitwert genutzt wird. In einer solchen Umgebung ist nachhaltiges Bauen nicht nur Auftrag für eine ökologische Stadtentwicklung, sondern es wird für das sich dort ansiedelnde Unternehmen zu einer wesentlichen Bedingung der Gebäude- und Landschaftsarchitektur. Gemeinsam mit dem Architekturbüro Hentrich-Petschnigg & Partner hat die Victoria ihre Hauptverwaltung in Düsseldorf seit 1986 in mehreren Bauphasen errichtet. In einem Interview mit dem damaligen Vorstandsvorsitzenden der Victoria, Edgar Jannott, betonte Helmut Hentrich: »Wer baut, trägt hohe Verantwortung. Hier gilt meines Erachtens nur eines: zurück zu den Anfängen. Und Anfänge, das heißt gute Proportionen, Schönheit, sinnvolle Funktionen und gutes Material.« 1999 wurden die Gebäude sogar beim weltweiten Architekturwettbewerb in Cannes zu den drei besten Bürogebäuden der Welt gewählt und der Victoria ein begehrter Investorenpreis, der kleine »Mipim-Award«, verliehen.

Bei der Victoria haben Merkmale wie stimmige Proportionen und Funktionen in hohem Maße Eingang in die architektonische und ökologische Ausgestaltung der Verwaltungsgebäude gefunden. Dachgärten, die die üppige Bepflanzung der umliegenden Parks aufnehmen, begrünte Innenhöfe, Wasserflächen, lichtdurchflutete Atrien – all diese Elemente stellen eine sichtbare Verbindung von Gebäude und Landschaft her. Ein Leitmotiv der damaligen Planer lautete: »Statt Kunst am Bau Grün am Bau«. Dieser Gedanke wird heute noch am Verwaltungsstandort in Düsseldorf gelebt.

Die Bedeutung des Umweltschutzes erkannten ERGO und Victoria bereits sehr früh. Noch während der Bauphase des ersten Verwaltungsgebäudes bewarb sich die Victoria 1985 um das Forschungs- und Entwicklungsvorhaben zur »versuchsweisen Anwendung des EG-Umwelt-Audit-Systems im Versicherungssektor«. Initiiert wurde dieses Forschungsvorhaben von der damaligen Umweltministerin und heutigen Bundeskanzlerin Angela Merkel. Es sollte die Übertragbarkeit und Anwendung von industriellen Normen für den Umweltschutz auf die Dienstleistungsbranche erforscht werden. Im Rahmen dieses Forschungs- und Entwicklungsvorhabens hat die Victoria ein Umweltmanagementsystem implementiert und nach EG-Umwelt-Audit-Verordnung (EMAS) validieren lassen. Damit war die Gesellschaft das erste nach EMAS validierte Versicherungsunternehmen Europas.

Verantwortung im Umgang mit den Ressourcen zeigen ERGO und Victoria auch bei der Energienutzung in ihren Verwaltungsgebäuden. So wird man Klimaanlagen in den Büros am Standort Victoriaplatz vergeblich suchen. Die neueren Gebäude setzen bei der Klimaregulierung auf Doppelfassaden mit öffenbaren Fenstern. Im circa 110 Meter hohen Hochhaus, das das äußere Erscheinungsbild des Gebäudeensembles schon von Weitem prägt, werden Kühldecken mit zirkulierenden Wasserkreisläufen für die Klimatisierung der Büros genutzt.

Mehr als 60 Prozent des Strom- und Wärmebedarfs decken die Unternehmen inzwischen am Standort der Hauptverwaltung in Düsseldorf durch eine Kraftwärmekopplungsanlage (BHKW) ab, wodurch der CO_2-Ausstoß gegenüber vergleichbaren Bürogebäuden ohne BHKW um circa 26 700 Tonnen CO_2 pro Jahr reduziert werden konnte. Das entspricht einer durchschnittlichen CO_2-Emission von rund 2 700 Einfamilienhäusern. Die Deckung eines darüber hinausgehenden Wärmebedarfs erfolgt über umweltfreundliche Fernwärme, die des weiteren Strombedarfs durch den Einkauf von zertifiziertem »Ökostrom«.

Wie wichtig dieses Thema auch für die Zukunft sein wird, zeigen aktuelle Angaben des internationalen Immobiliensachverständigenverbands Royal Institution of Chartered Surveyors (RICS). Danach entstehen durch Gebäude rund 40 Prozent des Kohlendioxidausstoßes, der durch Menschen weltweit verursacht wird. Somit steigt die Verantwortung der Unternehmen für nachhaltiges Bauen und Wirtschaften.

Der Verwaltungssitz von ERGO und Victoria soll nun durch einen Neubau erweitert werden. Die Pläne von HPP zeichnen sich durch ein architektonisches Konzept aus, das sich vollständig in die städtebauliche Umgebung und Nachbarschaft zum ehemaligen Golzheimer Friedhof einfügt. Der Entwurf dazu sieht eine Bebauung mit Einzelbaukörpern vor, die durch großzügige Glashallen mit großer Transparenz miteinander verbunden sind. Das Gebäudekonzept stellt ebenso hochwertige wie energieeffiziente Büroflächen bereit und verbindet so in harmonischer Weise praktischen Nutzwert, Ökologie und Ästhetik. Darüber hinaus kann der Neubau, der auf einem ehemaligen Parkplatz errichtet wird, nach seiner Fertigstellung einen wertvollen Beitrag für das ökologische Klima der Stadt leisten. Vergleicht man die Biotop-Typen zwischen früherer Nutzung des Grundstücks und aktueller Planung, ergibt sich durch die großflächige Entsiegelung der asphaltierten Parkplatzfläche ein ökologischer Wertezahlzuwachs von 5 200 Wertepunkten. Das entspricht einer Erhöhung der Biotopwerte von 66 Prozent.

Seit vielen Jahren bekennt sich die Victoria zu einem schonenden Umgang mit der Umwelt. Das Unternehmen hat seine Grundprinzipen nachhaltiger Unternehmenspolitik in verbindlichen Umweltleitlinien verankert: »Unsere Victoria-Gesellschaften setzen sich für eine umweltschonende und nachhaltige Entwicklung ein. Wir fördern Umweltschutzmaßnahmen, um die natürlichen Grundlagen für nachkommende Generationen zu erhalten. Gemäß unserer Tradition als Dienstleister streben wir Vorsorge und Schadensverhütung an, um Schäden mit ihren negativen Umweltauswirkungen zu vermeiden.« In dieser Verantwortung werden wir auch weiterhin den Verwaltungsstandort Düsseldorf entwickeln und unseren Beitrag für eine wirklich nachhaltige Urbanität leisten.

Daniel von Borries ist Vorstandsmitglied der ERGO Versicherungsgruppe.

Wege in Lesewelten

Willi Fährmann über die Mediothek Krefeld

»Fritz Ott ist ein gebildeter Mensch«, sagte mein Vater, wenn die Rede auf unseren Hausfriseur kam. Hausfriseure waren zu meiner Kindheit Männer, die von sich annahmen, dass sie Haare schneiden konnten. Fritz Ott kam jeden zweiten Freitagabend zu uns. Er forderte als Lohn pro Schur nur 25 Pfennig. Andere Hausfriseure berechneten 50 Pfennig. Wer sich den Luxus erlaubte und einen Friseursalon aufsuchte, musste 75 Pfennig auf die Theke legen. Das war damals übrigens ungefähr der Stundenlohn eines Handwerkers. Weil Fritz Ott lediglich diesen wirklich konkurrenzlosen Betrag verlangte, versammelten sich die fünf Männer aus unserem Haus am Haarschneideabend regelmäßig in unserer Küche.

Es gab allerdings noch einen zweiten Grund, der sie bewegte, den Termin nur selten zu verpassen. Mein Vater arbeitete nämlich als Maschinenschlosser in der König-Brauerei. Nun ist ja bekannt, dass den Brauereiarbeitern nicht der volle Lohn in Mark und Pfennig ausbezahlt wird, sondern ein Teil davon aus Naturalien besteht. Mein Vater brachte folglich jeden Tag sechs Halbliterflaschen Bier mit nach Hause. An den besagten Freitagen konnten die Männer bei uns ein, zwei Gläschen »für lau«, also ohne dafür zahlen zu müssen, von dem köstlichen Nass trinken. Sogar nach Wahl Pils, Alt oder Export. Fritz Ott bekam für jeden frisch geschorenen Kopf eine Flasche Bier. Ich war froh, dass ich stets als erster das Objekt seiner Schnibbelkunst war. Er wurde nämlich von Schnitt zu Schnitt kreativer. Abenteuerliche Frisuren entstanden, übrigens nicht immer zur Freude der Ehefrauen. Doch zweimal im Monat einen bedeutenden Pfennigbetrag einsparen zu können, das ließ sich trotzdem keine von ihnen entgehen.

Fritz Ott sah mich eines Abends in dem einzigen Buch blättern, das ich besaß und von Tante Mimi zum Geburtstag geschenkt bekommen hatte. Das Bilderbuch begann mit folgender Zeile: »Du armes Schwein, du tust mit leid, du lebst ja doch nur kurze Zeit.« Auf der letzten Seite landete das Schwein in der Wurst. War es vielleicht doch ein frühes Sachbuch? Fritz Ott schaute sich das Buch an und schüttelte den Kopf. Es sagte nichts dazu. Aber an dem folgenden Schneide-Freitag brachte er ein in schwarzes Papier eingebundenes und mit einer gelben Rückennummer ausgezeichnetes Buch mit. »Lies das mal«, sagte er. »Aber es ist nur ausgeliehen. Gehe vorsichtig damit um. Wenn es dir gefällt, habe ich in vierzehn Tagen eine Überraschung für dich.«

Ich las mit heißen Ohren. Das Buch hieß *Kai aus der Kiste.* Und ob es mir gefiel! Das freute Fritz Ott. »Woher hast du das schöne Buch?«, fragte ich ihn. »Ich bin der Leiter der Bücherei gegenüber der Kirche in der Flottenstraße. Ehrenamtlich! Mittwochs und sonntags ist geöffnet. Wenn du willst, kannst du dort Bücher ausleihen. Kostet nur 5 Pfennig.«

Gleich am darauffolgenden Sonntag ging ich hin. Mir war etwas beklommen zu Mute. Ein lang gestrecktes, ziemlich düsteres Zimmer, längs geteilt durch eine schmale Theke, dahinter ein Regal hoch bis unter die Decke. Bücher, Bücher, Bücher. Alle schwarz eingebunden. Mein erster Besuch in einer Bibliothek. Ich war in den folgenden Jahren so oft dort, dass die kuhäugige, dunkel gekleidete Dame, die das Regal mit dem Kinderbuchschatz betreute, Fräulein Bia Hüger, mich bald gut kannte. Sie redete mich sogar mit meinem Vornamen an. Alle anderen Kinder, die die Ausleihe besuchten, wurden, wie übrigens von den Lehrern in der Schule auch, mit dem Familiennamen angesprochen. Sie hatte wohl gespürt, dass ich ein Liebesverhältnis zu Büchern entwickelte.

Während Fräulein Hüger allen anderen Kindern jeweils drei Bücher auf die Theke legte und sie sich eines davon aussuchen konnten, fragte sie mich nach meinen Wünschen. Sicher, manchmal sagte sie auch zu mir: »Willi, das musst du unbedingt lesen.« Ich tat's. Auch wenn mir das empfohlene Buch weniger oder gar nicht gefiel, ich hätte mich nie getraut, das zu bekennen.

Meine Eltern sahen meine wachsende Leseleidenschaft mit nur geringer Begeisterung. Trotzdem, mein Vater las mir fast täglich ein paar Seiten vor. Manchmal auch aus seiner eigenen Lektüre. Der Wohlklang seiner Stimme ließ mich darüber hinwegsehen, dass ich vieles nicht verstand.

Der Glanzpunkt meiner Buchstabenwelt kam immer in der Adventszeit. Fritz Ott brachte dann eine große Ledertasche voller Bücher mit, die – aus welchen Gründen auch immer – aus dem Buchbestand aussortiert worden waren. Später zog er dann ab mit der Tasche voller Deputatbier. Er tauschte Literatur gegen Liter. Mein Vater bastelte aus hellem Holz ein kleines Bücherbrett, das neben dem Küchenschrank aufgehängt wurde.

An einen Fritz-Ott-Abend kann ich mich besonders gut erinnern. Der Hausfriseur kam früher als sonst. Diesmal hatte er zwei Taschen bei sich. Viele Bücher. Die gab er meinem Vater mit der verschwörerischen Bemerkung: »Paul, die darfst du niemand zeigen. Das sind zwar wunderbare Bücher, aber die Autoren gehören zu denen, die Hitler nicht mag. Diese Bücher sind verboten worden. Erst haben sie viele davon verbrannt, jetzt darf keins mehr davon in der Bibliothek sein. Also, Paul, stelle sie dort hin, wo niemand sie sehen kann. Sonst kann es für dich gefährlich werden.«

Meine Mutter versteckte sie ganz hinten im Kleiderschrank und hat trotzdem die Angst nie verloren, dass irgendjemand sie entdecken könnte. Als sie einmal vorschlug, diese Bücher doch besser ganz verschwinden zu lassen, sagte mein Vater schroff: »Franziska, der Fritz Ott ist ein gebildeter Mensch. Er findet diese Bücher gut. Sie bleiben, wo sie sind.« Meine Mutter schärfte mir ein: »Zu niemand darüber ein Wort, Willi. In der Schule nicht, nicht bei Bekannten. Kein Wort! Hörst du?« Gehört hatte ich es wohl, verstanden aber nicht.

Ich frage mich manchmal, ob ich auch ohne unser Deputatbier, ohne Fritz Ott und die Bibliothek in der Flottenstraße für ein Leben lang zum Leser geworden wäre. Und dann stehe ich in Städten oder Orten in einer Bibliothek, in der ich aus meinen Büchern vorlesen soll, und staune. Alles ganz anders als damals. Manchmal sogar hinreißend schöne, lichte, klare Strukturen – außen wie innen. Wunderwerke der Architektur, wie zum Beispiel die neue Mediothek in Krefeld. Besonders die Seitenfassade hat es mir angetan. Lauter Rechteckformen. Große, kleine, quadratische, hoch- und querformatige, lauter Bücherbilder? Ach ja, die Fenster in dieser Wand. Sind sie nicht Lichtschneisen wie jene Bücher in den Regalen, die man aus der Fülle der Bände herausgegriffen hat? Die Einblicke gewährten in das »Zauberland Literatur«? Verlockende Ziele bei Lesereisen in unbekannte Gefilde? Inseln der Poesie in den Ozeanen des Alltäglichen? Die lichtdurchstrahlte Eingangshalle verlockt näherzugehen, einzutreten, und zerstreut die Schwellenängste.

Die Bibliothek in der Flottenstraße kommt mir, wenn ich vor der Krefelder Mediothek stehe, zwergenhaft vor. Das eher düstere Bücherzimmer in meiner Erinnerung ist wie das Gegenbild dieser lichten Räume. Die schwarz eingebundenen Bücher damals sind ein absoluter Kontrast zu den farbig gestalteten Buchumschlägen heute. Die Weitläufigkeit des Gebäudes mit seinen verlockenden, sanft ansteigenden Wegen in die oberen Gefilde des Krefelder Hauses hier, und das eng begrenzte Paradies meiner Kinderbuchwelt dort.

Aber es gab für mich eben auch den »gebildeten Menschen« Fritz Ott. Heute erkennt man vielleicht in ihm einen frühen Vertreter der »Go-in-Struktur«. Er infizierte in unserer Küche ein Kind mit seiner eigenen Leselust. Öffnete ihm vor Ort die Tore zur Bibliothek.

Da war mein Vater, der mich lesend und vorlesend auf den Geschmack an Texten brachte. Meine Mutter auch, der bei der Lektüre von »30-Pfennig-Lore-Romanen«, die sie von der Nachbarin in beträchtlicher Stückzahl entlieh, dann und wann die Tränen unter ihren dicken Brillengläsern hervorquollen. Meine Oma Mathilde schließlich, die eine hinreißende Erzählerin der Geschichten »von früher« war. Meist gab sie meinem Drängen nach: »Oma, erzähl doch!« Oft kamen ihr selbst die eigenen Geschichten wie neu vor. Einige Male konnte sie vor Lachen nicht weiter erzählen.

Ergriffen sein, lachen und weinen, die Welt und sich selbst besser erkennen. Und das alles zwischen zwei Buchdeckeln. Aber sie müssen geöffnet werden. Dabei kann die neue, wunderbare Mediothek in Krefeld wichtige Hilfe leisten.

Das weiß dort wohl auch der Stadtrat. Sicher rechnet er ebenso damit, dass man die Städte an ihrem Engagement für die Kultur messen kann. Eine Binsenwahrheit zum Schluss: Die beste Mediothek allein wird es nicht schaffen, Leser zu gewinnen. Eltern, Kindergärten, Schulen, Buchhändler, Nachbarn, Medien, meinetwegen auch der eine oder andere gebildete Hausfriseur, sie alle müssen dabei helfen, Menschen zu Lesern zu befreien.

Willi Fährmann gehört zu den renommiertesten, vielfach ausgezeichneten Kinder- und Jugendbuchautoren Deutschlands.

Nachhaltiges Bauen – ein ökologischer und ökonomischer Imperativ

Peter Hennicke zu den **Henkel Asia-Pacific and China Headquarters**

Wissenschaftliche Erkenntnisse des Weltklimarates IPCC und sich häufende empirische Indizien – wie etwa die Zunahme von Wetteranomalien und Ressourcenkonflikten – deuten darauf hin: Die weltweite Energie- und Klimapolitik steht vor einer epochalen Richtungsentscheidung. Bei unveränderten Trends und wachsenden Risiken des Klimawandels, bei fortschreitender Ressourcenverknappung und Festhalten an der Atomenergie könnte die Weltgesellschaft geradewegs auf ein Desaster zusteuern. Pessimisten halten eine Selbstvernichtung der Menschheit durch »Kipppunkte« im Klimasystem – zum Beispiel das Steigen der Meeresspiegel um rund sieben Meter durch Abschmelzen der Polkappen – langfristig nicht mehr für ausgeschlossen. Diese alarmierende Perspektive hat als Gegenreaktion eine Vielzahl von diplomatischen Initiativen beim Klimaschutz und zahlreich ermutigende Beispiele und Umsetzungsaktivitäten von Unternehmen, Regierungen und Zivilgesellschaften hervorgebracht. Diese noch vereinzelt »gute Praxis« muss durch einen klugen Politikmix zu »grünen Leitmärkten« für Energieeffizienz, erneuerbare Energie und zu nachhaltiger Entwicklung »hochskaliert« werden, damit eine Energie- und Ressourcenwende herbeigeführt werden kann.

Wachsende Lebensqualität muss nicht mit einem ungehemmten Naturverbrauch einhergehen, wenn die Ressourcenproduktivität strategisch durch technische und soziale Innovationen gesteigert wird. Zeit ist dabei der knappste Faktor. Wenn für einen wirksamen Klimaschutz bis zur Jahrhundertmitte die Emissionen weltweiter Klimagase – vor allem CO_2 – mindestens halbiert werden sollen, dann muss der bisher ungebrochene Wachstumstrend bei CO_2 spätestens in 10 Jahren ein Maximum erreichen und folglich drastisch abgesenkt werden. Jede heute noch unreflektiert getätigte Investition, für die es eine klimaentlastende und langfristig wirtschaftlichere Alternative gibt, ist daher kontraproduktiv und unverantwortlich.

Das gilt vor allem für Infrastrukturen mit langen Investitionszyklen wie im Kraftwerks- und Gebäudesektor. Und es betrifft ganz besonders die bevölkerungsreichen Länder, allen voran China und Indien, die derzeit mit enormen Wachstumsraten Gebäudestrukturen schaffen, die über Jahrzehnte Energieverbrauch und -kosten sowie die damit verbundenen CO_2-Emissionen vorprogrammieren. Jeder energetisch ineffiziente Neubau in China und anderswo ist eine entgangene Gelegenheit, zukünftige direkte und externe, unweigerlich auf die Gesellschaft abgewälzte Energiekosten zu vermeiden.

Ein aktuelles, für das deutsche Wirtschaftsministerium entworfenes Szenario namens GermanHy 2008 veranschlagt eine erhebliche Spannbreite zukünftig möglicher Ölpreissteigerungen von etwa 55 bis 250 Dollar pro Barrel bis zum Jahr 2020. Daher besteht ein beiderseitiges Interesse daran, dass durch die kooperative Partnerschaft zwischen deutschen Architekturbüros und chinesischem Baugewerbe modernste energieeffiziente Gebäudetechnik in China eingesetzt und folglich auch wirtschaftlich gebotene Vorsorge gegen Energiepreisschocks betrieben wird. Das heutige weltweite Marktpotenzial für Umweltschutztechniken in den Bereichen Energieeffizienz, Energieerzeugung und -speicherung, Mobilität, Kreislaufwirtschaft, Wasserwirtschaft und effizienter Rohstoffwirtschaft wird von Roland Berger auf 1000 Milliarden Euro geschätzt, im Jahr 2020 könnte es bereits doppelt so hoch sein. Einige sprechen von der »Dritten industriellen Revolution«. Genauer gesagt lautet die Devise: Mit der Effizienzrevolution zur Solarenergiewirtschaft. Dies ist die erste Revolution in der Geschichte, die – einmal abgesehen von Profiteuren der Energieverschwendung in diversen Konzernzentralen – weltweit allen Volkswirtschaften und Zivilgesellschaften nutzt: Sie dient Klima und Ressourcenschutz getreu dem Motto »Weg vom Öl!«. Sie erhöht die Versorgungssicherheit, sie ist ein Beitrag zur Krisenprävention, sie vermeidet unnötige Energiekosten, sie schafft eine neue Qualität von Wirtschaftswachstum und zusätzliche Beschäftigungsfelder. Die Steigerung der Energieeffizienz ist dabei unbestritten das weitaus größte, billigste und schnellste, aber am meisten vernachlässigte Potenzial zum Klima- und Ressourcenschutz. Aus jeder Kilowattstunde Strom oder jedem Barrel Öl kann zukünftig sowohl durch technische Effizienzsteigerung als auch verständigeres Management mehrfacher Nutzen gezogen werden.

30 bis 40 Prozent des Weltenergieverbrauchs werden derzeit alleine für Gebäude genutzt, durch energetische Sanierung und effiziente Gebäudetechnik könnten hiervon im Zuge von Sanierungszyklen im Schnitt bis zu 50 Prozent vermieden werden. Es wird geschätzt, dass einem sich heute abzeichnenden Trend zufolge bis 2050 private Gebäude weltweit für die Freisetzung von 2,1 Gigatonnen Kohlenstoff verantwortlich sind, kommerzielle Gebäude für 1,7 Gigatonnen. Andererseits könnten durch gegenwärtig verfügbare Energieeffizienz-Maßnahmen im Gebäudesektor bis zu 40 Prozent dieser Emissionen bis 2050 vermieden werden (IPCC 1996).

Chinas Städte verbrauchten im Jahr 2000 circa 130 Millionen Tonnen Kohleeinheiten für Heizenergie. Das bedeutet nicht nur für das Weltklima, sondern auch für die dort lebenden Menschen und deren Umwelt eine enorme Belastung. Nach einer Modellrechnung könnte dieser Wert bei den bisher in China üblichen Bauweisen bis 2015 auf 450 Kohleeinheiten, das heißt um das 3,5-Fache anwachsen. Allein durch konsequenteren Einsatz konventioneller Effizienztechniken könnte der Anstieg auf das 2,5-Fache begrenzt werden. Die Anwendung von Niedrigenergie- oder Passivhausstandards in China würde zu noch weit höheren Effizienzgewinnen führen: Paul Suding schreibt: »Berücksichtigt man die hohen solaren Wärmegewinne im Winter in Nordchina, dann sind passive Solarenergiehäuser (das heißt Niedrig- oder sogar Nullenergiehäuser) in China sogar vielversprechender als in Nord- oder Mitteleuropa, wo sie bereits kommerziell eingesetzt werden.«

Wegen des demografischen, sozialen und politischen Drucks, neue Häuser schnellstmöglich bauen zu müssen und wegen einer Vielzahl von Einschränkungen – wie zum Beispiel Kapital- oder Informationsmangel, fehlende Lebenszykluskosten-Analyse, geringe Qualitätsstandards, mangelnde Verfügbarkeit von Technologien – ist die energetische Qualität neuer Gebäude in Schwellen- und Entwicklungsländern sehr gering. Oft werden nur die kostengünstigsten Anfangsinvestitionen als Entscheidungskriterium zugrunde gelegt, wodurch es bei steigenden Energiepreisen in der Folge richtig teuer werden kann. Etwa die Hälfte des öffentlichen Gebäudebestands in China wurde in der Periode zwischen 1990 und 1998 errichtet, in der Regel mit niedriger energetischer Qualität. Umso wichtiger ist es daher, dass durch die Kooperation mit europäischen Architekturbüros heute modernste Gebäudestandards nach China exportiert und implementiert werden. Dies gilt insbesondere für anspruchvolle Gebäudetechnik wie etwa die optimierten Heiz-, Kühl- und Beleuchtungssysteme, die bereits bei der Realisierung des Büro- und Laborgebäudes von Henkel in Schanghai zum Einsatz gekommen sind. Ein Beispiel »guter Praxis«, das mit Sicherheit Schule machen wird.

Peter Hennicke ist ehemaliger Präsident des Wuppertal Instituts für Klima, Umwelt, Energie.

Zeitdenkmal Rheinhallen

Hans-Werner Zawisla zu den Rheinhallen Köln

Erstaunliche acht Jahrzehnte existierten die Messe-Rheinhallen bereits, als vor einigen Jahren die Entscheidung fiel, die Messenutzung für die Rheinhallen aufzugeben und neue Hallen an anderer Stelle zu errichten. 80 Jahre Ausstellungsnutzung für große nationale und internationale Messen waren erfolgreich nur möglich durch ständige bauliche Anpassung an die sich stets ändernden Anforderungen der Aussteller und ihrer Produkte. Die baulichen Entscheidungen dazu wurden vor technischem und ausstellungsstrategischem Hintergrund gefällt, architektonische Ambitionen standen eher nicht im Vordergrund. Hielt man die innere Ausgestaltung der Messegebäude von 1922–1924 noch für gelungen, so ging ihre gestalterische Qualität im Laufe der Jahre nicht nur aufgrund der Kriegszerstörungen verloren. Ihre Fassaden hatten von Anfang an nicht überzeugen können, sie wurden skulptural ergänzt und dennoch gerne als »Adenauers Pferdeställe«, »festlich drapierte Fabrikanlage« und als ein »allzu eiliges Werk der Inflation« bezeichnet.

Architektonisch und stadtgestalterisch entsprachen die Bauten nicht dem Anspruch, den die Gesellschaft der alten Handelsstadt an die großen Nutzbauten gegenüber ihrer Altstadt stellte. Diese Architektur hatte sich schnell überlebt und sollte für die *Internationale Presseausstellung* 1928 in einer der neuen Sachlichkeit und der Bedeutung der Gesamtstadt entsprechenden Gestaltung erfolgen.

Adolf Abel, Leiter des städtischen Hochbauamtes, entwarf für den gesamten Komplex einen neuen Mantel, einen umlaufenden 7 Meter tiefen Raumkranz mit Arkaden, aufgereihten Vertikalelementen und einem auffälligen schlanken Eckturm mit aufgesetzter Laterne. Der Turm, die circa einen Kilometer lange Fassade aus Pfeilern mit zweifarbigem Verblendmauerwerk um Stahlstützen und der aus dem Flachdach deutlich hervortretenden, von Abel ebenfalls umgestaltete Ehrenhof prägten das uns vertraute Bild der Kölner Messe, das es als Dokument der Wirtschaftsgeschichte und Wirtschaftsarchitektur zu erhalten galt, leider auch als Erinnerung an Deportation und Kriegsgefangenenlager.

Der Wiederaufbau der im Krieg zu 90 Prozent zerstörten Messebauten hätte die sehr aufwendige Fassade letztlich nicht infrage gestellt. Sehr viel hat sich auf dem Messegelände seit dem Krieg verändert. Bestand aber hatten Fassade, Turm und Ehrenhof der Rheinhallen. Die Architekten von Hentrich-Petschnigg & Partner haben ihre Aufgabe im Sinne der abelschen Idee eines Raumkranzes verstanden und gelöst. Es musste nichts mehr verhüllt werden, abgesehen von den zurückgesetzten ein bis zwei neuen Geschossen war die äußere Hülle schon da und die inneren Aufbauten galt es so anzuordnen und zu gestalten, dass die Vorgaben der Hülle mit ihren Akzenten an der Süd- und Nordseite auch funktional ihre Bedeutung behielten. Mit der Anordnung der großartigen, taghellen Mittelachse in Nord-Süd-Richtung und den rechtwinklig dazu angeordneten Gebäudeflügeln und deren Anbindung an den abelschen Raumkranz ist eine bauliche Ordnung in überzeugender Qualität gebildet, die den Vorgaben der historischen Fassade folgt und gleichzeitig neuzeitliche attraktive Situationen innerhalb des Kranzes anbietet. Die Verhüllungsarchitektur von Abel hat nun eine konsequent geplante und ambitioniert gestaltete Füllung und damit die Chance erhalten, hoffentlich viele weitere Jahrzehnte das Bild der rechten Rheinseite zu prägen. Sollten Investor und Nutzer für den Messeturm, dem ein sehr auffälliges Mauerblümchendasein zu drohen scheint, doch noch eine Nutzungsidee entwickeln und ihn nicht nur als Werbepylon sehen, wäre die Zukunft des Denkmals zunächst einmal gesichert. Die Reaktivierung der hohen Laterne mit ihrem Lichtstrahl in den Kölner Nachthimmel könnte mit relativ wenig Aufwand erreicht werden und den krönenden Abschluss eines gelungenen Kraftaktes zur Umnutzung der Kölner Rheinhallen und der Erhaltung eines für die Geschichte unserer Stadt sehr bedeutenden Zeugnisses sein.

Hans-Werner Zawisla ist stellvertretender Amtsleiter des Stadtkonservators Köln.

HPP ist eine Architektenpartnerschaft, die 75 Jahre nach der Bürogründung durch Helmut Hentrich heute von der 4. Architektengeneration geführt wird. Die Grundlagen für die Fortdauer des Büros über die Gründergeneration hinaus wurden bereits 1974 mit der Stabübergabe von Helmut Hentrich und Hubert Petschnigg an die 1. Nachfolgegeneration gelegt. Die Eckpfeiler und der Geist des damals geschlossenen Vertrages haben bis heute nahezu unverändert Bestand. Ein organisatorischer Rahmen ist die Basis für die Freiheit einer auf Vertrauen gegründeten inhaltlichen Arbeit, sowohl jedes einzelnen Partners als auch seines Teams. Die Zusammenarbeit und die Aufgabenteilung der Partner erfolgt in organisatorischer Hinsicht in einem klaren Regelwerk, wobei die kontinuierliche personelle Erneuerung der Führungsebene oberste Priorität hat.

HPP bleibt damit bis heute ein junges Architekturbüro, das aber gleichzeitig über immenses Wissen und einen einzigartigen Erfahrungsschatz verfügt. HPP arbeitet derzeit mit über 250 Mitarbeitern an 8 Bürostandorten in Deutschland sowie 3 Büros in den Wachstumsregionen Osteuropas und Asiens.

Im Laufe der zurückliegenden Jahrzehnte haben wir uns mit einer Vielzahl unterschiedlicher Bauaufgaben aller Größenordnungen erfolgreich auseinandergesetzt. Gegenwärtig liegen die Schwerpunkte im Inland in den Bereichen Büro und Verwaltung, Einzelhandel, Sport, Gesundheit, Hotel und Freizeit sowie Verkehr. International sind es städtebauliche Entwicklungen ganzer Quartiere sowie multifunktionaler Komplexe. Neben der Planung neuer Gebäude gewinnt das Bauen im Bestand zunehmend an Bedeutung. Hier wie da sind wir in der Lage, alle Architektenleistungen vom sprichwörtlichen ersten Strich bis zur bezugsfertigen Übergabe eines Gebäudes zu erbringen. Eine immer größere Rolle spielt in letzter Zeit die Generalplanung, also das Anbieten der gesamten Planungsleistung aus einer Hand.

Wir stellen jedoch fest, dass in einem durch technologische und gesellschaftliche Entwicklungen zunehmend komplexer werdenden Planungsgeschehen die Bereiche Architektur, Design und Urbanismus immer stärker verschmelzen und ein über Jahrhunderte gewachsenes berufliches Selbstverständnis an Gültigkeit verliert. Dauerhaft tragfähige Lösungen können daher nur entstehen, wenn bereits am Beginn des kreativen Prozesses alle Themen behandelt und zu einem dynamischen System verbunden werden. Mit dem Anspruch maximaler Energieeffizienz und Ressourcenschonung besitzt die Entwicklung ganzheitlicher Technikkonzepte hohe Priorität. Unser Ziel ist es, durch die Verfügbarkeit eigener Kompetenzen mittelfristig zum Systemanbieter zu werden.

Während man ein Buch weglegen kann oder einen Film erst gar nicht anzuschauen braucht, sind wir von Häusern und Städten dauerhaft umgeben – die mehr werdenden Megacities nehmen uns geradezu gefangen. Dies charakterisiert die besondere Verantwortung des Architekten. Dabei bewegen wir uns in einer Vielzahl von Spannungsfeldern. Vitruv hat schon vor über 2000 Jahren festgestellt, dass der Architekt beides sein muss: Künstler und Ingenieur. Dualität wird zur Triebfeder unserer schöpferischen Kraft: Rationalität und Emotion, Ökologie und Ökonomie, Homogenität und Kontrast, Form und Funktion, Ordnung und Chaos, Wirtschaftlichkeit und Schönheit – alles scheinbare Widersprüche, deren Annäherung jedoch Ideen hervorbringt, ohne die gute und somit nachhaltige Architektur gar nicht entstehen kann.

Ideen herauszuarbeiten und Inhalte zu definieren ist eine unserer wichtigsten Aufgaben. Noch nie hat dem falschen Konzept die richtige Ausführung geholfen. Die Inhalte werden weitergetragen und in Dialoge eingebracht. Dabei stehen soziale, gesellschaftliche, kulturelle und rechtliche Aspekte ebenso auf der Tagesordnung wie die Bedingungen des Ortes, die Funktion und Fragen der Technologie. Gleichermaßen bedeutungsvoll sind die Themen der Wirtschaftlichkeit, der Kosten und Termine sowie an erster Stelle immer Qualität. Letztlich entscheidet auch die Qualität dieser Dialoge über die Qualität unserer Produkte und somit über die Qualität der Räume, in denen wir uns tagaus, tagein bewegen.

Unsere Architektursprache wird bestimmt von einer undogmatischen Auseinandersetzung mit Inhalten. Leichte Wiedererkennbarkeit ist nicht unser Ziel. Vielmehr ist jedes unserer Bauwerke ein Unikat mit eigener Gestalt und Persönlichkeit. Verlangt der Kontext nach »Heilung« einer städtebaulichen Situation, entsteht wie beim Breidenbacher Hof ein »gewerbestärkender« Baustein. Muss ein Ort erst geschaffen werden, entsteht ein prägnantes, typologisch innovatives und von der Materialität eigenständiges Gebäude wie zum Beispiel die Santander-Bank in Mönchengladbach. Bietet ein Ort hingegen die Chance etwas nicht Reproduzierbares zu schaffen, entstehen Gebäude wie das Parkhaus am Zoo von Leipzig oder der Souvenirladen an der Thomaskirche: trotz ihrer Unterschiedlichkeit alles Werke von HPP. Verbindendes Element ist das Streben nach typologischer Klarheit, nach Integrität von Detail und Material und damit der Fähigkeit, langlebig in Würde zu altern ebenso wie nach hoher Funktionalität bei gleichzeitiger architektonischer Qualität.

Viele HPP-Häuser haben den Status eines Markenproduktes erlangt. Während dies in der Vergangenheit im Wesentlichen über typologische Klarheit, architektonische Qualität, hohe Produktivität, Dauerhaftigkeit und städtebauliche Nachhaltigkeit definiert war, müssen unsere architektonischen Produkte heute und in Zukunft zudem auch funktionsflexibel, energieeffizient und sparsam im Umfang mit den verfügbaren Ressourcen sein. Mit dieser Haltung sind schon viele HPP-Gebäude zu Klassikern geworden und viele davon stehen heute unter Denkmalschutz. Allesamt nicht zeitlos, sondern dauerhaft zeitgemäß.

Aber wie entsteht die Architektur bei HPP? Zuallererst im Kopf des entwerfenden Architekten, als Idee oder Konzept. Danach gilt es eine Vielzahl analytischer Prozesse zu durchlaufen, Fragen zu beantworten und Gefühle einzuordnen. Um ein gemeinsames Ziel zu definieren und um auf dem Weg dorthin Orientierungspunkte zu setzen, bedienen wir uns jeweils aufgabenspezifischer Leitbegriffe, die sich zu Leitbildern und schließlich zu einer Geschichte verdichten.

Die vorliegende Publikation dokumentiert daher nicht nur eine Auswahl unserer Projekte der letzten Jahre, sondern ist in ihrer Art ein Abbild unserer architektonischen Arbeitsweise. Sie greift wichtige Themen unserer Architektur exemplarisch auf, insbesondere die Fragen nach Leitbildern und Dualität. Nach der Vorstellung unserer Bauten lassen wir am Ende des Buches Gastautoren zu Wort kommen, die allesamt nicht nur Personen des öffentlichen Lebens sind, sondern zudem auch einen ganz persönlichen Bezug zum jeweiligen Bauwerk haben. Schließlich bauen wir nicht für uns selbst, sondern für Unternehmen, Organisationen oder die öffentliche Hand – aber letztlich doch immer für das Gemeinwesen und den einzelnen Menschen. Das grafische Konzept als verbindendes Element unterstreicht schließlich den Anspruch, den wir auch an unsere eigenen Arbeiten stellen. Es verleiht dem Buch ein Stück Eigenständigkeit und macht es damit selbst zu einem Projekt von HPP.

Geschichte

1933 Bürogründung durch Helmut Hentrich.

1935 Bildung einer Arbeitsgemeinschaft mit Hans Heuser.

1953 Durch den frühen Tod von Hans Heuser Weiterführung der Arbeitsgemeinschaft mit Hubert Petschnigg.

1969 Durch die Aufnahme neuer Partner heißt das Büro nun HPP Hentrich-Petschnigg & Partner.

1971 Gründung der HPP Bau- und Projektmanagement GmbH.

1972 Die Partnerschaft erhält die Rechtsform einer Kommanditgesellschaft.

1974 Übertragung der Leitung und persönlichen Haftung auf Hans-Joachim Stutz und Rüdiger Thoma; Helmut Hentrich und Hubert Petschnigg wirken als Mitglieder der Gesamtleitung weiterhin an der Arbeit des Büros mit.

1977 Gründung der HPP International Planungsgesellschaft mbH.

1992 Hermann Henkel und Rüdiger Thoma übernehmen als persönlich haftende Gesellschafter die Gesamtleitung, Hans-Joachim Stutz und Michael Zotter sind als Kommanditisten Mitglieder der Gesamtleitung.
Helmut Hentrich und Hubert Petschnigg übernehmen die Beiratstätigkeit.

1995 Gründung der HPP Laage & Partner Planungsgesellschaft mbH, die sich auf den Bereich Krankenhausbau spezialisiert.

1997 Helmut Hentrich und Hubert Petschnigg übertragen ihre Beiratstätigkeit auf Hans-Joachim Stutz und Michael Zotter. Hubert Petschnigg und Rüdiger Thoma versterben.
Joachim H. Faust wird neben Hermann Henkel als persönlich haftender Gesellschafter in die Gesamtleitung berufen.
Gründung der HPP Service GmbH.

2001 Prof. Dr.-Ing. Helmut Hentrich verstirbt im Alter von 95 Jahren.

2002 Gerhard G. Feldmeyer wird persönlich haftender Gesellschafter und übernimmt zusammen mit Hermann Henkel und Joachim H. Faust die Leitung der HPP KG.

2005 Hermann Henkel wechselt in den Beirat der Gesellschaft.

2007 Die Partnerschaft erhält die Rechtsform einer GmbH + Co. KG mit den geschäftsführenden Gesellschaftern Joachim H. Faust und Gerhard G. Feldmeyer sowie den Gesellschaftern Gerd Heise, Remigiusz Otrzonsek, Werner Sübai und Volker Weuthen. Umzug des Hauptsitzes in den Düsseldorfer Medienhafen.

Leistungsspektrum

Städtebau, Masterplanung, Landschaftsplanung, Architektur, Innenarchitektur, Generalplanung, Baumanagement, Sanierung, Revitalisierung, Denkmalpflege, Organisationsplanung, Kunstberatung, Modellbau

Bautypologien

Büro- und Verwaltungsbauten, Einkaufszentren, Wohnbauten und Hotels, Krankenhausbauten, Stadien und Arenen, Kulturbauten, Bauten für Lehre und Forschung, Verkehrsbauten, Industriebauten, Banken, Rechenzentren, Haftanstalten

Partner

Joachim H. Faust
Dipl.-Ing. Architekt M.A.
Geschäftsführender Gesellschafter der HPP Hentrich-Petschnigg & Partner GmbH + Co. KG
Geschäftsführer der HPP International Planungsgesellschaft mbH

Joachim H. Faust wurde 1954 in Mainz geboren und studierte an der TU Berlin sowie der RWTH Aachen Architektur. Ein Stipendium brachte ihn in den Achtzigerjahren nach Amerika, wo er zudem seinen Master of Architecture an der A&M University in Texas erlangte. Nach Stationen in den Büros Skidmore, Owings, Merrill (Houston und New York) sowie Eggers/Kohn, Pedersen, Fox (New York) kam er 1987 zu HPP, wo er zunächst das Frankfurter Büro leitete, ab 1994 als Kommanditist. Seit 1997 ist Joachim H. Faust in der Gesamtleitung des Büros. Joachim H. Faust veröffentlicht in Fachzeitschriften und hält Vorträge zu Fachthemen der Architektur und Innenarchitektur. 2002 wurde er mit dem Distinguished Alumni Award der Texas A&M University ausgezeichnet. Er ist Mitglied der Architektenkammer in Hessen sowie der Deutschen Akademie für Städtebau und Landesplanung (DASL).

Gerhard G. Feldmeyer
Dipl.-Ing. Architekt BDA
Geschäftsführender Gesellschafter der HPP Hentrich-Petschnigg & Partner GmbH + Co. KG
Geschäftsführer der HPP International Planungsgesellschaft mbH
Geschäftsführer der HPP Laage & Partner Planungsgesellschaft mbH

Gerhard G. Feldmeyer wurde 1956 in Aalen geboren. Sein Architekturstudium absolvierte er an der Universität Stuttgart sowie an der University of the Southbank in London. In den Achtzigerjahren arbeitete er im Büro Kikutake Architect & Associates in Tokio sowie im Büro Gerkan, Marg und Partner in Hamburg. Seit 1989 ist er bei HPP, wo er zunächst die Büros in Hamburg und Berlin leitete. Seit 2002 ist Gerhard G. Feldmeyer in der Gesamtleitung des Büros.
Gerhard G. Feldmeyer hatte einen Lehrauftrag an der Architekturfakultät der Nippon University in Tokio, hält regelmäßig Gastvorträge und veröffentlicht in Büchern und Fachzeitschriften. Zu seinen wichtigsten Publikationen zählen *The New German Architecture* und *HPP Hentrich-Petschnigg & Partner 1988–1998*. Feldmeyer ist Mitglied im BDA sowie in der Hamburgischen Architektenkammer.

Gerd Heise
Dipl.-Ing. Architekt BDA
Gesellschafter

Gerd Heise wurde 1953 in Oberhausen geboren. Nach seinem Architekturstudium an der Fachhochschule in Köln war er zunächst am Max-Planck-Institut für Kunstgeschichte in Rom, der Bibliotheca Hertziana im Palazzo Zuccari tätig. Seit 1980 arbeitet er für HPP, zunächst als Projektleiter, dann als Leiter der HPP-Büros in Leipzig und Hamburg. 1994 wurde Gerd Heise Partner und Kommanditist der HPP KG. Heute leitet er als Gesellschafter das HPP-Büro in Leipzig.
Gerd Heise ist Mitglied im BDA Sachsen sowie in der Architektenkammer Sachsen.

Remigiusz Otrzonsek
Dipl.-Ing. Architekt
Gesellschafter

Remigiusz Otrzonsek wurde 1962 in Breslau / Polen geboren. Das Studium der Architektur absolvierte er an der TH Breslau sowie der RWTH Aachen. Anfang der Neunzigerjahre arbeitete Otrzonsek zunächst im Büro JSK, bevor er 1992 zu HPP kam. Dort leitet er seit 1999 das Kölner HPP-Büro, seit 1999 als Projektpartner, seit 2007 als Gesellschafter der HPP Hentrich-Petschnigg & Partner GmbH + Co. KG.
Remigiusz Otrzonsek ist Mitglied in der Architektenkammer NRW.

Werner Sübai
Dipl.-Ing. Architekt
Gesellschafter

Werner Sübai wurde 1962 in Düsseldorf geboren. Sein Architekturstudium absolvierte er an der Bergischen Universität Wuppertal. Nachdem er Ende der Achtzigerjahre zunächst im Büro Overdieck und Petzinka tätig war, kam er 1989 zu HPP, wo er seit 1999 als Projektpartner sowie seit 2008 als Gesellschafter im Düsseldorfer Büro tätig ist. Seit Mitte der Neunzigerjahre ist er maßgeblich für die Bearbeitung der Wachstumsmärkte China und Osteuropa verantwortlich.
Werner Sübai ist Mitglied in der Architektenkammer NRW.

Volker Weuthen
Dipl.-Ing. Architekt
Gesellschafter

Volker Weuthen wurde 1957 in Mönchengladbach geboren und studierte an der RWTH Aachen Architektur und Städtebau. Seine Diplomarbeit wurde 1985 mit dem Springorum-Preis der RWTH Aachen ausgezeichnet. Bis 1992 war er in den Büros HPP und JSK tätig und führte mit Jürgen Bahl eine Architektenpartnerschaft in Hagen. 1992 kam er zum HPP-Büro in Düsseldorf, zunächst als Projektleiter, seit 2000 als Projektpartner. Seit 2007 ist Volker Weuthen Gesellschafter der HPP Hentrich-Petschnigg & Partner GmbH + Co. KG.
Volker Weuthen ist Mitglied in der Architektenkammer NRW.

Thomas Becker
Dipl.-Ing. Bauingenieurwesen
Projektpartner

Thomas Becker wurde 1958 in Arnsberg geboren. Das Studium des Bauingenieurwesens absolvierte er an der FH in Münster. Thomas Becker ist seit 1987 für HPP im Bereich Objektüberwachung tätig, von 1993 bis 1999 im Büro Leipzig, seit 2001 als Projektpartner im HPP-Büro Hamburg.

Günter Kus
Dipl.-Ing. Architekt
Projektpartner

Günter Kus wurde 1943 in Knittelfeld / Österreich geboren und studierte an der Technischen Universität in Graz Architektur. Günter Kus ist seit 1971 bei HPP tätig, seit 1989 als Projektpartner im HPP-Büro Düsseldorf. Seit Mitte der Neunzigerjahre ist er auf den Bereich Stadionbau spezialisiert.
Günter Kus ist Mitglied in der Architektenkammer NRW.

Gerhard F. Müller
Ing. (grad.) Architekt
Projektpartner

Gerhard F. Müller wurde 1953 in Leverkusen geboren und studierte an der Fachhochschule in Köln Architektur. Seit 1987 arbeitet er im Büro HPP und ist für den Bereich Objektüberwachung zuständig, ab 1989 als Projektleiter. Seit 1999 ist Gerhard F. Müller Projektpartner im HPP-Büro Düsseldorf.
Gerhard F. Müller ist Mitglied in der Architektenkammer NRW.

Hermann Henkel
Dipl.-Ing. Architekt BDA
Beirat

Hermann Henkel wurde 1939 in Mühlhausen geboren und studierte an der Gesamthochschule in Kassel Architektur. Nach dem Studium arbeitete er im Architekturbüro HPP im Planungsteam der Universität Bochum und anschließend zwei Jahre im Büro Suter + Suter in Basel. 1969 entschied sich Hermann Henkel erneut für HPP und arbeitete dort als Projektleiter, ab 1974 als Projektpartner sowie Leiter der HPP-Büros in Duisburg und Köln. 1981 wurde er als persönlich haftender Gesellschafter in die Gesamtleitung berufen und leitete HPP bis 2005. Heute ist er als Beirat der Gesellschaft tätig.
Hermann Henkel ist Mitglied im BDA sowie in der Architektenkammer NRW.

Gastautoren

Rudi Assauer
* 1944 in Altenwald (Saar)
Ehemaliger Manager des Fußballclubs Schalke 04
Stationen: 1962 erster Vertrag als Fußballspieler bei der Spielvereinigung Herten, danach bei Borussia Dortmund sowie beim SV Werder Bremen, 1976 jüngster Bundesliga-Manager aller Zeiten beim SV Werder Bremen, 1981 Wechsel zum FC Schalke 04, 1990 Manager beim VfB Oldenburg, 1993 Rückkehr zum FC Schalke 04 bis 2006

Gregor Bonin
* 1960 in Münster
Beigeordneter für Planen und Bauen der Stadt Düsseldorf
Stationen: 1981 bis 1988 Studium der Architektur in Aachen, 1988 bis 1990 Promotionsstipendium des Landes NRW, 1990 bis 1992 Referendariat, 1992 Erlangung der Doktorwürde, 1993 bis 2004 Stadtplanungsamt Düsseldorf, zuletzt stellvertretender Amtsleiter, 2004 bis 2006 Referent für Planung, Bau, Verkehr und Immobilienmanagement im Büro des Oberbürgermeisters der Stadt Düsseldorf, 2006 Wahl zum Beigeordneten für Planen und Bauen

Daniel von Borries
* 1965 in Stuttgart
Mitglied des Vorstandes der ERGO Versicherungsgruppe AG
Stationen: 1983 bis 1985 Ausbildung zum Bankkaufmann, 1987 bis 1992 Studium der Volkswirtschaftslehre an der Universität Bonn, 1993 bis 1998 verschiedene Positionen bei der Deutsche Bank AG, 1997 Promotion an der Universität München, seit 1998 bei der Münchener-Rück-Gruppe, seit 2004 Mitglied des Vorstands der ERGO Versicherungsgruppe AG (verantwortlich für Finanzen, Kapitalanlagen), seit 2007 zusätzlich Übernahme der Verantwortung für das Ressort Lebensversicherung

Willi Fährmann
* 1929 in Duisburg
Kinder- und Jugendbuchautor
Stationen: Ausbildung zum Maurer, Studium in Oberhausen und Münster, seit 1954 Lehrer, Schulleiter und Schulrat am Niederrhein, seit 1956 Veröffentlichung von Kinderbüchern, Romanen und Lyrik
Auszeichnungen: 1978 Großer Preis der Deutschen Akademie für Kinder- und Jugendliteratur, 1981 Deutscher Jugendliteraturpreis, 1981 Österreichischer Staatspreis für Jugendliteratur, 1981 Katholischer Jugendbuchpreis, 2000 Medienpreis des Geschichtslehrerverbands

Hans-Dietrich Genscher
* 1927 in Reideburg, Saalkreis
Bundesminister a. D.
Stationen: 1946 bis 1949 Studium der Rechtswissenschaften und der Volkswirtschaft in Halle und Leipzig, seit 1952 Mitglied der FDP, von 1965 bis 1998 Mitglied des Deutschen Bundestages, innerhalb dieser Zeit u. a. Parlamentarischer Geschäftsführer der FDP-Bundestagsfraktion, stellvertretender Bundesvorsitzender der FDP, Bundesminister des Innern, Bundesvorsitzender der FDP, Mitglied des Bundesvorstandes, Bundesminister des Auswärtigen und Vizekanzler, seit 1992 Ehrenvorsitzender der FDP, seit 1999 Rechtsanwalt in Berlin, seit 2000 Geschäftsführender Gesellschafter der Hans-Dietrich Genscher Consult GmbH
Auszeichnungen: neben vielen anderen 1980 Großkreuz des Bundesverdienstkreuzes, 1986 Großkreuz der französischen Ehrenlegion, 1992 Großes Verdienstkreuz Polens und Ungarns, 2003 Ehrenmitglied des Club of Budapest, 2007 Verdienstorden des Landes Nordrhein-Westfalen

Annette Görtz
* 1959 in Marl
Modedesignerin und geschäftsführende Gesellschafterin des Unternehmens Görtz-Welsch Modedesign GmbH
Stationen: von 1978 bis 1983 Modedesignstudium an der Fachhochschule für Gestaltung & Design in Bielefeld, 1984 erste eigene Kollektion unter dem Namen Görtz-Hoffmann, 1991 Gründung von Görtz-Welsch Modedesign mit dem Label annette görtz, 2001 Präsentation der Mode auf der Prêt-à-Porter in Paris, 2006 Eröffnung des Multi-Label-Stores MILIAN in Düsseldorf
Auszeichnungen: 1995 Mode-Design-Preis NRW

Wolfram Goertz
* 1961 in Mönchengladbach
Journalist, Musiker und Musikwissenschaftler
Stationen: Studium der Musikwissenschaft und Philosophie in Köln und Bochum, seit 1978 Musik- und Theaterkritiken u. a. für die *Süddeutsche Zeitung* und *DIE ZEIT*, seit 1989 Musikredakteur der *Rheinischen Post* in Düsseldorf, Dozent für Interpretationsanalyse an der Robert-Schumann-Hochschule in Düsseldorf, seit 2005 wissenschaftlicher Mitarbeiter im Bereich Musikpsychologie im St.-Franziskus-Krankenhaus in Mönchengladbach, im Frühjahr 2009 Promotion an der Medizinischen Fakultät der RWTH Aachen

Peter Hennicke
* 1942 in Landsberg am Lech
Ehemaliger Präsident des Wuppertal Instituts für Klima, Umwelt, Energie
Stationen: 1962 bis 1970 Studium der Chemie und Volkswirtschaftslehre in Heidelberg, Referent für Grundsatzfragen der Energiepolitik im hessischen Ministerium für Umwelt und Energie, Professor an der Bergischen Universität Wuppertal, Direktor der Abteilung Energie des Wuppertal Instituts, Mitglied in drei Enquetekommissionen des Deutschen Bundestags zu Klima und Energie, Mitglied im Scientific and Technical Committee (STAP) der Global Environment Facility (GEF)

Peter Kern
* 1941 in Heilbronn
Mitglied des Direktoriums am Fraunhofer-Institut für Arbeitswirtschaft und Organisation (IAO)
Stationen: Maschinenbaustudium und Promotion an der Universität Stuttgart, Initiator des Verbundforschungsprojektes »Office 21«, Honorarprofessor an der Staatlichen Akademie der Bildenden Künste Stuttgart

Mischa Kuball
* 1959 in Düsseldorf
Bildender Künstler
Stationen: seit 1984 raumbezogene Projekte, 1991 Stipendium für zeitgenössische Fotografie der Alfried Krupp von Bohlen und Halbach-Stiftung, 1996 Arbeitsstipendium Kunstfonds Bonn, 1997 Arbeitsstipendium in New York der Stiftung Kunst und Kultur NRW, 1998 Deutscher Beitrag auf der 24. Biennale von São Paulo, 2005 bis 2008 Professur für Medienkunst an der Hochschule für Gestaltung in Karlsruhe, seit 2006 Visiting Artist Tutor am Goldsmiths College in London, 2007 Veröffentlichung der Monografie *Mischa Kuball ... in progress,* seit 2007 Professur für Medienkunst an der Kunsthochschule für Medien in Köln
Auszeichnungen: 1990 Förderpreis Ars Viva, 1993 Förderpreis Bildende Kunst des Landes NRW

Bernd M. Michael
* 1942 in Dresden
Inhaber des Büros für Markenarchitektur
Stationen: bis 2003 Präsident der European Association of Communications Agencies, bis 2006 Gesellschafter und Chairman der Grey Global Group Europe, Präsident und langjähriges Vorstandsmitglied des Gesamtverbandes Kommunikationsagenturen (GWA), seit 2008 Präsident des Deutschen Marketing-Verbands

Alexander Otto
* 1967 in Hamburg
Vorsitzender der Geschäftsführung der ECE Projektmanagement GmbH & Co. KG
Stationen: Schule in Oxford, Studium an der Harvard University und Harvard Business School, ab 1994 verschiedene Positionen bei der ECE, seit 2000 Vorsitzender der ECE, Chairman des Urban Land Institute Deutschland, Vorstandsmitglied des Zentralen Immobilienausschusses e.V. (ZIA), Gründer der Stiftung Lebendige Stadt

Fritz Pleitgen
* 1938 in Duisburg
Journalist und Vorsitzender der Geschäftsführung der Ruhr.2010 GmbH
Stationen: 1959 bis 1962 Volontär und Redakteur bei der *Freien Presse* Bielefeld, 1970 bis 1977 Auslandskorrespondent in Moskau, 1977 bis 1988 Leiter der ARD-Studios in der DDR, in Washington und in New York, 1988 bis 1993 Chefredakteur beim WDR Köln und Leiter des Fernsehprogrammbereichs Politik und Zeitgeschehen, 1994 bis 2007 Hörfunkdirektor und Intendant des WDR Köln, 2001 bis 2002 Vorsitzender der ARD, 2002 bis 2005 Vizepräsident und 2006 bis 2008 Präsident der European Broadcasting Union (EBU), seit 2007 Vorsitzender der Geschäftsführung der Ruhr.2010 GmbH

Peter Cachola Schmal
* 1960 in Altötting
Architekt BDA und Architekturpublizist, Direktor des Deutschen Architekturmuseums (DAM) in Frankfurt am Main
Stationen: 1981 bis 1989 Architekturstudium an der TU Darmstadt, Mitarbeit bei Albert Speer & Partner in Frankfurt am Main, Behnisch & Partner in Stuttgart sowie Eisenbach in Zeppelinheim, 1992 bis 1997 wissenschaftlicher Mitarbeiter an der TU Darmstadt, 1997 bis 2000 Lehrauftrag für Entwerfen an der FH Frankfurt am Main, 2000 Kurator am Deutschen Architekturmuseum (DAM), seit 2006 Direktor des DAM

Zheng Shiling
* 1941 in Chengdu / China
Direktor des Instituts für Architektur und Städtebau an der Tongji-Universität in Schanghai
Stationen: Mitglied der Chinesischen Akademie der Wissenschaften, Ehrendoktor der Universität in Rom, Mitglied der Französischen Architekturakademie, Ehrenmitglied des American Institute of Architects, Berater des Organisationskomitees der EXPO 2010

Raimund Stecker
* 1957 in Duisburg
Kunsthistoriker und Honorarprofessor für Geschichte der Kunst der Gegenwart an der Kunstakademie Münster
Stationen: Studium der Kunstgeschichte, Philosophie, Neuen Geschichte, Publizistik und Kommunikationswissenschaft in Bochum, Hamburg und Florenz, ehemaliger Korrespondent u. a. für die *WAZ* und *F.A.Z.,* Direktor des Kunstvereins für die Rheinlande und Westfalen, Gründungsdirektor des Arp Museums Bahnhof Rolandseck, Autor zahlreicher Publikationen zur Kunst und Architektur des 20. Jahrhunderts

Frank R. Werner
* 1944 in Worms
Leiter des Instituts für Architekturgeschichte und Architekturtheorie im Fachbereich Architektur der Bergischen Universität Wuppertal
Stationen: 1972 Architekturdiplom an der Universität Stuttgart, dort bis 1982 auch wissenschaftlicher Assistent, ab 1982 Dozent für Baugeschichte an der Kunstakademie Stuttgart, 1990 Professur für Architektur- und Designgeschichte an der Kunstakademie Stuttgart, 1994 Leiter des Instituts für Architekturgeschichte und Architekturtheorie an der Universität Wuppertal, 1999 bis 2003 Dekan des Fachbereichs Architektur an der Universität Wuppertal, 2005 bis 2007 Dekan des Fachbereichs Architektur, Design, Kunst an der Universität Wuppertal, Gastprofessuren in Los Angeles, Barcelona, Wien, Mendrisio und Mailand

Hans-Werner Zawisla
* 1948 in Leverkusen
Stellvertretender Amtsleiter des Stadtkonservators Köln
Stationen: 1969 bis 1975 Architekturstudium an der RWTH Aachen, von 1975 bis 1985 Mitarbeit bei Peter Neufert in Köln, Georg von der Goltz in Bensberg sowie Norbert Hilden in Köln, 1982 Promotion in Baugeschichte, seit 1985 Mitarbeiter des Stadtkonservators Köln

Auftraggeber

A.T. Kearney
AachenMünchener
ABG Allgemeine Bauträger- und Gewerbeimmobiliengesellschaft
Adolf Würth
Aengevelt Immobilien
AIG Global Real Estate Investment Ltd.
ALDI
ALIDA Grundstücksgesellschaft
Allianz
Alte Leipziger
AMEC
ARCA East Investment
Archon Group Deutschland
AREAL GmbH
Arena Mannheim Besitzgesellschaft
ARGOMEX
Armani
Asata Construction Ltd.
Atisreal
Aurelis Real Estate
Außenministerium Japan
Auswärtiges Amt der Bundesrepublik Deutschland
B. Metzler seel. Sohn
Bahnhof Münster Entwicklungsgesellschaft
BAM Deutschland AG
Bankhaus Lampe
BASF
Bauwens
Bauwert
Bayer 04 Leverkusen
Bayer AG
Bayerische Immobilien AG
BBR Bundesamt für Bauwesen und Raumordnung
BEMA Unternehmensgruppe
Berufsbildungswerk Sachsen
BIG Bau-Unternehmensgruppe
Bird & Bird
BLB Dortmund
BLB NRW
Boehringer Ingelheim
Booz Allen Hamilton
Börsenverein des Deutschen Buchhandels
Bundesbaugesellschaft Berlin
Bundesbauamt Berlin
Bundesbaudirektion
Bundespräsidialamt
Calliston Gesellschaft für Projektentwicklung
Casacuberta Villamil S.L.
Central Krankenversicherung AG
Centrum Grundstücksgesellschaft
China Jiansu Repräsentanz für Investitionsberatung
Citibank
City Projektbau Leipzig
Clifford Chance
Commerzbank
Crédit Agricole
Credit Suisse
Daimler-Benz AG
DAL Deutsche Anlagen-Leasing
DB Real Estate Investment
DB Station & Service AG
DBV-Winterthur
DEFO Deutsche Fonds für Immobilienvermögen
DEGI Deutsche Gesellschaft für Immobilienfonds
Deka Immobilien Investment
DeTeBau
DeTeImmobilien
Deutsche Bahn AG
Deutsche Bank
Deutsche Bundesbank
Deutsche Rentenversicherung
Deutsche Vermögensberatung
Deutscher Herold AG
Deutscher Ring
DIBAG Industriebau AG
DIFA
Dillmann Stiftung
Diorit
DJH Rheinland e.V.
DKÖ-Objektgesellschaft Königsallee Dr. Herbert Ebertz KG
Dorint AG
Dr. Materna
Dresdner Bank AG
DUNA Mall S.R.L.
E.ON
EC Harris
ECE Projektmanagement
ECH Entwicklungs-Compagnie Heiligendamm
E-Plus
ERGO Versicherungsgruppe AG
Ernst & Young
Esch Unternehmensgruppe
Esprit
Euler Hermes Kreditversicherungs-AG
Euro-Invest KTS Ltd.
Euroland Projektierungen
Europahaus Gundstücksgesellschaft
Europäische Zentralbank
Ev.-Luth. Kirchengemeinde St.Thomas
EXPO Land Shanghai
F.A.Z.
fagus
FC Schalke 04
Flughafen Berlin Brandenburg
Flughafen Düsseldorf International
FOM Real Estate
Frankfurter Sozietätsdruckerei
Frankonia Eurobau
Freie und Hansestadt Hamburg
Freshfields Bruckhaus Deringer
FSN
Fundus Fonds-Verwaltungen
Gazprominvestarena
Generali Versicherungen
Gerling
Gewerbegrund
Goldman Sachs
Goodman
Grey Global
Groß & Partner Grundstücksentwicklungsgesellschaft
Gucci
Habarent Immobilien Marketing
Hafencity Hamburg
Handelsblatt
Hansainvest
HBM Stadien- und Sportstättenbau
Heidelberger Druckmaschinen AG
Heinrich-Heine Universität
Hengeler Mueller
Henkel China Company Ltd.
Henkel KGaA
Henlly Enterprise Management Co. Ltd.
Hermes Kreditversicherungs-AG
HIH Hamburgische Immobilien Handlung
Hilton International
HLG Solingen
Hochbauamt Leipzig
Hochbauamt Stadt Düsseldorf
Hochtief
Hochtief Construction AG
Hochtief Projektentwicklung HTP
Hochtief Real Estate
HSBC Trinkaus & Burkhardt
HUK-COBURG
HypoVereinsbank
IDR Industrieterrains Düsseldorf-Reisholz AG
IKB Deutsche Industriebank AG
Industrie-Club e.V. Düsseldorf
infineon
Interboden
Interlace
International Property Asset Management
Intiativkreis Ruhrgebiet
IVG Development
JER Europe Fund III
Johanniterorden Balley Brandenburg
Jones Lang LaSalle
Justizministerium NRW
Karstadt
Keppel Seghers Belgium NV
Kienbaum
Klinikum der LMU München
Klöckner Werke AG
Land Nordrhein-Westfalen
Landeshauptstadt Düsseldorf
Landeshauptstadt Stuttgart
Landesregierung Düsseldorf
A. Lange & Söhne
Lanxess AG
LBB NRW
LBBW Immobilien
LEG NRW
LIXXUS Projektentwicklung
L'Oréal
Lovells Rechtsanwälte
LVM Versicherungen
Mader Capital Resources
Mannesmann
Marks & Spencer
Max-Planck-Institut
MEAG Munich Ergo
Medienstiftung der Sparkasse Leipzig
Mercedes Benz
Metro Group
Metzler Grundstücksverwaltung
mfi Management für Immobilien AG
Momeni Projektentwicklung
Multi Development Germany
N.I.C. + Partner
NPC Holding AG
Oaktree
OFB Projektentwicklung
Park-Hotel
Patrizia Projektentwicklung AG
Pearl of Kuwait Real Estate Co.
Porsche
Procter & Gamble
Prosperity Project Management
Provinzial
Quantum Immobilien AG
Redevco Service Deutschland
Rheinmetall Service
RIAG Shamrocking Immobilien
Rothenberg & Frank
Rothmann Immobilien
RTL Television
Ruhr-Universität Bochum
Sagittarius Verwaltungs- und Beteiligungsgesellschaft
Sal. Oppenheim jr. & Cie. KGaA
Santander Consumer Bank
Schauspielhaus Leipzig
Schnabel GmbH
Schweizerische Lebensversicherung und Rentenanstalt
Seeste Bau
Shanghai EVE Design
Shanghai Orient International Tendering Co. Ltd.
Siemens VDO
Signal Iduna
SITC Shanghai International Tendering Co. Ltd.
Sonae Sierra
Sparkasse
Sparkasse Essen
Sparkasse Krefeld
Stadt Dresden
Stadt Düsseldorf
Stadt Erkrath
Stadt Heidelberg
Stadt Krefeld
Stadt Langenfeld
Stadt Leipzig
Stadt Mannheim
Stadt Mönchengladbach
Stadt Nürnberg
Stadt Ratingen
Stadt Schanghai
Stadt Stuttgart
Stadtbauplan GmbH
Städtisches Klinikum St. Georg
Stadtsparkasse Düsseldorf
Stadtsparkasse Köln
Stadtwerke Düsseldorf
Stadtwerke Frankfurt am Main
Stadtwerke Leipzig
Stadtwerke Lüdenscheid
Stadtwerke Münster
STEAG
Stiller Immobilien
Julia Stochek
SU 155
SWAN Property S.R.L.
Swiss Life
Techem AG
Tenkhoff Properties

The Boston Consulting Group
The Carlyle Group
Thyssen AG
ThyssenKrupp Real Estate
Thyssen Stahl
Timon Bauregie
Tishman Speyer Properties
TriGranit Development Corporation
TÜV Rheinland
Unilever Deutschland
Union Investment Real Estate AG
Universitätsklinikum Bonn
Universitätsklinikum
　Düsseldorf
Versicherungskammer Bayern
VfL Wolfsburg e. V.
Victoria
Vivacon AG
Vivico Real Estate
Vodafone D2
Volkswagen Immobilien Service
VR Bauregie
VR-Leasing ONYX
Warburg-Henderson Kapital-
　gesellschaft für Immobilien
WDR
WestInvest Gesellschaft für
　Immobilienfonds
Westwind Capital
Witte Projektmanagement
Wohnungsbaugenossenschaft
　Kontakt e.V.
Wolfsburg AG
Wüstenrot
ZDF
Zechbau
Zoo Leipzig
Züblin AG

Mitarbeiter

Britta Albus
Fritz Altland
Sema Arda
Detlev Armeloh
Walter Auer
Philipp Aust
Matthias Bartsch
Ulrich Bast
Klaus Baudach
Martina Bauer
Meike Behmann
Melanie Behnke
Mirja Beinert
Olga Beisel
Hendrik Beller
Sandra von Berg
Claudia Berger-Koch
Eleonore Berndsen
Gabriela Bessert
Katja Bethmann
Anja Biechele
Volker Biermann
Katrin Bihler
Barbara Bitners
Sven Blau
Jasmin Bohnenkamp
Ole Bohnenkamp
Julia Bongers
Michael Braun
Götz Oliver Broichheuser
Frank Brühmann
Sandra Buff
Christa Burkhardt
Melanie Buschbell
Jan Cepek
Bing Chen
Yvonne Christensen
Claus Coumont
Alexander Deines
Birgit Dieckgreber-Kickel
Klaus Dietrich
Marion Dietrich
Vera Duell
Karin Dyck
Christoph Ebert
Nurgül Ece
Alexandra Eichenlaub
Uta Esselmann
Etel Fabriz
Philipp Forchheim
Cornelia Franke
Lothar Franzen
Richard Freitag
Andreas Friedrich
Martin Fuchs
Götz Gagelmann
Birte Gandert
Simon Gassner
Monika Gläske
Simon Glogowski
Alexander Graf
Sabine Greißinger
Martina Grobusch
Martin Gross
Elena Gutierrez
Sonja Hagl
Mahmoud Halvai
Myriam Hamdi
Stefan Haupt
Stephan Heimann
Sebastian Helm
Thomas Hengst
Eireen Herz
Martina Herzog
Sandra Heupel
Elke Heuser
Andrea Holler
Johannes Holthausen
Detlef von Homeyer
Carrie Huang
Steffen Huhn
Jens Jackowski
Karl Jacob
Stephan Jacoby
Catharina Jahn
Jürgen Jänicke
Wolfgang Janiszewski
Maria Josephine Jaspers
Edeltraud Jauster-Dorider
Jin Jing
Yuan Jing
Volker Johannsen
Marco Jungelen
Monika Jungen
Rainer Kaiser
Silke Kampen
Selma Karagöz
Faruk Karagöz
Robert Kellermann
Eva Kesting
Stefanie Kettler
Uta Kielstein
Daniela Koch
Oliver König
Axel Kostorz
Ramona Krenn
Michael Krieg
Uta Kühn
Jens-Michael Kump
Marianne Kunze
Gabriele Kurz
Jochen Lamerz
Sybille Lammann
Alexander Lebe
Christina Leder
Hann Lee
Lei Lei
Markus Leiting
Achim Leschinger
Wolfgang Liebergesell
Bingyi Liu
Zichuan Liu
Peter Loth
Hans Lotz
Petra Marx
Falko Matthäs
Dietmar Maurer
Johannes Meiners
Rainer Mende
Wolfgang Miazgowski
Brigita Mijatovic
Nadja Moche
Kun-San Moon
Karin Müller
Ines Müller
Oliver München
Petra Neuhaus
Kirsten Neumann-Kleinpaul
Uwe Neuschulz
Klaus-Dieter Noelte
Ralf Oelke
Christina Olteanu-Lissai
Ernst Pampus
Heike Pauckert-Noelte
Kathleen Perkuhn
Anke Piepenstock
Volker Poth
Zhengyu Qiu
Detlef Redeligx
Frank Reineke
Tobias Martin Reinhardt
Nathalie Rehm
Martin Reichel
Tobias Martin Reinhardt
Frank Reineke
Christoph Reischböck
Helmut Ritzki
Diana Rogasch
Claudia Roggenkämper
Anne Röttsches
Claudia-Bianca Ruoff
Ralf Rustemeyer
Hüseyin Sahin
Axel Samsel
Volker Scharfenberg
Walter Schelle
Dennis Scherer
Karen Schlömer
Doris Schmitz
Carolina Schöber
Reiner Schulz
Alfred Schwab
Katja Schweizer
Frank Schwensfeier
Joachim Schwitalla
Sebastian Seibold
Maike Seifert
Monika Senger-Wögebauer
Guerogui Siarov
Bugrahan Sirin
Marcus Sirl
Bettina Spix
Martin Stang
Claudia Stephan
Robianto Sugiri
Nina Sundermann
Barbara Taha
May Lin Tan
Astrid Temminghoff
Steffi Tennstedt
Peter Thon
Dorothee Vicario
Dietmar vom Bey
Michael Wahn
Bärbel Walger
Dominika Wallach
Qi Wang
Yu Wei
Stefan Winkelmeyr
Lars Wöhrmann
Karl Heinz Wolff
Davor Zagrajski
Alexander Zanke
Maris Zanke
Yanlai Zhou

Bildnachweis

© 2009 für die abgebildeten Werke von Stephan Huber und Mischa Kuball: VG Bild-Kunst, Bonn

Aldinger & Wolf 109
Assauer, Rudi 236 (Rudi Assauer)
avp group 193
Binsack, Gunter 55
Bolk, Florian 81
Bünten, Christoph 236 (Daniel von Borries)
Crystal Digital Technology 72, 74, 78, 104, 106, 108, 110, 113, 114 unten, 150 unten, 216
Dettmar, Uwe 237 (Peter Cachola Schmal)
DIGITALARCHITEKTUR 96, 99, 101
ECE 237 (Alexander Otto)
Esch, H.G. 46 oben, 47, 70 oben, 71 unten, 80 unten, 126, 128, 130, 131, 132, 133, 135, 136, 138 oben, 139, 154, 155, 157, 161, 174, 176, 177, 178, 179, 181, 182, 196 oben, 221, 228
Fährmann, Willi 236 (Willi Fährmann)
Fang Honghui 237 (Zheng Shiling)
Godehardt, Michael 24
Grundner, Thomas 140, 142, 145 oben und unten, 146, 149, 223
Hagemeyer, Tom 236 (Annette Görtz)
Hampel, Max 124 oben
Hanisch, Manfred 22, 26, 27, 28, 29, 31, 34 oben und unten, 118, 121, 152, 159, 160 oben, 196 unten, 224
Hayden, Ken 144
Heiermann, Dorothea 237 (Hans-Werner Zawisla)
Helle, Jochen 32, 52, 202
Huthmacher, Werner 150 oben
Kern, Peter 237 (Peter Kern)
Kiefer, Aloys 124 unten
Kirchner, Jens 68, 69
Korczowski, Marek 21, 103 unten, 160 unten
Koslowski, Reinhard 103 oben, 151
Krebs, Andreas 236 (Wolfram Goertz)
Kuball, Mischa 212, 213
Landeshauptstadt Düsseldorf 236 (Gregor Bonin)
Maus, Burkhard 237 (Raimund Stecker)
Meisen, Manos 12, 115, 172 unten, 184 oben
Michael, Bernd M. 237 (Bernd M. Michael)
moka studio 58 unten, 173 unten
Müller-Naumann, Stefan 46 unten, 125 oben
PUNCTUM Bertram Kober 20 unten, 138 unten
PUNCTUM H. Ch. Schink 20 oben, 36, 38, 40, 41, 43, 44, 45, 95, 102 unten, 172 oben, 205
Rakete GmbH 59
Rehfeld, Rainer 94 unten
Reisch, Michael 158
Riehle, Tomas 116, 120, 123, 219
Schmidt, Axel 14, 16, 17, 19, 48, 50, 53, 56, 82, 84, 86, 87, 88, 89, 91, 92, 201, 207, 215
Schulze, Helmut R. 236 (Hans-Dietrich Genscher)
Seggelke, Karen 234, 235
Strauß, Dietmar 184 unten
Stüber, Jochen 58 oben, 60, 62, 63, 64 oben und unten, 65, 67, 70 unten, 80 oben, 94 oben, 125 unten, 163, 164, 165, 166, 167, 169, 170, 173 oben, 185, 208
Sumalowitsch, Bernd 35
Sumesgutner, Daniel 102 oben
Universität Wuppertal 237 (Frank R. Werner)
Virtuell FORMAt 114 oben
WDR 237 (Fritz Pleitgen)
Willebrand, Jens 186, 188, 189, 190, 191, 194, 231
Wrubel, Arno 197
Wuppertal Institut für Klima, Umwelt, Energie 236 (Peter Hennicke)
Yun Lee 237 (Mischa Kuball)

Herausgeber
HPP Hentrich-Petschnigg & Partner GmbH + Co. KG, Düsseldorf

Projektleitung und Redaktion
Sandra Heupel

Texte
Gerhard G. Feldmeyer, Sandra Heupel, Werner Sübai

Essays
Rudi Assauer, Gregor Bonin, Daniel von Borries, Willi Fährmann, Hans-Dietrich Genscher, Annette Görtz, Wolfram Goertz, Peter Hennicke, Peter Kern, Mischa Kuball, Bernd M. Michael, Alexander Otto, Fritz Pleitgen, Peter Cachola Schmal, Zheng Shiling, Raimund Stecker, Frank R. Werner, Hans-Werner Zawisla

Projektmitarbeiter
Jasmin Bohnenkamp, Falko Matthäs, Anne Röttsches, Daniel Stollfuß

Verlagslektorat
Clemens von Lucius, Birgit Sonna

Übersetzungen
Axel Kassing

Grafische Gestaltung
Heimann und Schwantes, Berlin
Mitarbeit: Haig Walta

Verlagsherstellung
Christine Emter

Reproduktionen
LVD Gesellschaft für Datenverarbeitung mbH, Berlin

Schrift
Akkurat

Papier
Galaxi Supermat, 170 g/m^2

Buchbinderei
Conzella Verlagsbuchbinderei, Urban Meister GmbH, Aschheim-Dornach bei München

Gesamtherstellung
Dr. Cantz'sche Druckerei, Ostfildern

© 2009 Hatje Cantz Verlag, Ostfildern, HPP Hentrich-Petschnigg & Partner GmbH + Co. KG, und Autoren

© 2009 für die abgebildeten Werke von Stephan Huber und Mischa Kuball: VG Bild-Kunst, Bonn

Erschienen im
Hatje Cantz Verlag
Zeppelinstraße 32
73760 Ostfildern
Tel. +49 711 4405-200
Fax +49 711 4405-220
www.hatjecantz.de

ISBN 978-3-7757-2172-1 (Deutsch)
ISBN 978-3-7757-2307-7 (Englisch)

Printed in Germany